中央企业
合规管理办法
理解与适用指南

郭 华 李 伟 周 游 李大伟 / 编著

中国法制出版社
CHINA LEGAL PUBLISHING HOUSE

前　言

为全面贯彻党的二十大会议精神，深入贯彻习近平法治思想，进一步落实党中央部署和全面依法治国的要求，推动国务院国有资产监督管理委员会（以下简称国务院国资委）2022年8月23日颁布并于10月1日施行的《中央企业合规管理办法》（以下简称《合规管理办法》）（国务院国资委令第42号）（共8章42条）的学习、理解和实施，我们组织编写了《中央企业合规管理办法理解与适用指南》。

国务院国资委在总结中央企业合规管理实践和借鉴国际大企业先进做法的基础上，以指导企业加强合规管理作为重点任务，按照“试点先行、稳步推进”的工作思路，于2016年在中国石油、中国移动、东方电气集团、招商局集团、中国中铁五个中央企业进行了合规试点工作。2018年11月2日发布了《中央企业合规管理指引(试行)》(国资发法规〔2018〕106号，以下简称《合规指引(试行)》)。中央企业按照部署要求，大力推进合规管理工作的同时，各地国有企业也逐步推进合规管理体系建设。2021年10月17日国务院国资委发布的《关于进一步深化法治央企建设的意见》 (国资发法规规〔2021〕80号) 提出，“推动合规要求向各级子企业延伸，加大基层单位特别是涉外机构合规管理力度，到2025年中央企业基本建立全面覆盖、有效运行的合规管理体系”。2022年4月1日，国务院国资委发布了《中央企业合规管理办法(公开征求意见稿)》(以下简称《征求意见稿》)，面向全社会征求意见。针对提出的意见，历经数月的反复讨论修改，最终定稿形成了现行的《合规管理办法》。2022年9月13日国务院国资委召开了中央企业合规管理工作推进会，强调中央企业要深入贯彻落实《合规管理办法》。

《合规管理办法》是以国务院国资委令的形式印发，旨在以规章的效力对中央企业进一步深化合规管理提出明确要求。《合规管理办法》与《合规指引(试行)》相比，内容更全、要求更高、措施更实，更加突出刚性约束，比《征求意见稿》更加合理科学。其主要内容如下：(1) 强调党内法规及国际标准作为合规的要求。(2) 按照法人治理结构，规定了企业党委（党组）、董事会、经理层、首席合规官等主体的合规管理职责，明确了业务及职能部门、合规管理部门和监督部门合规管理防控职责。(3) 要求中央企业设立首席合规官，由总法律顾问担任并对主要负责人负责。(4) 要求中央企业结合实际，制定合规管理基本制度、具体制度或专项指南，构建分级分类的合规管理制度体系，强化对制度执行情况的检查。(5) 对合规风险识别评估预警、合规审查、风险应对、问题整改、责任追究等提出明确要求，实现合规风险闭环管理。(6) 积极培育合规文化，促进合规管理措施有效落地。(7) 加快推进合规管理信息化建设，利用大数据等技术对重点领域、关键节点开展实时动态监测，实现合规风险即时预警、快速处置。当前，中央企业面临复杂的国际形势，同时也面临国内强化监管、反垄断等的监管环境，特别需要中央企业在经营管理或组织运行过程中严格按照办法执行，高度重视合规管理问题，积极应对合规风险或者合规风险事件。目前，中央企业、国有企业以及非公有制中小微企业（民营企业）均需要认真学习、积极实施和全面落实或者参照执行《合规管理办法》。总共42条的《合规管理办法》有29个条款规定“应当”，这些刚性要求体现国务院国资委推行企业合规的决心，全面落实《合规管理办法》，就应当抓好“五个关键”，确保“五个到位”，即将首席合规官作为关键人物，全面参与重大决策，确保管理职责到位；把合规审查作为关键环节，加快健全合规管理工作机制，确保流程管控到位；聚焦合规关键领域，扎实做好合规“三张清单”，确保风险防范到位；将风险排查作为关键举措，坚持查改并举，确保问题整改到位；把强化子企业合规作为关键任务，通过信息化手段加强动态监测，确保要求落实到位。《合规管理办法》的颁布实施必将对提升中央企业合规管理和企业经营高质量发展产生重大影响，也会对我国企业的合规管理和监管起到规范性、示范性、方向性的导向作用，不断促进我国的企业管理迈向世界一流水平。

本书在编写过程中参阅了国务院国资委《合规管理办法》制定过程中的解读与说明，借鉴了国内专家学者以及实务部门有关企业合规的理论研究成果。本研究也是北京中小型企业合规数字化建设项目“北京‘双一流’

（2022）服务‘四个中心’”（项目号041059321001）的阶段性研究成果之一。本书在编写中除编著者外，中央财经大学金融学博士后郭栋磊（中国政法大学法学博士）、种君（意大利都灵大学法学博士），中央财经大学法学博士研究生王春晖、钱霄、王蕾蕾以及硕士研究生胡嫣然做了部分工作，在此一并表示感谢！

郭　华

（中央财经大学教授、博士生导师，
金融学博士后合作导师，法学博士）

2022年10月10日

目　录

Contents

第一章　总　则

第二章　组织和职责

第三章 制度建设

第四章 运行机制

第五章 合规文化

第六章　信息化建设

第七章　监督问责

第八章　附　　则

附录：关联法规

第一章　总　　则

【本章概述】

本章规定了本办法的制定目的、制定依据、适用范围，明确了合规、合规风险、合规管理的概念，确立了合规主管部门、合规管理原则和合规管理工作保障条件。本章共六条（第一条至第六条）。

第一条　【立法目的和依据】 为深入贯彻习近平法治思想，落实全面依法治国战略部署，深化法治央企建设，推动中央企业加强合规管理，切实防控风险，有力保障深化改革与高质量发展，根据《中华人民共和国公司法》《中华人民共和国企业国有资产法》等有关法律法规，制定本办法。

【本条宗旨】

本条是关于立法目的和制定依据的规定。

【条文理解】

守法经营是任何企业都必须遵守的一个大原则，企业只有依法合规经营才能行稳致远。中央企业强化合规必须站在贯彻习近平法治思想的政治高度来认识，放置在落实全面依法治国战略的全局来部署，置于保障企业高质量发展的层面来推动，推动企业合规管理工作再上新台阶。本条规定了制定办法的目的和制定依据。

本办法制定的目的包括如下三个层次的内容：

一是深入贯彻习近平法治思想。习近平法治思想凝聚着中国共产党人在法治建设长期探索中形成的经验积累和智慧结晶，标志着我们党对共产党执政规律、社会主义建设规律、人类社会发展规律的认识达到了新高度，开辟了马克思主义法治理论和实践的新境界，是全面依法治国的根本遵循和行动指南，为立法提供了科学的法治理论指导。中央部委制定规章必须深入贯彻，并通过推进法治建设来解决企业合规的问题。

二是落实全面依法治国战略部署，深化法治央企建设。全面依法治国是中国特色社会主义的本质要求和重要保障，依法合规是落实全面依法治国战略部署的客观要求，也是中央企业依法推进改革、开展经营管理、保障健康可持续发展的内在需求。按照全面依法治国战略部署不断深化法治中央企业建设，是中央企业持续高质量发展的必由之路。对中央企业而言，贯彻落实全面依法治国首先要推进全面依法治企。这就需要必须坚持“合规管理，法治先行”的理念，以依法治理、依法决策、依法运营、依法监督、依法维权作为法治企业的目标，将中央企业管理行为及其员工履职行为纳入依法合规管理体系建设。在深化法治中央企业建设上，2015 年 12 月，国务院国资委印发了《关于全面推进法治央企建设的意见》，明确提出打造治理完善、经营合规、管理规范、守法诚信的法治中央企业建设目标。2021 年，国务院国资委又印发《关于进一步深化法治央企建设的意见》，主要围绕“实现一个目标、健全五大体系、提升五大能力、强化四大保障”的总体要求，强调不断深化法治中央企业建设，为加快建设世界一流企业筑牢坚实法治基础。2016 年 4 月，国资委印发了《关于在部分中央企业开展合规管理体系建设试点工作的通知》，将中国石油、中国移动、东方电气集团、招商局集团、中国中铁五家企业列为合规管理体系建设试点单位，有效防止了中央企业决策违规、经营违规和各种腐败现象发生。为适应市场化、现代化、国际化发展的需要，谋求企业长远发展，推进法治建设成为中央企业提高竞争力的必由之路，而合规管理的规范化、制度化、法治化又是中央企业成为世界一流企业的关键性步骤。

三是推动中央企业加强合规管理，切实防控风险，有力保障深化改革与高质量发展。中央企业只有依法建立合规管理科学体系，建立和完善依法治理机制，建立健全有效的法律风险防范机制，才能确保企业高质量发展，才能实现提升依法治企能力的新目标。合规管理是企业可持续发展的基石，是防范风险和提高竞争力的有效手段，加快建立依法合规的科学管理体系，才能有效提升企业依法合规管理能力。近年来，中央企业深化法治建设，加强规范管理，防范化解风险，助力企业改革发展。据统计，2006 年至 2021 年累计处理中央企业重大法律纠纷案件近两万起，避免或挽回经济损失超过 3300 亿元。目前中央企业集团层面全部建立总法律顾问制度，重要子企业设置比例超过 90%，法务人员达到 3.2 万人，比 2015 年增长 60%，专业化率超过 80%。[①]

为深入贯彻习近平法治思想，落实全面依法治国战略部署，《合规管理办法》第五条、第七条等多个条款体现了这一要求。如第五条第（一）项将“坚持党的领导”作为合规管理工作应遵循的首要原则，并进一步明确要“充分发挥企业党委（党组）领导作用，落实全面依法治国战略部署有关要求，把党的领导贯穿合规管理全过程”。第七条第二款将“党内法规”明确规定为一种合规义务，要求中央企业应当严格遵守党内法规制度，企业党建工作机构在党委（党组）领导下，按照有关规定履行相应职责，推动相关党内法规制度有效贯彻落实。

本办法制定的依据主要包括两个方面：

一是《中华人民共和国公司法》（以下简称《公司法》）和《中华人民共和国企业国有资产法》（以下简称《企业国有资产法》）。中央企业作为国有公司必然受到《公司法》的调整，中央企业合规监管和经营应当遵守《公司法》的规定。《企业国有资产法》确立了具有中国

---

① 王璐、唐思远：《央企法治建设成效显著 带息负债占比实现“九连降”》，载《经济参考报》2021 年 5 月 14 日，第 2 版。

特色的国有资产监督和管理体系，规定了国有资产管理的基本要求，属于经营国有资产的法律。而《合规管理办法》作为主要适用中央企业的规章，遵守《公司法》和《企业国有资产法》也是中央企业合规的主要内容，其制定必然需要以此作为依据。

二是有关法律法规。根据《立法法》的规定，部门规章可根据法律和国务院的行政法规、决定、命令在本部门的权限范围内制定。有关法律法规不仅包括狭义的法律法规，如《商业银行法》《证券法》《保险法》等，也包括党的政策和国务院的决定、命令，如中共中央办公厅、国务院办公厅《关于进一步推进国有企业贯彻落实“三重一大”决策制度的意见》、《关于深化国有企业改革的指导意见》、《关于改革和完善国有资产管理体制的若干意见》（国发〔2015〕63号）、《国务院办公厅关于进一步完善国有企业法人治理结构的指导意见》（国办发〔2017〕36号）等也是制定规章需要遵循的。对于有些依据法律行政法规制定的其他规章，虽然不是本办法制定的依据，基于其制定依据的同一性，在其立法中也需要协调一致，如《中央企业境外国有资产监督管理暂行办法》《企业国有资产交易监督管理办法》《企业国有资本与财务管理暂行办法》等。因此，对此条的有关法律法规可以作宽泛的理解。

【适用指南】

本办法是国务院国资委成立以来第一个针对合规管理发布的部门规章，与《合规指引（试行）》相比，提升了效力层级，是有史以来专门针对合规管理出台的层级最高的法律文件。自 2015 年中央企业实施法治工作规划以来，中央企业开展的法律风险管理、内部控制管理体系的形式及内容均是独立分散运行，这不仅给企业资源成本和运行效率带来了问题，也不符合现代企业管理的要求。理顺现代企业与管理体系的关系，便成为中央企业开展依法合规管理体系建设的关键问题。实践中，对合规问题还存在一些不正确的认识，如认为企业合规会限制公司经营致使业务无法开展，会影响公司市场开拓、阻碍业务发展。从事合规管理工作的人员很少能参与到企业重要决策、重大项目及日常经营管理的全过程中，部分中央企业合规审查环节也没有按照要求嵌入相应的工作流程，导致企业领导层无法做到依法依规决策，无法及时发现和识别管理过程中的合规风险。为此，中央企业应当将合规管理放置在推动高质量发展的政治角度来认识，将合规管理作为企业切实有效防范经营风险的关键性制度措施，是一件“必须要做，并且一定要做好”的事情。同时要坚持“决策先问法、违法不决策”的理念，形成自上而下重法治、促合规、强管理的良好局面。

【典型示例】

湖南某有限公司作为中国五百强的一家大型国有企业，参加了由世界银行资助的一起道路翻修项目的竞标，并提供了全套旨在证明自身具有施工经验和竞争实力的证据材料。世界银行廉政局（INT）经过审查发现，该公司在竞标时提交的业务经验文件不真实，认为构成《世界银行集团诚信合规指引》所定义的欺诈行为。2013 年 10 月，世界银行对该公司作出了“附解除条件的取消资格”两年的制裁决定。该有限公司（包括其关联企业）在两年内不得参与世界银行资助的项目，也不得因世界银行贷款而获得收益。两年期满后，该公司满足两个条件，就可以申请恢复资格：一是针对被制裁的违规行为采取了适当的补救措施；二是建立并执行了符合世界银行要求的、有效的诚信合规计划。该有限公司对此予以承认，并配合了世界银行的合规调查。该有限公司在世界银行的监控和指导下开始了建立有效合规计划的行动，参照世界银行的诚信合规指引，建立了一套完整的诚信合规政策和程序。2017 年 6 月 29 日，该有限公司监理和实施诚信合规体系的努力得到了世界银行的认可，收到了世界银行的解除制裁通知书。[①]

【关联法条】

《企业国有资产法》第 17 条；《国务院办公厅关于进一步完善国有企业法人治理结构的指导意见》；《国资委中央企业主要负责人履行推进法治建设第一责任人职责规定》第 1 条、第 4 条；《国资委关于进一步深化法治央企建设的意见》

第二条　【适用范围】本办法适用于国务院国有资产监督管理委员会（以下简称国资委）根据国务院授权履行出资人职责的中央企业。

① 本示例素材来源于陈瑞华：《湖南建工的合规体系》，载《中国律师》2019 年第 11 期。

【本条宗旨】

本条是关于本办法适用主体范围的规定。

【条文理解】

本办法属于国资委的部门规章，根据立法的规定，其规定内容必须是本部门业务范围内的事项。本条仅对适用的主体即国资委根据国务院授权履行出资人职责的中央企业作出规定，主要包括两个层面的含义：

一是国资委根据国务院授权履行出资人职责。国资委根据国务院授权履行出资人职责，是指国资委获得中央政府授权对经营性国有资产行使出资人的职权和承担保值增值的职责。其前提是存在国务院的授权。其次，履行出资人职责需要在国务院授权的范围内。国资委不仅依法对所出资企业履行出资人职责，还有对企业国有资产的监管职责以及制定规章、制度的职责。根据国务院授权，依照法律和行政法规规定履行出资人职责，监管中央所属企业的国有资产，其主要职责为：（1）承担监督所监管企业国有资产保值增值的责任，建立和完善国有资产保值增值指标体系，制订考核标准，通过统计、稽核对所监管企业负责人收入分配政策并组织实施；（2）指导推进国有企业改革与重组，推进国有企业的现代企业制度建设，完善公司治理结构，推动国有经济布局和结构的战略性调整；（3）通过法定程序对所监管企业负责人进行任免、考核并根据其经营业绩进行奖惩，建立符合社会主义市场经济体制和现代企业制度要求的选人、用人机制，完善经营者激励和约束制度；（4）按照有关规定，代表国务院向所监管企业派出监事会，负责监事会的日常管理工作；（5）负责组织所监管企业上交国有资本收益，参与制定国有资本经营预算有关管理制度和办法，按照有关规定负责国有资本经营预决算编制和执行等工作；（6）按照出资人职责，负责督促检查所监管企业贯彻落实国家安全生产方针政策及有关法律、法规、标准等工作；（7）负责企业国有资产基础管理，起草国有资产管理的法律、法规草案，制定有关规章、制度，依法对地方国有资产管理工作进行指导和监督；（8）履行国务院交办的其他事项的职责。国资委依法对所出资企业履行出资人职责，维护所有者权益，对不同类型企业国有资产采取不同的监管方式。国资委作为国有资产监督管理机构，在履行职责时应当支持企业依法自主经营，按照《企业国有资产法》的相关规定实施，除履行出资人职责以外，不得无依据无理由地干预企业的生产经营活动，也不承担政府的社会公共管理职能。

二是中央企业。所谓中央企业，是指由国务院或委托国有资产监督管理机构行使出资人职责，领导班子由中央直接管理或委托中央组织部、国务院国有资产监督管理委员会等其他中央部委管理的国有独资或国有控股企业。广义的中央企业不仅包括国资委履行出资人职责的企业，还包括财政部等其他部门履行出资人职责的企业，主要分为三类：（1）由国务院国资委管理的企业，包括提供公共产品的企业，如军工、电信等；提供自然垄断产品的企业，如石油等；提供竞争性产品的企业，如一般工业、建筑、贸易等。（2）由银保监会、证监会管理的金融行业，如建行、农行、中行、交行、工行五大国有银行及中国进出口银行、中国农业发展银行、国家开发银行，中国人保、中国人寿、中国太平保险、中国出口信用保险四大国有保险公司。（3）由国务院其他部门或群众团体管理的企业，属于烟草、黄金、铁路客货运、港口、机场、广播、电视、文化、出版等行业。

这里的中央企业属于狭义上的，是指由国务院国资委监督管理的企业。根据 2022 年 7 月公布的名录，目前国资委履行出资人职责的中央企业约有 98 家。①

本条规定本办法适用于中央企业，并未排除非中央企业的国有企业以及其他类型企业参照执行。为此，本办法第四十条规定了“地方国有资产监督管理机构参照本办法，指导所出资企业加强合规管理工作”。地方国有资产管理机构可以根据资产规模和营运需要，设立国有资产营运主体，如国有控股公司、投资公司、资产经营公司等，授权他们行使出资人职责，其可以参照本办法并结合实际情况，制定相应的规定。

【适用指南】

我们通常所说的中央企业与国有企业并非同一个概念。可以说，所有的中央企业均属于国有企业，但并非所有的国有企业都属于中央企业，因为国有企业包括地方政府投资的企业。根据《合规管理办法》第四十条的规定，地方国资委管理机构应当参照本办法执行。目前，

① 本数据来源于国资委网站，《央企名录》，http：//www.sasac.gov.cn/n4422011/n14158800/n14158998/index.html，最后访问时间 2022 年 11 月 4 日。

对于“国家出资企业”存在不同理解，主流观点认为仅指国务院、地方人民政府以及代表地方政府的各级国资委和被授权履行出资人职责的其他机构或部门作为出资人的企业。《企业国有资产法》第五条规定：“本法所称国家出资企业，是指国家出资的国有独资企业、国有独资公司，以及国有资本控股公司、国有资本参股公司。”由国家出资企业出资设立的子企业不属于国家直接出资的企业，根据《关于进一步深化法治央企建设的意见》“推动合规要求向各级子企业延伸，加大基层单位特别是涉外机构合规管理力度，到2025年中央企业基本建立全面覆盖、有效运行的合规管理体系”的要求，对国家出资企业的国有资本出资人权益的保护可以延伸到子企业，本办法规定的企业原则上仅适用央企集团，集团可按照规定将有关要求向下延伸，确保层层落实到位。办法虽然仅仅明确适用于中央企业及其员工，但其合规管理内容也可以适用于非公有制企业及其员工的合规管理。

【典型示例】

最高人民法院再审申请人蒋某因诉国务院国资委履行行政复议职责一案不服北京市高级人民法院（2018）

京行终4440号行政裁定而申请再审。根据《企业国有资产监督管理暂行条例》第七条第二款规定："国有资产监督管理机构不行使政府的社会公共管理职能，政府其他机构、部门不履行企业国有资产出资人职责。"参照国务院法制办在《对国务院国有资产监督管理委员会〈关于请明确国有资产监督管理机构是否具有行政复议职能的函〉的答复》（国法秘复函〔2009〕474号），国有资产监督管理机构依法履行出资人职责的行为不具有具体行政行为的性质，不属于行政复议受理范围。本案中，某市国资委履行出资人职责的行为，不属于行政复议受理范围，国务院国资委作出被诉告知书，告知蒋某其申请不属于该委受理范围，并不违反法律规定。（参见〔2019〕最高法行申9196号）①

【关联法条】

《中共中央、国务院关于深化国有企业改革的指导意

① 本示例素材来源于中国裁判文书网，（2019）最高法行申9196号行政裁定书，https：//wenshu. court. gov. cn/website/wenshu/181107ANFZ0BXSK4/index. html?docId=81uw4q6F26eE61lNYIfi6GbA55Yr8JjyYJgdUsRVsz6dnP9noAkmfJO3qNaLMqsJpDCTrGgwBL596SkfFRQOVWNEz/zpeT57fNK/4/3kJ4bs+e/9eFyHHumG7L5EbznE，最后访问时间2022年10月18日。

见》；《公司法》第75条、第81条；《企业国有资产法》第2章、第7章；《中央企业投资监督管理办法》第2条；《关于进一步深化法治央企建设的意见》

第三条　【相关概念】本办法所称合规，是指企业经营管理行为和员工履职行为符合国家法律法规、监管规定、行业准则和国际条约、规则，以及公司章程、相关规章制度等要求。

本办法所称合规风险，是指企业及其员工在经营管理过程中因违规行为引发法律责任、造成经济或者声誉损失以及其他负面影响的可能性。

本办法所称合规管理，是指企业以有效防控合规风险为目的，以提升依法合规经营管理水平为导向，以企业经营管理行为和员工履职行为为对象，开展的包括建立合规制度、完善运行机制、培育合规文化、强化监督问责等有组织、有计划的管理活动。

【本条宗旨】

本条是关于合规、合规风险和合规管理术语的解释和概念的说明。

【条文理解】

本条分别对合规、合规风险和合规管理作出了规定，使企业的合规管理自成体系，体现了独立关注的风险和系统的管理内容，意味着将中央企业合规管理从具体工作上升到企业战略的高度。合规调整的主体是中央企业经营管理和员工履职“行为”；合规风险是中央企业经营管理行为和员工在经营管理过程中衍生风险的“可能性”；而合规管理主要是指开展合规的管理“活动”。本条分为三款。

一是合规。“合规”，一般是指“合乎规定”或者“符合规矩”，其全部义务得以履行。该词源于西方商业银行遵循金融法律和行业准则开展经营活动的行为。《合规指引（试行）》第二条第二款对合规界定为，“是指中央企业及其员工的经营管理行为符合法律法规、监管规定、行业准则和企业章程、规章制度以及国际条约、规则等要求”。发改委等七个部委联合印发的《企业境外经营合规管理指引》第三条规定:“本指引所称合规,是指企业及其员工的经营管理行为符合有关法律法规、国际条约、监管规定、行业准则、商业惯例、道德规范和企业依法制定的章程及规章制度等要求。”与《合规指引(试行)》对合规的定义相比,增加了“商业惯例、道德规范”。2020 年 3 月修正的《证券公司和证券投资基金管理公司合规管理办法》第二条第二款规定,本办法所称合规,是指证券基金经营机构及其工作人员的经营管理和执业行为符合法律、法规、规章及规范性文件、行业规范和自律规则、公司内部规章制度,以及行业普遍遵守的职业道德和行为准则。合规针对的是企业经营管理行为和员工履职行为符合国家法律法规、监管规定、行业准则和国际条约、规则,以及公司章程、相关规章制度等提出的要求。中央企业的合规不仅包括企业经营管理行为的合规,也包括企业员工履职行为的合规,但对企业员工着重强调了“履职行为”,即严格按企业岗位的工作职责履行工作责任的行为。企业员工非职务行为虽然也要受到法律法规以及道德的约束,但因不是履职行为,不在本办法规定的合规范畴内。企业的员工尤其是企业高级管理人员因违反纪律、社会道德或者不文明行为会影响企业的信誉并且带来负面影响，也属于企业的风险源，会给企业带来风险，是合规管理应当关注和警惕的现象。对此可通过本办法“等要求”的扩大解释来界定。

企业经营管理行为和员工履职行为的合规要求以国家法律法规、主管或者监管部门的监管规定、行业协会等行为准则作了不同层次的规范；同时又规定了国际条约、国际交易规则或者惯例等所谓的“外法”，并进一步强调企业内部管理的规范。这里的“规”包含法律法规、行业规则、内部规章制度和自律组织规范规制，具有宽泛的“大合规”的意思，侧重于企业的合规管理制度和合规履职的要求。合规包括但不限于合法，“规”的外延远大于“法”，不仅强化制度层面，而且致力于企业组织、规范和文化等。行业规则主要包括行业标准、行业规定及商业准则。相关规章制度是指企业内部管理、内部流程及相应标准等制度，并非法律意义上的部门规章和地方规章，同时行业协会标准、社会责任及商业道德准则也是重要的内容。对企业的内部规定，中央企业不仅要求遵守，更要根据法律法规等的变化及时修订，保持内部规章制度的内容合法、程序合法并具有可操作性，在实施环节全体员工需严格遵守。

本款专门强调国际条约、国际规则，这主要是针对跨国企业。其中，国际条约是指国际间有关政治、经济、文化、技术等方面的多边条约，还有国际标准化组织制定的规则，如 2021 年颁布的《合规管理体系 要求及使用指南》（ISO 37301：2021）。国际条约、规则的适用是有条件的，包括我国作为国际法主体缔结或参加的双边、多边协议和其他具有条约、协定性质的文件，但不包括我国声明的保留条款。

需要注意的是，对于“规”的范围，《征求意见稿》曾列明了“党内法规”，本办法在本条中没有沿用其规定，但并不意味着合规不遵守“党内法规”的要求，这主要是考虑到法律法规与党内法规的区别以及党内法规和企业规章制度在责任主体、适用范围、工作方式等方面存在差别，为方便企业贯彻落实，办法集中规定有关党内法规的内容，以便明确责任主体是企业党建机构，也体现了党内法规的要求，如本办法第七条第二款规定“中央企业应当严格遵守党内法规制度”。因此“规”的范围应当理解为包括党内法规与制度。

二是合规风险。合规风险源于金融行业，最早主要是针对银行机构。巴塞尔银行监管委员会的《合规与银行内部合规部门》将“合规风险”界定为：银行因未能遵循法律法规、监管要求、规则、自律性组织制定的有关准则以及适用于银行自身业务活动的行为准则，而可能遭受法律制裁或监管处罚、重大财务损失或声誉损失的风险[①]。对于企业而言，通常意义上的风险，是指影响企业总体或者部门经验管理目标的不确定性。国际标准《合规管理体系 要求及使用指南》（ISO 37301：2021）第3.7条规定，“合规风险是合规目标影响的不确定性。合规风险是不符合组织合规义务的可能性和后果”。[②] 合规风险实际上是指违规、不合规或者未履行合规义务引发的风险事件发生的可能性以及后果。为此，本条将合规风险界定为，中央企业及其员工在经营管理过程中因违规或者不合规行为引发法律责任、造成经济或声誉损失以及其他负面影响的可能性。其中，法律责任包括刑事责任、民事

---

① 关于《合规与银行内部合规部门》的说明：2005年4月29日，巴塞尔银行监管委员会发布《合规与银行内部合规部门》专门文件，以敦促并指导国际银行业金融机构建立起有效的合规政策和程序，在发现违规情况时银行管理层能够采取适当措施予以纠正。该文件中文版已由中国银行保险监督管理委员会翻译完成。参见中国银行保险监督管理委员会官方网站：http：//www.cbirc.gov.cn/cn/view/pages/ItemDetail_ gdsj.html？docId = 22281&docType = 0，最后访问日期2022年10月12日。

② 来源于：ISO官网，https：//www.iso.org/obp/ui/#iso：std：iso：37301：ed -1：v1：en：term：3.11，最后访问时间为2022年10月10日。

责任、行政责任，也包括违反纪律的责任。合规风险主要是强调企业因为各种自身原因主导性地违反法律法规和监管规则等而遭受的刑事惩治、行政处罚、经济制裁、民事责任或声誉的损失。其他负面影响主要涉及因违规而丧失后续的交易机会、在国际市场上有损国内企业形象、被国内外的监管机构列入黑名单等影响名誉或者失信问题。

本条将“违规行为”限定在“在经营管理过程中”，并删除了《征求意见稿》法律责任范围内的“受到相关处罚”的规定。是因为相关处罚是责任承担的形式，法律责任不限于制裁性的“相关处罚”，还包括其他类型。如，合规风险不仅包括负面影响的可能性，也包括央企及其员工因未合规行为可能承担的实际后果。这样修改使得规定更加符合逻辑，更具有严谨性。在对外的合规风险问题上，需要突出国别合规风险，针对发达国家、发展中国家、战略合作国家等设置有针对性的风险管控目标及管控措施，防控地缘政治给企业带来的风险。

三是合规管理。合规管理是指企业通过制定合规政策，按照外部法规的要求统一制定并持续修改内部规范，监督内部规范的执行，以增强内部控制，对违规行为进行早期预警，能够防范、化解、控制合规风险的一整套管理活动和运行机制。本条规定的合规管理，是指企业以有效防控合规风险为目的，以提升依法合规经营管理水平为导向，以企业经营管理行为和员工履职行为为对象，开展的包括建立合规制度、完善运行机制、培育合规文化、强化监督问责等有组织、有计划的管理活动。本条对合规管理，不仅明确了“目的”和“导向”，同时还明确了限定的“对象”和开展的“活动”。从合规对象来看，不仅企业股东和管理层要有合规意识，其员工也要遵守内部合规制度，严格规范自身的行为，以整体推进合规建设。从合规制度建设和运行机制来看，合规管理属于静态管理与动态管理的结合。其中，静态管理侧重“规则合规”，即合规管理的基本制度以及重点领域、高风险业务专项指南等文本的制定、修改与完善。合规不仅是制度，而应成为企业开展业务的活动。其动态管理是需要从风险识别、风险分析、风险评价、风险应对到监督监察整个运行程序的合规。合规管理是行为指引与合规文化的协同发展，因为合规行为有利于养成合规文化，合规文化有助于落实合规行为实施。基于此，中央企业负有合规审查前置、合规风险应对报告、违规问题整改、违规举报调查和处理、违规行为追责问责、建立健全合规管理协同运作机制、开展合规管理体系有效性评价等多项合规义务。尤其是首席合规官的创新性规定，要求中央企业的法务工作从法律支持转向企业管理，以构建以合规为中心的中央企业合规管理的新格局。特别是“提升依法合规经营管理水平”这一导向，其功能更有利于本办法第一条深化法治央企建设目标的实现。

本条结合近年中央企业合规体系建设实践，对合规管理的内容进行分类表达，在概念表述上不仅体现了层次性，而且在制度建构上强调了“建立合规制度、完善运行机制、培育合规文化、强化监督问责”等，还规定了“风险识别、合规审查、风险应对、责任追究”等合规运行机制。合规管理、业务管理和财务管理是企业管理体系的三大基石，在风险管理中扮演着重要的角色，可以说，合规管理对外要确保企业经营活动符合相关法律法规和行业规定要求，对内要规范员工行为，保障员工遵守企业的规章制度，旨在确保企业自身的利益。

【适用指南】

合规、合规风险和合规管理属于不同层次的概念，在不同的领域中和不同的背景下也存在不同的意义。对于合规、合规风险和合规管理限于本办法的调整框架下来认识、理解和诠释。如在合规涉及全体员工问题上，《合规管理办法》将《征求意见稿》中的员工“经营管理行为”修改为员工“履职行为”，使之与其概念相一致，体现规定在前后逻辑上的严谨性。而将“国际条约、规则”置于公司章程及规章制度之前，更符合先国内法律法规到外部法规再内部制度的效力范围顺序。中央企业作为国民经济的重要支柱，是落实全面依法治国战略的重要主体。基于“大合规”要求，需要对其合规管理重新定位，不仅要区分外规与内规在管理上的不同要求，也要区分不同规之间的管理权责与边界。把握“大合规”的实质，不能为合规而合规或者将合规管理当成一项落实上级要求的工作，出现规避合规或者“纸面合规”的现象。《合规管理办法》在推动中央企业加强合规管理和切实防控风险方面具有理论正当性和现实必要性。在此之前，国资委、证监会等已在证券公司、证券投资基金管理公司等领域就合规管理进行了制度尝试。依法治企是所有企业长久发展的前提和基础，这就需要立足于强化合规管理的新要求与新目标，加快建立有效合规管理体系，提升合规管理能力，实现依法合规经营，这是所有企业及企业员工应当践行的经济责任和社会责任。风险是商业的本质，追逐和承担风险是企业的基本职能，由于风险不独自存在于中央企业，合规管理亦不能止步于中央企业，其他类型的企业也应一并遵守。

【典型示例】

某公司是央企甲集团旗下100%直接控制的孙公司。根据集团内部行政管理的要求，甲集团通过无偿划拨的方式，将某公司股权无偿划转至自己名下，某公司由甲集团的孙公司变成子公司。在短时间内，甲集团再次通过无偿划转的方式，将所持有的某公司100%股权划转至同一控制的子公司丙的名下，某公司成为新的100%控股的孙公司。上述两步划转行为均符合企业所得税特殊税务处理的规定，然因两次划转间隔不足12个月，不能满足特殊性税务重组“重组后的连续12个月内不改变重组资产原来的实质性经营活动”的规定与要求，被税务机关要求补缴税款。①

---

① 本示例素材来源于中国税网，覃韦英璺：《划重点！央企常见税务风险点》，http：//www. ctaxnews. com. cn/2018 – 11/30/content_ 946867. html，最后访问时间2022年10月13日。

【关联法条】

《中央企业合规管理指引（试行）》第2条；《企业境外经营合规管理指引》第3条；《商业银行合规风险管理指引》第3条；《保险公司合规管理办法》第2条；《证券公司和证券投资基金管理公司合规管理办法》第2条

第四条　【国资委职责】 国资委负责指导、监督中央企业合规管理工作，对合规管理体系建设情况及其有效性进行考核评价，依据相关规定对违规行为开展责任追究。

【本条宗旨】

本条是关于国资委对中央企业合规管理职责的规定。

【条文理解】

国资委作为履行出资人职责的机构应当依照法律、行政法规以及企业章程履行出资人职责，保障出资人权益，防止国有资产损失。2021 年十三届全国人大四次会议通过的《关于国民经济和社会发展第十四个五年规划和 2035 年远景目标纲要》在“形成强大国内市场 构建新发展格局”中指出：国资委应“引导企业加强合规管理”。国资委指导和监督中央企业合规管理工作主要体现在以下方面：

一是负责指导和监督中央企业合规管理工作。国资委指导中央企业主要通过制定合规规范性文件、监督合规制度、机制建立以及监督规范性文件落实情况来进行，如国资委颁布了《关于加强中央企业内部控制体系建设与监督工作的实施意见》。其一，负责指导中央企业合规管理工作，履行指导中央企业合规管理工作的领导责任。其中，指导包括企业合规管理工作的宏观指导，如制定有关合规的规范性文件对中央企业合规管理工作的指导，也包括中央企业对如何建设合规组织机构职责、制度建设、运营机制、考核评价等管理方面的指导，指导应当具有针对性和方向性，旨在促使中央企业的合规管理体系规范化、制度化和法治化。同时，还需要指导中央企业加快建立覆盖全级次企业各业务领域和各环节的合规管理系统，并建立信息化指导平台，实现多点联控与中心管控的有机结合，以信息化、数字化为依法合规经营提供有力支撑，为监督提供全留痕、可回溯、易检查的基础和依据。其二，负责监督中央企业合规管理工作，既包括依照本法以及相关合规管理规定的实施情况的监督，也包括对党规党法以及有关合规政策落实情况的监督，如对中央企业开展的常规巡视工作。对于存在合规不到位、存在漏洞或者纸面合规以及存在合规风险的，应当及时要求纠正，要求其迅速整改，保障嵌入经营管理各领域各环节的合规落实到位，不留死角。同时，负责不仅表现为权力，也意味着责任，对于指导不力的、监督失察的，应当予以问责，以保证国资委及其履行职责的部门真正负起指导和监督的责任。

二是指导、监督中央企业合规管理工作落实在合规管理体系建设情况、合规管理有效性考核评价和对违规行为的责任追究上，使其指导、监督具体化。

第一，对合规管理体系建设情况及其有效性进行考核评价。根据国际标准化组织制定的《合规管理体系 要求及使用指南》（ISO 37301：2021）的要求，完整的合规管理体系应该包含高层领导的承诺、合规方针、组织的角色、职责和权限、合规风险的应对措施、合规目标和实施策划、支持合规管理的资源、确认员工有合规能力的方案及实施记录、培训、员工对合规及不合规后果的认识、沟通、文件化信息、合规管理体系运行的策划和控制、内控流程、外包过程、绩效评价、管理评审、不合规事件发生的纠正措施、持续改进。首先，国资委应当指导、监督合规管理体系建设情况。从健全制度、完善工作机制、健全防线、抓好境外合规、夯实组织基础、打造合规文化等合规管理情况出发，为考核评价工作的有效性奠定基础。根据本办法的规定，主要涉及制度建设和运行机制两个方面，如对企业合规制度体系、基本制度以及本办法第十八条规定的重点领域、合规风险较高的业务制定专项指南，对于涉外业务重点领域制定专项合规管理制度等，以及风险识别预警、合规风险应对、合法合规审查、问题整改等运行机制的建设与有效性进行整体评价和专项评价，并将评价结果作为考核的重要依据。对合规管理体系建设情况的有效性进行考核并做出评价，可参考2022年10月12日发布的《合规管理体系要求及使用指南》（GB/T 35770－2022）以及中国企业评价协会国内团体标准《企业合规管理体系有效性评价》（T/CEEAS 002－2022）。国资委对中央企业合规管理体系的建设进行评价，不同于《企业国有资产法》侧重国有资产的增值保值以及防止资产流失的评价，也不同于本办法第八条、第十四条规定的董事会和合规管理部门的内部评价义务，旨在通过对中央企业合规体系建设及运行进行评价，促使企业提高抗风险能力，高效运营，创造价值。国资委应当通过组织中央企业开展全级次、全领域、全方位经营业务合规风险排查，深入查找问题根源，及时完善制度流程，坚决堵塞管理漏洞，聚焦突出问题和薄弱环节，促进合规管理体系建设。

第二，依据相关规定对违规行为开展责任追究。国资委对违规行为的判断、责任追究程序均应有相关规定，如《中央企业违规经营投资责任追究实施办法（试行）》。对违规行为开展责任追究应以国家法律法规为准绳。按照国有资产监管规章制度和企业内部管理规定等合规义务，对违反规定、未履行或未正确履行职责造成国有资产损失或其他严重不良后果的企业经营管理有关人员，严肃追究责任；对实行重大决策失职的，可以终身问责。追责应当结合企业实际情况，调查核实违规行为的事实、性质及其造成的损失和影响，按照国有资本出资关系和干部管理权限，界定责任追究工作职责，分级组织开展责任追究工作。认定相关人员责任，需要考虑合规义务质的不同，恰当公正合理地处理相关责任人，同时也应保护企业经营管理有关人员干事创业的积极性。做到惩治教育和制度建设相结合，加强警示教育，发挥震慑作用。

【适用指南】

目前，中央企业已初步完成合规管理体系建立，已具备由国务院国资委直接对中央企业进行监督、考核的基础，但需要厘清国务院国资委与中央企业的合规权责关系。国资委指导、监督中央企业着力打造事前制度规范、事中动态监管、事后监督问责的全覆盖、全链条的合规管理制度体系。事前制度要规范，事中要动态监管，事后要监督问责。国资委通过对中央企业已有的合规管理体系进行检查、考核评价等督导，但其工作应尽可能减少与其他工作的重复与交叉，减轻企业不应有的工作负担。本条确立了国务院国资委在合规管理体系考核、评价以及违规行为追究方面的权责，改变了在《合规指引（试行）》项下由董事会负责的合规考核评价、违规问责模式。实践中董事会既要负责企业合规管理重大事项，又要负责对所属单位合规管理运行情况、违规问题进行监督、处置，接受国务院国资委监管。

【关联法条】

《企业国有资产法》第14条、第68条、第69条；《关于建立国有企业违规经营投资责任追究制度的意见》；《关于加强中央企业内部控制体系建设与监督工作的实施意见》；《中央企业违规经营投资责任追究实施办法（试行）》

第五条 【合规管理工作原则】 中央企业合规管理工作应当遵循以下原则：

（一）坚持党的领导。充分发挥企业党委（党组）领导作用，落实全面依法治国战略部署有关要求，把党的领导贯穿合规管理全过程。

（二）坚持全面覆盖。将合规要求嵌入经营管理各领域各环节，贯穿决策、执行、监督全过程，落实到各部门、各单位和全体员工，实现多方联动、上下贯通。

（三）坚持权责清晰。按照“管业务必须管合规”要求，明确业务及职能部门、合规管理部门和监督部门职责，严格落实员工合规责任，对违规行为严肃问责。

（四）坚持务实高效。建立健全符合企业实际的合规管理体系，突出对重点领域、关键环节和重要人员的管理，充分利用大数据等信息化手段，切实提高管理效能。

【本条宗旨】

本条是关于企业合规管理工作原则的规定。

【条文理解】

中央企业合规管理工作原则是做好合规管理工作的指导思想和管理工作的基本准则。其工作原则为：

一是“坚持党的领导”原则。坚持党对国有企业的领导是重大政治原则，深化国有企业改革，坚持党的领导，是中国特色现代企业制度的重要特征。坚持党的领导是对中央企业合规管理工作提出的新要求，将其放在首位予以强调。坚持党的领导就要充分发挥企业党委

（党组）领导作用，落实全面依法治国战略部署的有关要求，特别是《法治中国建设规划（2020－2025年）》《法治社会建设实施纲要（2020－2025年）》等中央文件对企业依法合规经营提出的明确要求。合规管理工作应当严格落实“三重一大”制度，推进党建工作与法治工作的深度融合，发挥党在公司治理体系建设、规章制度体系建设、法治工作体系建设、合规体系建设、风控维权体系建设、数字化法治体系建设、领导干部管理、法治队伍建设、对标世界一流和法治文化建设中的领导作用，充分发挥基层党组织的战斗堡垒作用和员工党员的先锋模范作用。

二是“坚持全面覆盖”原则。此原则沿用了《合规指引（试行）》“全面覆盖”的要求，原来的要求是“将合规要求覆盖各业务领域、各部门、各级子企业和分支机构、全体员工，贯穿决策、执行、监督全流程”。本款改为将合规要求“嵌入经营管理各领域各环节，贯穿决策、执行、监督全过程，落实到各部门、各单位和全体员工，实现多方联动、上下贯通”。目前，中央企业均建立了一些合规制度，如《合规员工手册》《合规销售准则》《反商业贿赂协议》等，然而这些合规规定多涉及某些领域或者某些部门，其执行也散于各个不同部门，未能覆盖生产经营管理的各个环节，也不能约束公司全体员工。其中，“嵌入经营管理各领域各环节”包括生产环节、经营环节和管理环节的合规。主要体现为：在业务及职能部门中设置合规管理员，由业务骨干担任（本办法第十三条）。将合规审查作为必经程序嵌入经营管理流程，重大决策事项的合规审查意见应当由首席合规官签字（本办法第二十一条）。中央企业应当定期梳理业务流程，查找合规风险点，运用信息化手段将合规要求和防控措施嵌入流程（本办法第三十四条）。作为履行合规管理职能的部门有可能并不充分了解业务部门的流程、需求和风险点，“将合规要求嵌入经营管理各领域各环节”可以发挥其优势，可使业务部门的合规管理员将专业的业务知识与专业的合规要求结合起来，从而提高效率和防范风险效果。本款要求企业合规应当是“全面”“整体”的，而非“部分”“局部”的，要求“贯穿决策、执行、监督全过程”。坚持全过程的合规，将合规“落实到各部门、各单位和全体员工”，也包括各单位所属企业、分支机构及其员工，以便实现多方联动、上下贯通，在合规过程和环节上不出现中梗阻或者卡点、中断。本办法第二章设专章对本款规定的工作原则予以落实。

三是“坚持权责清晰”原则，强调“管业务必须管合规”。这就需要中央企业在合规管理中厘清业务及职能部门、合规管理部门和监督部门的职责。只有权责清晰了，才能准确全面地履行合规义务，才能强化问责原则，对合规管理行为及其员工履职违规行为严肃问责。有关问责问题应当关注本办法第七章“监督问责”以及《关于建立国有企业违规经营投资责任追究制度的意见》《关于做好中央企业违规经营投资责任追究工作体系建设有关事项的通知》以及《中央企业违规经营投资责任追究实施办法（试行）》等的规定。本款未明确规定企业合规管理部门和首席合规官需要坚持独立原则。

四是“坚持务实高效”原则。这是对合规体系建设和运行效果提出的要求。坚持这一原则要求合规管理体系符合企业实际，突出重点领域、关键环节和重要人员的管理，注重精准性、有效性，充分运用大数据、人工智能等现代科技手段，真正将合规要求嵌入经营管理流程，并通过数据分析、智能控制等方式来保障合规管理机制的有效运行，从而面对合规风险可以实现即时预警、快速处置，切实提高管理效能。本办法在第六章“信息化建设”中对其贯彻实施。

【适用指南】

本条规定了中央企业开展合规管理工作的四项原则，重点强调了坚持党的领导，需要业务及职能部门、合规管理部门、纪检监察部门等监督部门在合规管理中将其原则不折不扣地全面贯彻，确保合规管理体系建设符合企业实际，突出对重点领域、关键环节和重要人员的合规管理，并充分利用大数据等信息化手段提高管理效能，解决当前中央企业合规管理建设的关键性合规问题。尽管本条没有明确将《合规指引（试行）》规定的“协同联动”“客观独立”作为原则，也未将《征求意见稿》中的“客观公正”“专业有效”“实时精准”列为内容，但不代表合规工作对此没有要求。本办法第二十六条对协同联动作出了要求，第六章“信息化建设”中也存在相关规定和要求。

【典型示例】

2021 年 10 月《人民日报》“以高质量党建引领高质量发展——中央企业加强党的建设典型案例”报道了“中国五矿探索公司治理‘中国方案’”。中国五矿党组坚持将党的全面领导贯穿于企业决策、执行、监督各环节，实现了从顶层设计到制度、事项、流程、清单的逐级细化，使党的全面领导在制度上有规定、程序上有保障、实践中有落实，持续探索公司治理的“中国方案”，加快探索构建中国特色现代企业制度。中国五矿在集团公司层面带头示范，分层分类强化指导，扎实推动各级次子企业党建入章工作。2016 年底，集团在章程中对党组的机构设置、工作职责、工作任务、重大问题决策程序等内容作了规范，率先完成党建入章，落实了党组在公司法人治理结构中的地位，为党组发挥领导作用奠定了坚实基础。集团构建了“三清单一流程”，实现了党的领导融入公司治理于法周延、于事简便。其中，“三重一大”清单明确了党组前置研究讨论事项，确保了党组发挥把方向、管大局、促落实的领导作用；总部决策事项清单及流程规范了董事会、经理层、党组书记、董事长、总经理、主管副总以及部门长的决策权限和流程；核心管控事项清单明确了母子公司管控界面，规范了集团公司对子企业的差异化授权放权。①

---

① 本示例素材来源于《以高质量党建引领高质量发展——中央企业加强党的建设典型案例》，载《人民日报》2021 年 10 月 12 日，第 16 版。

【关联法条】

《中央企业领导人员管理规定》;《公司法》第19条

> **第六条　【合规管理保障】中央企业应当在机构、人员、经费、技术等方面为合规管理工作提供必要条件，保障相关工作有序开展。**

【本条宗旨】

本条是关于中央企业开展合规管理工作保障制度的规定。

【条文理解】

企业合规是公司治理和日常经营管理的重要内容，中央企业开展合规管理工作应当具备必要的组织机构、人员、经费、技术等作为保障，需要加大合规管理工作的资源投入和人力支持。《合规指引（试行）》和《征求意见稿》均未对此作出规定，本条规定为合规管理工作的顺利有效开展打下了坚实的组织、经济和技术基础。

主要包括四个方面的内容：

一是中央企业为开展合规管理工作的机构提供条件。基于合规管理工作的性质，企业至少应建立合规管理领导机构、合规管理委员会、首席合规官、合规管理部门、合规业务部门以及合规官等，并为这些组织机构和人员提供适当的工作场所、良好的工作环境以及开展工作必要的设施设备。本办法在第二章“组织和职责”作了具体的规定，明确了党委（党组）、董事会、经理层在合规管理中的职责以及业务与职能部门、牵头部门、监督部门在合规管理中的职责分工和具体职责，从合规管理工作角度细化了组织安排。

二是中央企业为开展合规管理工作的人员提供条件。企业至少应确立合规管理负责人、合规委员会组成人员、首席合规官、合规管理人员、专职或者兼职合规监督人员等，这些人员是有效开展合规工作不可或缺的人力资源。中央企业为开展合规管理工作不仅需要配备这些人员，还应当加强对这些人员的合规业务培训，提高其专业水平，提高与履职相适应的合规管理和履行合规义务的能力，并创造良好的履职工作环境以及与提供履职工作相适应的设施设备、待遇。

三是企业为开展合规管理工作提供足够的经费。经费是合规管理工作开展的必备要素，经费包括开展合规工作的，也包括工作人员接受培训的和提供的待遇，还包括合规宣传、合规文化建设、合规评估、防御合规风险、配合应对措施以及合规整改等费用。

四是中央企业为开展合规管理工作提供技术支持。信息技术是提升企业合规管理工作效率和效能的重要工具，信息化、数字化、智能化也是合规管理发展的必然趋势。这就要求中央企业在合规管理工作中利用大数据等技术支持，强化现代信息化建设，将信息化手段嵌入合规管理和风险防控中，确保企业风控合规信息化与企业经营管理信息化建设同步。除技术预警外，还应为合规工作配备必要的技术设备和技术手段，使之能够在合规管理工作中实现数据共享、提高合规管理效能。对此问题，本办法第六章“信息化建设”作了具体的规定，同时也要求合规管理应积极利用大数据、人工智能等先进技术手段开展工作，充分发挥其对企业经营发展的保障和促进作用，推动企业合规经营高质量、可持续协调发展。

【适用指南】

本条对开展合规管理工作保障作了原则性的规定，

后续的条款又分别规定了组织保障、文化保障、技术保障等“三保障”措施。国际标准《合规管理体系 要求及使用指南》（ISO 37301：2021）要求，支持合规管理的重要保障，对于合规管理体系在各个层面得到认可并保障合规行为实施发挥重要的支持作用。其支持措施为：（1）确定并提供所需的资源，例如财务资源、工作环境与基础设施等；（2）招聘能胜任且能遵守合规要求的员工，对违反合规要求的员工采取纪律处分等管理措施；（3）提供培训，提升员工合规意识；（4）开展内部和外部沟通与宣传；（5）创建、控制和维护文件化信息。国资委开展的“合规管理强化年”对企业合规管理工作部署提出了“加大资源投入力度”的要求。这一要求与国际标准《合规管理体系 要求及使用指南》（ISO 37301：2021）第7.1条“资源”的要求相契合，旨在改变中央企业面临的机构、人员、经费等匮乏的局面。科学合理的费用支付标准关乎合规企业、第三方专业人员的切身利益，而经费保障制度的成败与投入资金的规模密不可分。实践中，检察机关企业合规试点探索也存在第三方监督评估经费保障不到位、费用来源渠道单一、支付方式存在风险隐患等问题，这些问题影响和制约企业合规改革推进的速度和质量。尽管检察机关试点问题主要涉及中小微企业的合规整改，但中央企业等国有企业也应当健全组织、配置足够的人员，并提供技术与足够的资金支持，将合规管理经费列入预算管理，确保必要经费支持到位。

第二章　组织和职责

【本章概述】

本章规定了企业合规的组织和职责，主要包括中央企业党委（党组）领导，董事会定战略、作决策、防风险，经理层谋经营、抓落实、强管理，企业主要负责人作为第一责任人，设立合规委员会、首席合规官，业务及职能部门承担合规管理主体责任，合规管理部门牵头负责本企业合规管理工作以及中央企业纪检监察机构和审计、巡视巡察、监督追责等部门进行监督。本章共九条（第七条至第十五条）。

第七条　【党委（党组）作用】 中央企业党委（党组）发挥把方向、管大局、促落实的领导作用，推动合规要求在本企业得到严格遵循和落实，不断提升依法合规经营管理水平。

中央企业应当严格遵守党内法规制度，企业党建工作机构在党委（党组）领导下，按照有关规定履行相应职责，推动相关党内法规制度有效贯彻落实。

【本条宗旨】

本条是关于中央企业党委（党组）在中央企业合规管理过程中领导地位及职责的规定。

【条文理解】

中央企业与一般企业以及地方国有企业相比，与中央政府的关系更为密切，其地位更为特殊，在我国国民经济运行中发挥压舱石作用。为了保证此作用的发挥：一方面，中央企业应当进一步精进企业内部的合规治理与风险控制工作，保证企业的平稳良好运行，履行好排头兵的职责；另一方面，中央企业也需要紧密跟随党的领导，时刻与党的政策与方针保持同步，并在合规层面及时作出调整。

本条规定昭示着中央企业合规管理中坚持党的领导以及设立专门党委（党组）进行领导的重要性，党的领导是中央企业在合规管理中应当坚持的一项基本原则。为落实本办法第五条第（一）项的规定，中央企业应旗帜鲜明地将“坚持党的领导”放在中央企业合规的首位，将党的领导贯穿合规管理全过程。本条作为该项规定的具体落实条款包括两个层面的内容：

一是中央企业党委（党组）在中央企业合规管理中宏观层面的领导作用。其作用具体表现为“把方向、管大局、促落实”和落实党关于全面依法治国战略部署有关要求及其他具体要求。此种宏观层面的领导作用的意义在于，为中央企业合规管理提供更为明确的大方向引导，保证合规工作与党的整体战略布局相一致，并能够依照所预定的方向具体地贯彻落实合规工作，防止发生先前中央企业合规管理中出现的方向上群龙无首、管理上浑水摸鱼的情况，并进一步推动合规要求在中央企业得到严格遵循和落实，不断提升依法合规管理水平。党章修订后仍为“保落实”，企业在完善合规制度时，也应按党章要求修改。

二是中央企业党委（党组）职责的具体细化。在具体合规管理层面“推动合规要求在本企业得到严格遵循和落实，不断提升依法合规经营管理水平”的领导与推动职责外，中央企业党委（党组）职责的重点落在了将党内法规制度贯穿于中央企业合规管理上。党内法规与中央企业合规管理看似并无关联，但却是在中央企业合规管理过程中坚持党的领导不可或缺的一环。一方面，这为中央企业党委（党组）发挥其领导地位，履行其具体职责提供了规范化的指引与规制，解决了“谁来管理管理者”和“谁来监督监督者”的问题，能够防止党委（党组）的职能与功能异化；另一方面，这也能够与中央企业内部的党建工作相结合，为中央企业合规工作的推进再加上一道政治把关的保险，使之在党的层面也有了更为明确的法规依托与追责依据。在此之外，本条对中央企业党委（党组）职责规定的意义还在于，通过明确中央企业合规管理过程中党委（党组）在企业党内法规合规方面的权责，避免了其与具体合规管理部门出现权责重合、不清晰的情况，以及随之而来的矛盾。

习近平总书记在2016年10月的全国国有企业党的建设工作会议上强调，坚持党的领导、加强党的建设，是我国国有企业的光荣传统，是国有企业的“根”和“魂”，是我国国有企业的独特优势。[①] 坚持党对国有企业的领导是重大政治原则，必须一以贯之；建立现代企业制度是国有企业改革的方向，也必须一以贯之。中国特色现代国有企业制度，“特”就特在把党的领导融入公司治理各环节，把企业党组织内嵌到公司治理结构之中，明确和落实党组织在公司法人治理结构中的法定地位，做到组织落实、干部到位、职责明确、监督严格。党对国有企业的领导是政治领导、思想领导、组织领导的有机统一。国有企业党组织发挥领导核心和政治核心作用，归结到一点，就是把方向、管大局、保落实，就是要明确党组织在决策、执行、监督各环节的权责和工作方式，使党组织发挥作用组织化、制度化、具体化。要处理好党组织和其他治理主体的关系，明确权责边界，做到无

---

① 本内容来源于国资委网站，《强根铸魂抓党建 厚植优势促发展——国资央企高质量党建引领保障高质量发展》，http：//www. sasac. gov. cn/n4470048/n16518962/n20928507/n20928560/c21243841/content. html，最后访问时间2022年11月4日。

缝衔接，形成各司其职、各负其责、协调运转、有效制衡的公司治理机制。

【适用指南】

党委（党组）作为中央企业合规管理的领导组织的地位及职责并未体现于《合规指引（试行）》的规定中，本条是新增内容。本条规定是中央企业党委（党组）在企业中的领导地位在合规管理体系中的延续，不仅具有较强的宣示意义，而作为合规管理组织，党的领导与支持也是建立有效合规管理体系的基础。对此需要结合国企“三重一大”相关要求执行，要求中央企业在推进企业合规管理的过程中严格遵守党内法规制度，在完善党建工作时推动党内法规制度有效贯彻落实。与此同时，中央企业还应当将党委（党组）的领导与企业合规管理结合起来，不能仅满足于被动地遵守党内法规，而是要将党内法规与自身在企业合规管理中的领导地位与其他职责有机结合，而在这一过程中，党建工作是重中之重。

第八条　【董事会职责】 中央企业董事会发挥定战略、作决策、防风险作用，主要履行以下职责：

（一）审议批准合规管理基本制度、体系建设方案和年度报告等。

（二）研究决定合规管理重大事项。

（三）推动完善合规管理体系并对其有效性进行评价。

（四）决定合规管理部门设置及职责。

【本条宗旨】

本条是关于中央企业董事会在中央企业合规管理过程中的作用和职责的规定。

【条文理解】

中央企业董事会作为中央企业党委（党组）领导下的具体负责中央企业合规管理工作的重要机构，本条将其地位与作用界定为“定战略、作决策、防风险”。换言之，中央企业董事会负责中央企业合规战略方向指引、合规具体决策制定和防范化解重大合规风险。在此种地位和作用下，中央企业董事会具有四项基本职责。

一是“审议批准合规管理基本制度、体系建设方案和年度报告等”。对此类事项的审议与批准的权力是董事会在中央企业合规管理过程中最主要的职责。与《合规指引（试行）》第五条第（一）项的规定相比，不同之处在于，本条将董事会职权由单纯的“批准”扩大为“审议批准”，使得审议批准更加注重或者说确立了中央企业董事会在所涉事项中的讨论、建议、评议和审定的权力。这种对中央企业董事会职权的扩大实际上是其“定战略、作决策、防风险”功能定位的现实需要，只有保证中央企业董事会对此类事项予以讨论以及提出建议的权力，进而保证其对此类事项的过程控制，中央企业董事会的上述功能才能得到更为有效的发挥。而将“战略规划”改为“体系建设方案”，其变更实际上是为配合将“定战略”升格为董事会主要作用而作出的适配性改动。具体而言，中央企业董事会在战略层面的地位与作用是与其全部职责的履行密不可分的，而非仅仅通过批准“战略规划”即可实现。此种规定实际上是鼓励董事会通过更多元的方式与途径发挥其“定战略”的作用。

二是“研究决定合规管理重大事项”。“研究决定”意味着中央企业董事会本身就是相关事项的拟订及决定主体，能够对相关事项实施全程控制，而非仅掌握批准权。此外，这一项的规定极为宽泛，并未对“重大事项”这一关键性的要素作出定义，也为中央企业董事会职权的扩大留下了空间。

三是“推动完善合规管理体系并对其有效性进行评价”。此项职责可以拆分为推动职责与评价职责。本条的规定在于赋予中央企业董事会对中央企业合规管理体系有效性进行评价的职责。此种职责区别于监督职责，是以完善中央企业合规管理体系为目的，更为积极主动的职责。此前，中央企业合规管理体系一旦确立，就会产生较大的制度惯性，中央企业内部各个合规管理机构对此的评价基本只是着眼于这一制度本身是否能够顺利运行，而不太重视这一制度的运行实效及其可能作出的改进，这就导致了中央企业合规管理体系的僵硬化倾向，无法满足不断涌现的合规现实需要。赋予中央企业董事会对中央企业合规管理体系有效性进行评价的职责实际上就是赋予其不断精进这一体系的职责。换言之，董事会不仅要保证中央企业合规管理体系能够运行，而且要稳中向好、与时俱进地运行。

四是“决定合规管理部门设置及职责”。从这个角度讲，这一项的规定也囊括了《合规指引（试行》第五条第（三）项和第（四）项的规定。另外值得注意的一点是，中央企业董事会所能够决定设置的部门不再仅限于“合规管理牵头部门”，而是普遍性质的“合规管理部门”，这意味着中央企业董事会在决定部门设置和人员任免时的权限得以进一步提升。

【适用指南】

本条规定沿袭《合规指引（试行）》第五条的规定，虽然在项数上有所减少，却在相当程度上扩大了中央企业董事会在企业合规管理体系中的职责范围。相应地，中央企业的董事所面临的合规风险也随之增大，这便要求中央企业董事会在行使其职权、履行其职责时需充分地适应此种变化。在履行其审议与批准的职责时，为了使审议职责得到充分履行，董事会有必要通过多种途径了解相关信息，必要时应当借助与合规相关的专门委员会的帮助与支持；在完善合规体系并进行有效性评价时，应以发展的眼光审视中央企业的合规管理体系，不能被动地适应合规，而应主动地寻求合规，并消弭潜在的违规可能；而在部门设置和人事任免方面，则应注重部门设置及部门间职责分配的合理性，以及人事任免的稳定性，而这一职责同样要求董事会发挥好其监督管理作用。此外，实践中中央企业董事会在履行其职责时不能局限于本办法第八条的规定，而应综合运用董事会所具有的地位和所享有的职权，跳脱于合规治理体系之外，在整个中央企业内部构建与合规管理体系相关的机制，如履行加强反合规培训、考核建设合规文化等规定。本条删除了《征求意见稿》董事会决定聘任或解聘首席合规官的相关规定，首席合规官的任职、免职由企业根据章程、相关制度以及总法律顾问的设置情况决定。

【关联法条】

《证券公司和证券投资基金管理公司合规管理办法》第 7 条；《保险公司合规管理办法》第 7 条、第 8 条

第九条 【经理层职责】中央企业经理层发挥谋经营、抓落实、强管理作用，主要履行以下职责：

（一）拟订合规管理体系建设方案，经董事会批准后组织实施。

（二）拟订合规管理基本制度，批准年度计划等，组织制定合规管理具体制度。

（三）组织应对重大合规风险事件。

（四）指导监督各部门和所属单位合规管理工作。

【本条宗旨】

本条是关于中央企业经理层在中央企业合规管理过程中的作用和职责的规定。

【条文理解】

中央企业经理层在合规管理过程中能否起作用，关键在于其是否真正履行了合规职责，明确中央企业经理层的作用和职责是推进和落实合规管理工作的必由之路。本条规定了中央企业经理层的职责，并明确了中央企业经理层在推动中央企业合规管理加强过程中发挥谋经营、抓落实、强管理作用。主要包括三个方面的内容：

一是谋经营。何谓“谋”？经理层负责中央企业各项具体事务的开展，其角色定位以企业的经营管理为中心，合规管理是企业经营管理的重要环节，故而经理层在企业合规管理过程中扮演着不可或缺的重要角色，始终以企业的可持续发展为目的。合规不仅仅是不违法，还需要力求将合规管理体系与企业的经营相契合。

二是抓落实。无论何种制度都需要积极落实才能发挥实效，经理层既然负责中央企业各项具体事务的开展，就必须将合规管理制度向下执行，落到实处。经理层需要通过各种方法和途径将中央企业党委（党组）和董事会的决策思路和战略意图转化为切实的行动。

三是强管理。强管理既要加强企业本身的管理，也要加强员工的管理。经理层的第四项职责“指导监督各部门和所属单位合规管理工作”主要面向企业各部门及其所属单位的合规管理工作，员工的企业合规管理被纳入本办法第五条“坚持全面覆盖”“坚持权责清晰”和

第二十五条“建立所属单位经营管理和员工履职违规行为记录制度”的规定当中。经理层要增强企业的管理能力，提升企业的经营效率，促进企业竞争力提高，就需要有相应的权责保障。普通的经营管理是不够的，需要加强、巩固经理层的权责，赋予经理层更强的管理权限。

中央企业经理层的职责主要包括四个方面：

一是拟订合规管理体系建设方案，经董事会批准后组织实施。与《合规指引（试行）》第七条关于经理层合规职责的规定相比，本条没有延续经理层合规管理具体制度规定和合规管理计划的批准职责，转而赋予经理层拟订方案和组织实施的职责。原因在于，经理层主要负责企业经营事项，企业合规管理体系的专业部门是合规管理部门和首席合规官，合规管理体系建设的具体制度和方案可由经理层与该等专业合规机构沟通拟订，经董事会批准后组织实施。

二是拟订合规管理基本制度，批准年度计划等，组织制定合规管理具体制度。与本办法《征求意见稿》第八条关于经理层职责的规定相比，本条对经理层的该项职责作了细化补充和修改，将“批准合规管理具体制度、年度计划等”修改为“批准年度计划等，组织制定合规管理具体制度”。经理层负责中央企业各项具体事务的开展，有权批准年度计划，但是对于合规管理的具体制度和有关合规管理的年度计划，应当由企业内部负责合规管理的专门部门负责，经理层更多是起到组织和协调作用。

三是组织应对重大合规风险事件。其中“重大”需要可由企业根据自身行业特性在各自的公司章程或者规章制度中予以细化。与重大合规风险相对的一般合规风险将按本办法第十三条、第十四条的规定，由业务及职能部门和企业合规管理部门负责处置，但经理层对一般合规风险的应对有领导权。

四是指导监督各部门和所属单位合规管理工作。经理层发挥谋经营、抓落实、强管理作用的重要途径便是指导监督企业各部门和所属单位的合规管理工作，将企业合规管理的各种政策、制度和规定准确、快速地传达给各部门和所属单位以便开展合规管理工作，经理层负责检验各部门和所属单位开展合规管理工作的成效，并与本办法第十五条规定的中央企业纪检监察机构等在职权范围内的监督权相互配合，以更好地落实和推进企业合规各项工作。

与《征求意见稿》第八条关于经理层职责的规定相比，本条删去了中央企业经理层关于“制定合规管理工作流程，确保合规要求融入业务领域”“及时制止并纠正不合规的经营管理行为，按照权限对违规人员进行责任追究或提出处理建议”“提名首席合规官人选”和“法律法规、公司章程等规定的其他合规管理职责”的职责规定。此外，相比《合规指引（试行）》关于经理层职责的规定，本条删去了经理层关于“明确合规管理流程，确保合规要求融入业务领域”“及时制止并纠正不合规的经营行为，按照权限对违规人员进行责任追究或提出处理建议”“经董事会授权的其他事项”的职责规定。

本办法第五条规定了“管业务必须管合规”的原则，将业务与合规的融合工作交由业务及职能部门、合规管理部门和监督部门负责，经理层承担指导监督职责。根据本办法第十二条，首席合规官由总法律顾问兼任，无须提名，经理层自然没有提名首席合规官的职责。

【适用指南】

本条明确并进一步细化了中央企业经理层在合规管

理过程中的作用和职责。中央企业经理层在发挥谋经营、抓落实、强管理作用的基础上履行其合规管理的主要职责，系根据经理层在企业中的角色定位从而赋予经理层相应的权利，进而承担与该权利相对应的责任和义务。

本条属于经营层拟订合规管理基本制度、合规管理体系建设方案职责的规定，与董事会审批合规管理基本制度、体系建设方案职责相对应，经董事会批准体现中央企业合规管理的体系性要求和董事会对经理层的领导地位。具体到实践中，企业经理层应当领导各合规部门和人员共同起草制定公司合规管理办法，完善公司合规管理的体系制度如合规审查制度、合规监督制度、合规举报制度、合规培训制度等。同时补充经营层组织应对重大合规风险事件职责，与本办法第二十二条一般合规风险合规事件应对处置机制相协调，实现合规风险的精细化防控。此外，赋予经理层指导监督职责，体现了企业合规管理制度的权责一致，与业务及职能部门、合规管理部门和监督部门所谓的“三道防线”职责相协调，也是共同构建企业合规管理体系的体现。

第十条　【主要负责人职责】 中央企业主要负责人作为推进法治建设第一责任人，应当切实履行依法合规经营管理重要组织者、推动者和实践者的职责，积极推进合规管理各项工作。

【本条宗旨】

本条是关于中央企业主要负责人作为第一责任人职责的规定。

【条文理解】

本条规定了中央企业主要负责人推进法治建设第一责任人的职责。主要内容包括以下两个方面：

一是中央企业主要负责人是第一责任人。根据《中央企业主要负责人履行推进法治建设第一责任人职责规定》，中央企业主要负责人是指国务院国资委履行出资人职责的企业党委（党组）书记、董事长、总经理（总裁、院长、局长、主任）。中央企业主要负责人履行推进法治建设第一责任人职责，必须坚持党的领导，充分发挥党委（党组）的领导核心和政治核心作用；坚持统筹协调，做到依法治理、依法经营、依法管理共同推进，法治体系、法治能力、法治文化一体建设；坚持权责一致，确保有权必有责、有责要担当、失责必追究；坚持以身作则、以上率下，带头遵法、学法、守法、用法。

二是第一责任人的职责是组织、推动和实践企业的依法合规经营，并积极推进合规管理各项工作。中央企业主要负责人作为推进法治建设的第一责任人，应当切实履行依法治企重要组织者、推动者和实践者的职责，贯彻党中央关于法治建设的重大决策部署，认真落实国资委关于法治建设的各项要求，自觉运用法治思维和法治方式深化改革、推动发展、化解矛盾、维护稳定，把法治建设纳入全局工作统筹谋划，对重要工作亲自部署、重大问题亲自过问、重点环节亲自协调、重要任务亲自督办，把各项工作纳入法治化轨道。本条规定抓住中央企业的“关键少数”，推动企业法定代表人、实际控制人、实际负责人等企业高层领导自觉把合规放在第一位，切实担负起第一责任人法定职责，全力防范合规风险，坚决遏制重大合规事故发生。此外，根据本办法第十二条的规定，首席合规官对企业主要负责人负责，隐含了第一责任人对首席合规官的指导和监督作用。

本条延续了本办法《征求意见稿》第九条的规定，明确了“中央企业主要负责人作为推进法治建设第一责任人，应当切实履行依法合规经营管理重要组织者、推动者和实践者的职责，积极推进合规管理各项工作”。该规定与《中央企业主要负责人履行推进法治建设第一责任人职责规定》相符合，进一步强化了企业党委（党组）书记、董事长、总经理（总裁、院长、局长、主任）在合规管理中的领导作用，有利于合规管理工作的顺利开展。相比《合规指引（试行）》仅在第四条第（二）项中提及“把加强合规管理作为企业主要负责人履行推进法治建设第一责任人职责的重要内容”，本办法第十条将第一责任人合规职责单独规定，更加强化对第一责任人的职责要求。合规管理体系的建立、健全是一个长期和不断完善的过程，非一蹴而就，需要企业领导在合规资源保障、合规文化培育、传达合规方针准则等方面持续推动。

根据《中央企业主要负责人履行推进法治建设第一责任人职责规定》第五条、第六条、第七条的规定，党委（党组）书记在推进法治建设中应当履行以下主要职责：（1）促进党委（党组）充分发挥把方向、管大局、保落实的重要作用，成立法治建设领导机构，及时研究解决有关重大问题，督促企业领导班子其他成员和下级企业主要负责人依法履职，确保全面依法治国战略在本企业得到贯彻落实；（2）落实全面从严治党、依规治党要求，加强制度建设，提高党内法规制度执行力；（3）严格依法依规决策，落实党委（党组）议事规则和决策机制，认真执行“三重一大”等重大决策制度，党委（党组）研究讨论事项涉及法律问题的，应当要求总法律顾问列席会议，加强对党委（党组）文件、重大决策的合法合规性审查；（4）坚持重视法治素养和法治能力的用人导向，完善企业领导班子知识结构，相同条件下，优先提拔使用法治素养好、依法办事能力强的干部；（5）落实企业法律顾问制度，加强企业法律顾问队伍建设和人才培养，推动完善法律管理组织体系，支持总法律顾问和法律事务机构依法依规履行职能、开展工作；（6）深入推进法治宣传教育，定期组织党委（党组）中心组开展法治学习，推动企业形成浓厚的法治氛围。

董事长在推进法治建设中应当履行以下主要职责：（1）推动依法完善公司章程，合理配置权利义务，完善议事规则和决策机制，在董事会有关专门委员会中明确推进法治建设职责，并将依法治企要求写入公司章程；（2）促进将法治建设纳入企业发展规划和年度工作计划，与改革发展重点任务同部署、同推进、同督促、同考核、同奖惩；（3）组织研究部署法治建设总体规划，加强指导督促，为推进法治建设提供保障、创造条件；（4）定期听取法治建设进展情况报告，并将其纳入董事会年度工作报告；（5）带头依法依规决策，董事会审议事项涉及法律问题的，应当要求总法律顾问列席会议并听取法律意见；（6）推动建立健全企业法律顾问制度，落实总法律顾问可由董事会聘任的相关规定，设立与经营规模和业务需要相适应的法律事务机构，促进企业法律顾问队伍建设。未设立董事会的中央企业，董事长推进法治建设第一责任人的相关职责由总经理履行。

总经理在推进法治建设中应当履行以下主要职责：（1）加强对法治建设的组织推动，根据董事会审议通过的法治建设总体规划，研究制定年度工作计划，切实抓好组织落实；（2）依法建立健全经营管理制度，确保企业各项活动有章可循；（3）督促经理层其他成员和各职能部门负责人依法经营管理，加强内部监督检查，纠正违法违规经营管理行为；（4）推动法律管理与企业经营管理深度融合，充分发挥总法律顾问和法律事务机构作用，不断健全法律风险防范机制和内部控制体系，严格落实规章制度、重大决策、经济合同法律审核制度，加强合规管理和法律监督；（5）完善法律顾问日常管理、业务培训、考评奖惩等工作机制，拓宽职业发展通道，并为其履职提供必要条件；（6）组织实施普法规划，强化法治宣传教育，大力提升全员法治意识，努力打造法治文化。

党委（党组）书记、董事长、总经理在推进法治建设中分别履行不同的职责，合规管理作为中央企业法治建设的重要环节，同样需要根据中央企业主要负责人的不同地位和作用能力，构建不同的合规管理职责体系。合规管理是企业法治建设的重要内容，推进合规管理工作也是企业主要负责人推进法治建设的题中应有之义。规则成效的体系重在其具体运作，企业在本办法基础上积极开展各项合规管理工作，才是关键。一方面，企业应按照本办法的规定及时设置相应机构和岗位，制定相应的合规管理基本制度；另一方面，也是更重要的一点，企业应当结合自身实际，针对重点领域、关键节点主动制定更有针对性的合规管理制度。企业合规管理，从本质上来看是企业谋求自身更快速、更长远发展的内在需求。因此，企业在本办法的基础上自觉立规、自行合规，理应是企业合规管理工作的革新方向。

【适用指南】

本条相比《合规指引（试行）》仅在第四条第（二）项中提及“把加强合规管理作为企业主要负责人履行推进法治建设第一责任人职责的重要内容”，而将第一责任人合规职责单独规定，更加强化对第一责任人的职责要求。

合规管理体系的建立、健全是一个长期和不断完善的过程，非一蹴而就，需要企业领导在合规资源保障、合规文化培育、传达合规方针准则等方面持续推动。《合规指引（试行）》和本办法《征求意见稿》均有“三道防线”的表述，本条所规定的第一责任人虽不在“三道防线”之列，但在实际合规管理工作中，第一责任人实则是企业合规治理乃至法治建设的首道屏障，更是指导和发挥企业合规管理“三道防线”作用的重要指挥官。虽然删除了《征求意见稿》“三道防线”的直接表述，但在合规管理工作的实际运作中，中央企业第一责任人仍要按照“三道防线”的架构和思路开展合规管理工作。本条确立中央企业第一责任人主体有助于构建权责清晰的企业合规管理制度和体系，明确职责有助于将责任落实到位、建立健全合规管理运作机制。合规管理工作须以有组织、有效率的方式运行，故中央企业第一责任人须通过资源倾斜、制度保障、合规文化培育等多种手段和途径积极推进合规管理工作的开展和落实。

【典型示例】

2017 年，某汽车在美国底特律的联邦法庭正式承认在柴油车尾气排放上的欺诈造假行为。事件始末是：某汽车自 2008 年以来在美销售的数十万辆柴油汽车内未经同意安装了一款能识别汽车是否接受美国政府的尾气排放检测的非法软件，该软件可根据识别的不同结果自动调整汽车的尾气排放。即在接受检测时，该软件可调整尾气排放至符合美国政府尾气排放标准及以下；在检测时间外，则尾气排放并未受到调整和控制，从而导致汽车日常的氮氧化物排放量最高可至法定标准的 40 倍，违反了美国政府的尾气排放规定。某汽车通过安装非法软件且该公司的高级管理人员，包括时任某汽车美国监管合规部门负责人都知晓并参与的方式，企图以欺骗造假的手段使得尾气排放通过政府检测。这表明该公司合规机制缺失内部监督机制或者说内部监督机制失灵，发生了系统性的欺诈，并从反面反映出领导层特别是企业主要负责人要带头合规并大力支持合规管理工作的开展，配以恰当的资源倾斜和必要的问责，才能不断完善合规管理体系建设，培养良好企业文化，使合规管理更具实效。[①]

【关联法条】

《中央企业主要负责人履行推进法治建设第一责任人职责规定》

第十一条　【合规委员会职责】中央企业设立合规委员会，可以与法治建设领导机构等合署办公，统筹协调合规管理工作，定期召开会议，研究解决重点难点问题。

---

① 本示例素材来源于新华社经济参考报，《“排放门”揭秘：大众的失控与失信》，http：//www. jjckb. cn/2015 - 09/28/c_ 134665375. htm，最后访问时间2022年10月13日。

【本条宗旨】

本条是关于中央企业合规委员会及其职责的规定。

【条文理解】

本条规定了合规委员会的职责范围，体现了本办法对其所构建的合规管理体系的严谨与周密。划定合规委员会的职责范围对于破解当前我国企业合规管理的重点难点问题具有必要性。当前我国的监督职能机构众多，每一个部门都有其特定范围内的合规管理职责，且中央企业的每一管理层级业务管理组织间的架构比较大。在这种情况下，合规管理部门更应当与各监督职能部门建立协同工作的机制。同时，合规管理方法、工具、信息化建设等方面的技术与专业难点在企业合规管理中仍然十分突出。为了使合规管理体系正常有序地建设、运行、监督与改进，企业亟须一个跨多部门的统筹协调与信息共享、联席会议沟通机制。故本条明确了中央企业设立合规委员会，可以与法治建设领导机构等合署办公，负责统筹协调合规管理工作，定期召开会议，研究解决重点难点问题，这些重点难点问题通常关联多个部门，且往往具有通用性。

本条与《合规指引（试行）》的规定相比，对合规委员会的功能定位作出了较大调整，主要表现在：（1）合规委员会与法治建设领导机构合署办公，删除了《合规指引（试行）》中与“风险控制委员会”合署的要求；（2）明确合规委员会的统筹协调职能，删除了《合规指引（试行）》中合规委员会“履行合规管理的组织领导”的表述；（3）将合规委员会的职责范围进行概括化处理，将《合规指引（试行）》中的表述“研究决定合规管理重大事项或提出意见建议，指导、监督和评价合规管理工作”替换为“研究解决重点难点问题”。本条主要包括以下内容：

一是中央企业设立合规委员会。从合规委员会的职责可以得知，合规委员会作为经理层下合规工作议事协调机构，在经营上协助经理层解决重难点问题。

二是合规委员会可以与法治建设领导机构等合署办公，统筹协调合规管理工作，定期召开会议，研究解决重点难点问题。合规管理自然要求企业避免违法违规，其与风险内控管理职能存在部分交叉融合，同时合规管理与法务管理都着眼于执行层面的操作风险，因此其与企业法治建设有着共同目标。专委会中的合规职责与合规委员会并不冲突。在实践中，不同企业的做法各不相同，部分企业设立合规管理委员会，并与法治建设领导小组合署，统管法律事务与合规管理体系建设；部分企业设立风险管理与合规管理委员会，统管风险、内控、合规工作；部分企业设立审计与风险管理委员会，统管内审、风险、内控、合规工作。无论是设立多职能合署的专委会还是设立专门的专委会，这都是治理层嵌入合规管理职能的体现。在全面风险管理的时代，这已是大势所趋。此外，专委会的普遍设立为合规委员会的设立奠定了良好的基础。专委会的合规职责是服务董事会；合规委员会服务经理层，更多是推动落实。《中央企业全面风险管理指引》和《企业内部控制基本规范》要求具备条件的企业设立专委会。由此可以看出，当前阶段主管部门对成立专委会的态度较以往已发生明显变化。大部分中央企业监督体系经过十余年的发展已日益完善。在企业治理层成立督导风险管理和内部控制的专委会已经成为多数企业的必然选择。部分企业在推动法治企业建设进程中还成立了法治建设领导小组，这也为合规委员会的设立奠定了良好基础。

【适用指南】

本条对于合规委员会的规定无疑顺应了时代潮流，贯彻了稳健经营、风控至上的理念，这对企业可持续发展具有深远重大的意义。但是，本条没有要求合规委员会对首席合规官的工作进行指导或领导，也没有强制要求合规委员会与公司总经理是领导与被领导关系。中央企业在2021年即已按照《合规指引（试行）》的要求全部成立合规委员会。经过近一两年的实践，不少中央企业都相继出台管理制度，完善工作机制，其中不少企业还探索构建法治框架下的法律、合规、风险、内控协同运作机制，着力打造“法律合规大风控”管理体系，合规委员会在其中发挥了非常重要的作用。本办法在《合规指引（试行）》以及近年合规实践基础上，对合规委员会的设置及其职责作出了必要调整，各中央企业也需要结合本企业实际对合规委员会的既有设置和职责规定予以针对性完善。本条在具体适用中需要注意以下几点：

第一，如何理解“合署办公”。合规委员会与法治建设领导机构合署办公并不是制度运作的唯一选项，本办法对此并未作强制性要求。企业可以根据自身需要，决定两者是否有必要合署办公。

第二，鉴于合规委员会统筹协调合规管理工作的需要，企业应结合实际构建具有可操作性的统筹协调机制。结合本办法第二十六条，不仅合规管理工作需要统筹协调，合规管理与法务管理、内部控制、风险管理等也需要构建协同运作机制，加强统筹协调，避免交叉重复，以提高管理效能。

第三，企业应及时制定合规委员会会议规则。本条规定合规委员会应定期召开会议，研究解决重点难点问题，这就要求企业必须结合自身需求及时制定相应的合规委员会会议规则，至少包括召开定期会议的期限、会议通知和召集程序、会议召开流程、问题研究讨论及会议作出决议或决定的方式等事项。此外，在定期会议规则之外，企业还应针对特殊情形设置召开合规委员会临时会议的规则。

【关联法条】

《企业境外经营合规管理指引》第 11 条；《证券公司治理准则》第 45 条

第十二条　【首席合规官职责】 中央企业应当结合实际设立首席合规官，不新增领导岗位和职数，由总法律顾问兼任，对企业主要负责人负责，领导合规管理部门组织开展相关工作，指导所属单位加强合规管理。

【本条宗旨】

本条是关于首席合规官的设置和职责的规定。

【条文理解】

中央企业设立首席合规官是强化合规管理的一项重要举措，也是世界一流企业的普遍做法，更是促进决策科学化、民主化的重要保障，也为加强企业合规管理、防范经营风险提供了一种有效机制。国际标准化组织《合规管理体系 要求及使用指南》（ISO 37301：2021）明确规定，应当指定一人对合规管理体系运行负有职责、享有权限。世界银行、经合组织等国际组织鼓励企业设立首席合规官，并作为评估合规管理水平的重要指标。

本条包括以下内容：

一是中央企业应当结合实际设立首席合规官。首席合规官（Chief Compliance Officer，CCO）是监视和管理组织内部合规问题的公司管理人员，作为企业核心管理层成员，全面领导合规管理体系建设与运行，发挥了积极作用。在《合规指引（试行）》起草时，专家们曾对在中央企业设置首席合规官进行讨论，因中央企业合规管理工作刚刚开始，加之央企的高级管理人员受一定数量的限制，没有作出规定，将其职位交由分管的副总或总法律顾问来担任。但有些中央企业在落实上述《合规指引（试行）》时，主动设置了首席合规官，有力地推进了合规管理工作，取得了很好的效果。可以说，首席合规官是对企业过往的实践成果的总结和接受。为此，本条明确了“结合实际设立首席合规官”。首席合规官设置是对世界五百强企业架构的总结，应结合本企业实际设立，保障其能够发挥作用。企业如果设置首席合规官，其任免由公司相关制度规定。

中央企业设立首席合规官是强化合规管理工作的一项重要举措，尤其是通过制度的法定化，可以从组织层面对中央企业强化合规管理提供保障，并推动中央企业开展更加权威、专业和独立的合规管理工作。这一制度既有利于进一步明确合规管理职责、落实责任，统筹各方力量更好地推动工作，也展现了中央企业对强化合规管理的高度重视和积极态度，对推动各类企业依法合规经营、指导所属单位加强合规管理具有重要的示范带动作用。本办法第十二条规定设置首席合规官不仅是与域外实践对接，重在落实合规职责，明确首席合规官领导合规管理部门组织开展工作，指导所属单位加强合规管理。之所以要在法务、内控、风控之外单设首席合规官，主要是因为合规管理工作有其特殊的存在意义。合规不是简单地审查一下企业的合同、降低企业的生产运营成本，或是防范企业出现财务危机、声誉损失等，合规管理应当是一套完整的、框架性的、体系化的、协调联动的、具有长远考虑的有组织、有规划的管理活动。在中央企业设立首席合规官，是强化我国合规管理工作的一项重要举措。

二是首席合规官由总法律顾问兼任，对企业主要负责人负责。本办法将《合规指引（试行）》中“合规管理负责人”的概念解构，使得“首席合规官”作为总法律顾问的义务单独设立。其实2021年10月的《关于进一步深化法治央企建设的意见》中已就总法律顾问牵头建设协同联动的合规管理体系提出要求，本办法第十二条明确由总法律顾问兼任首席合规官既能提高决策效率，又能节约管理成本，推动依法治企和合规管理体系建设深度融合，符合现阶段大部分企业的管理诉求。

总法律顾问兼任首席合规官应当厘清两种角色的边界和不同职责。首席合规官是企业合规的关键人物，全面参与重大决策，重大决策事项的合规审查意见由其签字，对决策事项的合规性提出明确意见，使得中央企业的经营管理更加规范，应当确保管理职责到位。企业主要负责人是企业合规的第一责任人，所以首席合规官对企业主要负责人负责，可以独立方式向主要负责人汇报合规管理工作，从而使得中央企业合规管理工作更加有效。企业主要负责人应为首席合规官创造良好的工作环境，尊重其独立意见、维护其意见的权威性。

由于总法律顾问负责参与其中的合法、合规审查，在此之前总法律顾问兼任合规工作并履行的职责，本办法采用了首席合规官由总法律顾问兼任的模式。由于首席合规官负责对企业重大事项进行合规审查和风险应对、对合规制度和流程进行合规性评价并提出指导意见以及受理职责范围内的违规举报，组织或参与对违规事件的调查，并提出处理建议等，主要职责是对包括法律风险在内的合规风险进行有效防控，具备企业管理的相关专业技能与法律知识。其中，兼任是指由总法律顾问兼任，而非独立设置，应先有总法律顾问后，才存在兼任的问题。在不新增领导岗位和职数的前提下，首席合规官由总法律顾问兼任属于最合理的选择。毕竟首席合规官不同于总法律顾问，总法律顾问全面领导企业法务管理工作，统一协调处理经营管理中的法律事务，全面参与重大经营决策，领导企业法律事务机构开展相关工作。首席合规官由总法律顾问兼任，要防止首席合规官与总法律顾问履行合规经营的“装饰师”，以至于应有合规管理嵌入各环节的功能未能充分发挥。

三是首席合规官领导合规管理部门组织开展相关工作，指导所属单位加强合规管理。首席合规官应当以权威的领导力牵头开展合规管理工作，以明确的责任开展合规审查，以专业的方式牵头应对重大合规风险事件，从而使得中央企业合规管理工作更加高效，合规危机应对更有成效。

此外，本条规定对于构建周延、联动的合规体制也具有重要意义：一方面，本条规定使合规管理的体系更加周延。在组织层面，其构建了从领导层级到执行层级再到监督层级的完整体系，明确了中央企业党委（党组）、董事会、经理层、合规委员会、首席合规官、业务及职能部门、合规管理部门、各监督机构的职责范围。另一方面，本条规定体现了较明显的机制构建及运作的联动性。首席合规官由总法律顾问兼任，不新增领导岗位和职数，既避免了人员或职能的交叉重复，又防止立一部法律或者增加一个法条而添加一个职位的现象的出现，也有助于通过统筹协调机制提高管理效能；首席合规官的设置是在管理层对合规职能的重要补充，客观上能提高经理层在重大事项中对合规的关注度和重视度。实践中部分企业总部已设置首席合规官，由总法律顾问兼任，但对部分企业由首席风险官兼任的，应当予以改变。首席合规官可以参与企业重大经营决策并提出合法合规性审核意见，列席党委会、董事会等重要会议。

总之，首席合规官的设置在本办法中得以明确，对于企业合规管理工作具有重大意义。由总法律顾问兼任首席合规官，既强化了总法律顾问的地位和作用，同时也使合规管理能在一个相对成熟的机制中得以开展。由此，总法律顾问、首席合规官的职权和责任都将同时得以强化。

【适用指南】

本条规定了设立首席合规官，由总法律顾问兼任，并强调不新增领导岗位和职数，在一定意义上更加贴合企业实际情况。同时，贴合实际还应有另外一种认识，即设立首席合规官应符合企业的实际。中央企业在职权设置上赋予了首席合规官实权，确保其合规管理职责履行到位，体现企业合规管理关键人物的特点，对在企业重大决策事项的合规审查意见中签字和提出明确意见负责。同时，企业合规管理需要改变过去法务人员“在夹缝中工作”的状态，发挥业务经营与守法合规的“连接器”作用，守好依法合规经营第一道关。实践中，企业的法务部门与企业的服务部门往往混淆、不被重视，常出现首席合规官角色定位不清，不被当作合规把关的守门人角色，往往被当作形式合法化的工具，不能够独立决策。这就要求企业负责人及其领导层提高对首席合规官的认识，不能把首席合规官当作一个必须配备而又比较虚化的角色，真正认识到首席合规官的重要作用。如2022年8月22日，银保监会《理财公司内部控制管理办法》第八条首次明确理财公司应当在高级管理层设立首席合规官。首席合规官直接向董事会负责，对本机构内部控制建设和执行情况进行审查、监督和检查，并可以直接向董事会和银保监会及其派出机构报告。首席合规官应当对理财公司内部控制相关制度、重大决策、产品、业务等进行审查，并出具书面审查意见。首席合规官不得兼任和从事直接影响其独立性的职务和活动。首席合规官应当由理财公司董事会聘任、考核和解聘。首席合规官应当参照银保监会关于非银行金融机构行政许可事项的相关规定获得任职资格。理财公司应当保障首席合规官开展工作所需的知情权和调查权等，确保首席合规官能够充分履职。[1]

本条的规定与《征求意见稿》相比没有列举首席合规官的具体职责范围，可留待企业根据实际情况规定，在企业规章制度中明确首席合规官的岗位职责。从国际大企业的实践层面看，将首席合规官确立为企业核心管理层的成员，这是世界一流企业的普遍做法，对于合规管理体系的建设与运行发挥了积极作用。从中央企业实际看，尽管近年来合规管理工作取得了一些积极进展，

---

① 《理财公司内部控制管理办法》，载《中国银行保险监督管理委员会网》，http：//www. cbirc. gov. cn/cn/view/pages/rulesDetail. html? docId = 1069146&itemId =4214&generaltype =1，最后访问日期2022年11月4日。

但顶层设计和统筹依然不够，工作协同的程度有待进一步强化。针对这种现实情况，一些企业已经设置了首席合规官并取得良好效果。国际标准化组织《合规管理体系 要求及使用指南》（ISO 37301：2021）明确规定，应当指定一人对合规管理体系运行负有职责、享有权限。世界银行、经合组织等国际组织鼓励企业设立首席合规官，并作为评估合规管理水平的重要指标。因此，中央企业设立首席合规官，在展现中央企业对强化合规管理的高度重视和积极态度的同时，有利于进一步明确合规管理职责、落实责任，统筹各方力量更好推动工作，对推动各类企业依法合规经营也具有重要的示范带动作用。

本条规定首席合规官指导所属单位合规管理，对所属单位合规管理拥有指导权，是否具有决定权值得讨论。此外，在实践中首席合规官的独立性与专业性问题也是值得注意关注的问题。关于独立性，目前部分国企首席合规官是由副总裁或总会计师兼任，这就容易导致出现履行职责上的冲突，如若处理不好，将影响合规管理工作的独立展开。在本办法实施后，该现象会得以扭转，但是新的问题也应运而生，即总法律顾问如何处理法务管理与合规管理的关系。因此，企业有必要通过制度明确规定总法律顾问履职要求，着重阐明总法律顾问作为首席合规官的独立性。关于专业性，尽管本办法未明确指出首席合规官的资格问题，但本办法第二十一条规定“重大决策事项的合规审查意见应当由首席合规官签字，对决策事项的合规性提出明确意见”，因此可以推知首席合规官理应具备专业合规经验，至少应当具有基本的合规、法律知识。但结合我国实际情况，目前部分国企合规专职人员缺乏的问题仍然十分突出，更存在合规管理人员、首席合规官、总法律顾问合规背景薄弱的问题。尽管部分国企会优先选任具有公检法或者律所执业经历的人员，但法律背景并不等同于具有合规经验，因此企业应当注重审查相关人员在合规方面的资历，对于首席合规官的选任更应注重其专业性。

【典型示例】

2012 年美国国会参议院就某丰银行涉嫌为墨西哥毒品交易洗钱等举行听证会。听证会上，某丰首席合规官大卫·贝格利（David Bagley）宣布辞职，并承认某丰在合规监管等方面出现失误。据美国参议院公布的证词显示，贝格利表示自己权力有限，无法控制协调某丰全球合规部门。“我没有权力、资源、支持或基础设施来确保所有这些全球性子公司按照本集团的合规标准。相反，最终的权力和决策在每个银行的其他部门与当地行管理分支机构。”由于在旧的合规体制下，全球各地机构都套用伦敦总部结构，缺乏相应的本土化措施，导致监管失效。[①]

【关联法条】

《理财公司内部控制管理办法》；《中国银保监会信托公司行政许可事项实施办法》第 54 条、第 61 条；《中国银保监会非银行金融机构行政许可事项实施办法》第 180 条

第十三条　【业务及职能部门职责】 中央企业业务及职能部门承担合规管理主体责任，主要履行以下职责：

（一）建立健全本部门业务合规管理制度和

---

① 本示例素材来源于央视网，《汇丰银行承认反洗钱监管不力 首席合规官引咎辞职》，http：// finance. sina. com. cn/roll/20120719/015212604281. shtml，最后访问时间 2022 年 10 月 14 日。

流程，开展合规风险识别评估，编制风险清单和应对预案。

（二）定期梳理重点岗位合规风险，将合规要求纳入岗位职责。

（三）负责本部门经营管理行为的合规审查。

（四）及时报告合规风险，组织或者配合开展应对处置。

（五）组织或者配合开展违规问题调查和整改。

中央企业应当在业务及职能部门设置合规管理员，由业务骨干担任，接受合规管理部门业务指导和培训。

【本条宗旨】

本条是关于业务及职能部门所应承担的合规职责的规定。

【条文理解】

业务及职能部门作为企业合规所谓的“三道防线”（业务及职能部门、合规管理部门和监督部门）中的“第一道”，对于合规管理体系有效运营发挥着重要的单元性作用。但是，《合规指引（试行）》虽然对于业务及职能部门的合规职责作出了规定，却没有突出体现其作为企业合规关键一环的主体性作用，导致实践中部分企业将合规建设的重心放在法务、风控或专门合规部门之上，容易造成一线业务部门参与程度不足、体系建设的基础松动等问题。而本条相较于《合规指引（试行）》进一步明确合规管理相关主体责任，将具体责权分配至业务部门。本办法在第三章至第七章规定的合规要求的主要执行者即为业务及职能部门。本条包括以下内容：

首先，本条细化了业务及职能部门的合规职责。《合规指引（试行）》第十一条第一款规定了“业务部门负责本领域的日常合规管理工作，按照合规要求完善业务管理制度和流程，主动开展合规风险识别和隐患排查，发布合规预警，组织合规审查，及时向合规管理牵头部门通报风险事项，妥善应对合规风险事件，做好本领域合规培训和商业伙伴合规调查等工作，组织或配合进行违规问题调查并及时整改”。本条与之相比，更加突出刚性约束，内容更全、要求更高、措施更实，分点细化具体职责，使得合规工作进一步融入业务及职能部门的日常经营管理活动，压实压紧合规责任。具体体现在：相较于《合规指引（试行）》，本条第（一）项要求“编制风险清单和应对预案”，加强合规风险事件应急处理能力，通过形成书面文件，从而能比较精准地落实合规责任，据此也能明确各部门、各岗位的职责范围；第（二）项明确“将合规要求纳入岗位职责”，有助于强化监督问责，明晰权责要求；第（三）项强调业务及职能部门的合规审查范围主要是“本部门经营管理行为”，合规审查应作为必经程序嵌入经营管理流程，说明业务及职能部门应当负责本部门经营管理行为的合规审查，合规管理部门负责规章制度、经济合同、重大决策等重要事项的合规审查，进一步明确各自分工，便于职责落地。

其次，本条还要求在业务及职能部门设置合规管理员，有助于进一步在基层压实合规责任。合规管理员在实务中容易与合规联络员、合规专员等名词混淆，该岗位不同于专职合规管理人员。按照本条规定的内容，应当在

"合规管理部门业务指导和培训"下，切实履行"定期梳理重点岗位合规风险，将合规要求纳入岗位职责"等新增职责。该岗位在合规管理队伍中发挥着对专职合规管理人员等骨干人员重要的支撑、保障和落实作用，要求由业务骨干担任，接受合规管理部门业务指导和培训，这将有助于发挥合规专业人员的作用，将合规管理能力辐射到企业经营管理的第一线。相较于本办法《征求意见稿》，虽然本条不再要求合规管理员由部门或处室负责人兼任，形式上似乎使其定位有所下降，但联系该岗位的实践属性，由对接或经办具体合规事项的业务骨干来担任，显然更具有实际可操作性，有利于企业落实合规事务。

【适用指南】

我国国家质量监督检验检疫局、国家标准化管理委员会《合规管理体系 要求及使用指南》（GB/T 35770－2022）以及国际标准化组织《合规管理体系 要求及使用指南》（ISO 37301：2021）规定了合规管理体系建立的要素。本条所提及的业务及职能部门所应当承担的合规职责可对上述国际标准《指南》进行必要借鉴。具体包括：（1）结合《指南》4.6"合规风险评估"部分，制定合规风险识别、分析和评估方案，保持风险评估和应对措施的文件化信息；（2）结合《指南》5.3.4“人员”和7.2“能力”部分，规范合规管理员等合规人员的工作职责，包括程序的遵守、问题的汇报以及必要的培训；（3）结合《指南》6.1“风险与机会的应对措施”和9.1“监视、测量、分析和评价”部分，完善合规审查机制，制定、实施和保持一套有助于帮助企业评估其合规目标的实现程度和合规绩效的适当指标；（4）结合《指南》10“改进”部分，对于发生不符合或不合规时，企业所应当采取的控制和纠正措施加以明确规定，同时要积极发挥问题评审和监督问责机制的作用，降低合规风险的发生频率。

同时，合规管理制度的制定、合规风险识别和应对、合规审查以及合规问题调查与整改，均需要与本办法的其他相关条款结合理解，进而具化落实，如本办法第五条第（三）项、第二十一条、第二十三条、第二十七条、第三十四条等均与本条相关，可以连带参考本解读相应条款。

【关联法条】

《关于进一步深化法治央企建设的意见》第7条；《企业知识产权合规标准指引（试行）》第8条

第十四条　【合规管理部门职责】 中央企业合规管理部门牵头负责本企业合规管理工作，主要履行以下职责：

（一）组织起草合规管理基本制度、具体制度、年度计划和工作报告等。

（二）负责规章制度、经济合同、重大决策合规审查。

（三）组织开展合规风险识别、预警和应对处置，根据董事会授权开展合规管理体系有效性评价。

（四）受理职责范围内的违规举报，提出分类处置意见，组织或者参与对违规行为的调查。

（五）组织或者协助业务及职能部门开展合规培训，受理合规咨询，推进合规管理信息化建设。

中央企业应当配备与经营规模、业务范围、风险水平相适应的专职合规管理人员，加强业务培训，提升专业化水平。

【本条宗旨】

本条是关于中央企业合规管理部门职责的规定。

【条文理解】

合规管理部门是企业合规中“三道防线”中的一道重要防线，本条列举了合规管理部门在中央企业中的主要职责，通过细化管理部门的职责来提高该办法的落地可操作性。本条的制定目的包括三个层次的内容：

一是明确合规管理部门在整个企业合规中的职责。本办法执行的是“企业主要负责人—首席合规官—合规管理部—横向业务及职能部门合规管理员”的合规管理组织体系，内部监督部门负责监督调查与问责，形成了清晰的合规管理组织体系，而合规管理部门在其中发挥的是承上启下的作用。既需要向上级的董事会、经理层等负责，又要制订详细的计划指导下级实施。

二是划清合规管理部门与其他业务与职能部门的权责界限。一个是因为在之前发布的《合规指引（试行）》第十条规定，“法律事务机构或其他相关机构为合规管理牵头部门，组织、协调和监督合规管理工作，为其他部门提供合规支持”。虽然此条款规定了合规管理牵头部门的职责，但因为职责以及部门划定不明确，导致在实践中普遍存在的现象是合规管理部门牵头负责主要的合规管理事项，而其他业务及职能部门仅提供协助与支持。此种情况下容易出现合规管理牵头部门与其他部门间合规权责不清晰，从而导致合规机制难以有效运行的风险。基于此，本条在《合规指引（试行）》的基础上，细化了管理部门的相关职能、对合规管理部门的具体职责进行列举，避免了合规管理牵头部门与其他部门间合规权责不清晰导致合规机制难以有效运行的风险。

三是使中央企业的合规管理体系能够正常运行。有效运行合规管理体系、及时发现及应对合规风险、形成浓厚的合规文化等重要事项，均需要业务及职能部门积极主动落实合规审查、合规风险识别与评估、报告合规问题等工作。本条不仅与前文明确的党委（党组）、董事会、经理层、首席合规官等主体的合规管理职责的条文形成呼应，也与后续的第十五条对应，进一步确认了业务及职能部门、合规管理部门和监督部门合规管理的职责。

除此之外，从条文细节来说，在实务中需要注意的事项有如下几点：首先在第一款第（三）项中，该项结尾提到要求合规管理部门“根据董事会授权开展合规管理体系有效性评价”而不是直接写“开展合规管理体系有效性评价”，不仅意味着合规管理部门需要在董事会授权下开展有效性评价，不能超出董事会的授权范围，同时还意味着董事会可以选择授权管理部门之外的其他部门来开展合规管理体系的有效性评价。其次在第（四）项中，该项表述为“受理职责范围内的违规举报”而不是“受理违规举报”。如果是为了划清合规管理部门和其他业务及职能部门的功能，防止各部门在履职上的互相推诿，那么企业在设置相关的合规组织机构时，一方面应明确受理违规举报不属于合规管理部门职责，另一方面应注明履行该职责的部门。本条之所以强调前述事项，是考虑到域外不少国家和地区都规定合规管理部门的恪尽职责与否直接关系到企业寻求责任豁免的成功率。最后是本条第二款“中央企业应当配备与经营规模、业务范围、风险水平相适应的专职合规管理人员，加强业务培训，提升专业化水平”的规定。至于采用“专职合规管理人员”的名称，应该是因为2022年人力资源和社会保障部会同国家市场监督管理总局、国家统计局发布新职业信息，其中将“企业合规师”作为新职业中的一项。这不仅意味着企业合规师的就业前景逐渐明确，也意味着在现代企业经营中，企业合规起到越来越重要的作用。

【适用指南】

从列举的职责来看，合规管理部门主要有以下任务：首要的工作是起草和制订中央企业层面的合规管理基本制度，比如企业合规管理办法、企业合规管理手册等，强化整个企业的合规管理工作的具体实施。

其次还需要制订企业层面的合规管理具体制度，比如合规管理培训制度、合规举报与调查制度，做好与首席合规官以及职能部门的联动工作。与此同时，企业的年度工作计划以及年度工作报告都应该由合规管理部门起草，以更好地统筹安排全年工作。在具体的业务工作方面，合规管理部门应当负责企业层面的规章制度、经济合同、重大决策等的合规审查，为企业尽量避免经营运行中的违规风险。在风险预防方面，管理部门应当按时组织开展合规风险识别评估和合规风险预警，以及设置预案应对处置。除此之外，合规管理部门还需要开展合规管理体系有效性评价，对企业合规管理中的漏洞及时进行修补。在企业的实际运行当中，很有可能出现脱离理想状态的现象，所以设置对违规现象的举报和处罚制度也是极其有必要的。对违规现象进行分类，受理合规管理部职责范围的违规举报，提出分类处置意见，并组织或参与对违规行为的调查，都应当是合规管理部门的职责。最后是在企业合规培训层面，合规管理部门应当组织企业高管、员工对于合规管理知识、合规管理基本制度、具体制度等开展学习，并协助业务、职能部门开展专业领域的合规培训，提供和受理企业内部的合规咨询。除此之外，合规管理部门应当多途径、多方位地推进和开展合规管理信息化建设，运用信息化手段将合规要求深刻嵌入业务流程，利用大数据等技术对重点领域和企业运营的关键节点开展实时动态监测，落实对于企业合规风险的实时监控，实现合规风险即时预警、快速处置。

【典型示例】

中国石油天然气集团有限公司是带头走出去的第一批央企之一，近30年来其实现的历史性跨越，依靠的是防范海外油气投资业务的各类风险、搭建与国际接轨的合规管理体系。一方面，中石油通过构建完善合规管理体系，搭建合规管理部门，细化各部门责任，强化机构保障和统筹规划，加强合规管理组织领导，强化合规责任落实。另一方面，通过加强海外合规试点创建，推进合规管理体系在海外的辐射和延伸，高标准、全方位筑牢法律合规管理的防火墙。[①]

第十五条　【企业监督机构职责】中央企业纪检监察机构和审计、巡视巡察、监督追责等部门依据有关规定，在职权范围内对合规要求落实情况进行监督，对违规行为进行调查，按照规定开展责任追究。

【本条宗旨】

本条是关于中央企业监督机构合规管理职责的规定。

---

① 本示例素材来源于戴厚良：《坚持依法合规治企为建设世界一流法治企业提供坚强保障》，载《学习时报》2022 年 10 月 5 日，第 A4 版。

【条文理解】

本条明确了中央企业纪检监察机构和审计、巡视巡察、监督追责等监督机构在承担既有监督职责的基础上同时须承担合规管理职责，依据各自分工，在职权范围内监督合规工作落实情况，并对违规行为进行调查、追责。相比《合规指引（试行）》第十一条第二款所列举的“监察、审计、法律、内控、风险管理、安全生产、质量环保等相关部门”，本条对履行合规管理职责的机构主体进行了针对性调整，更加强调监督机关在企业合规工作中的积极作为，进一步细化了内部监督机关的职责履行方式，在原有的监督合规要求落实情况的基础上，还需要主动调查违规行为，严格依照规定追究有关主体的责任。本条包括以下内容：

一是确定了合规管理的内部监督机关。纪检监察机构是企业党内监督的专责机构，是企业协调监督力量、整合监督资源的重要机构。建立健全高效的企业合规监督机制，统一指挥、全面覆盖的监督核心力量必不可少。审计机构一般指中央企业内部审计机构，在强化企业内部监督和风险控制方面具有重要作用，主要负责规范企业内部审计工作，保障企业财务管理、会计核算和生产经营符合国家各项法律法规要求。巡视巡察机构负责按照管理权限，组织开展巡视监督工作，指导下级子企业开展巡视巡察工作。监督追责机构负责所监管企业违规经营投资责任追究工作，建立监督追责工作体系；负责分类处置、督办和核查发现移交的问题，对有关共性问题开展专项核查；组织开展国有资产重大损失调查，提出有关责任追究的意见建议。

二是规定了内部监督机关的主要工作方式。首先，内部监督机关应对合规要求落实情况进行监督。纪检监察机构要推动公司党委（党组）建章立制，以制度管人、管事，落实日常监督监察工作，严防领导干部违规违纪。审计机构要对企业年度财务决算的审计质量进行监督，对企业的财务收支、预决算、资产质量等经济活动进行审计监督，对企业的纪检工程、重大技术改造的立项、预决算以及企业的物资采购、产品销售、工程招标、经营绩效等众多活动进行审计监督。巡视巡察机构的监督职能主要体现在依照有关规定履行巡视巡察职责，通过巡视巡察及时发现企业的违规行为。监督追责机构则主要通过事后追责方式发挥监督作用。其次，内部监督机关在发现违规问题后要依据各自职权展开调查。各机关的调查手段、方式不同，调查的侧重点也不同，纪检监察机构侧重调查违规责任人员，审计机构侧重调查财务活动，巡视巡察机构侧重于重点领域的初步调查、移交等工作，监督追责机构侧重于对责任追究中的关键问题进行调查。

三是规定了内部监督机关要按照规定展开责任追究。对于企业的违规行为，既要追究责任人员的责任，也要追究有关组织机构的责任。既要依照党纪党章和党内法规追究党员责任，也要依照行政管理规范追究行政责任。各个监督机构在追究责任时要各司其职、明确分工，对责任主体依法依规展开责任追究。

【适用指南】

企业合规管理要坚持党的领导、全面覆盖、权责清晰、务实高效四个基本原则，监督机构也应明确各自在合规监督中的职权。本条较原来的《合规指引（试行）》更加强调监督部门的监督、调查、追责职能，各个监督机构需要根据自身定位细化合规管理中的监督、调查、追责工作。删除《合规指引（试行）》项下监事会合规管理的相关内容，主要是考虑到目前发展趋势，国有企业将不再设监事会。

纪检部门主要对党的机构和党员在合规管理中的履职情况进行监督，对不符合合规要求的机构和党员，依照党章、党规、党纪进行调查并按照规定开展责任追究。监察部门主要对行政监察对象贯彻执行国家法律、法规、规章制度情况进行监督，对违反合规要求的有关主体开展调查追责工作。审计机构应依据国家有关法律法规、财务会计制度和企业内部管理规定，对企业的财务收支、财务预决算、资产质量、经营绩效等有关经济活动的真实性、合法性和效益性进行监督，确保企业经济活动符合合规要求。巡视巡察机构负责按照其权限组织开展对所监管企业、部门单位合规管理工作的巡视监督，对不符合合规要求的问题提出整改意见，并将违规问题交由纪检监察机关处理。监督追责部门主要负责对违规经济活动展开调查，并追究相应责任。

第三章　制度建设

【本章概述】

本章规定了中央企业合规的制度建设，主要内容包括建立健全合规管理制度、构建分级分类的合规管理制度体系，包括合规管理基本制度、具体业务制度或者专项指南，以及定期更新、完善的要求。本章共四条（第十六条至第十九条）。

第十六条　【合规管理制度体系】中央企业应当建立健全合规管理制度，根据适用范围、效力层级等，构建分级分类的合规管理制度体系。

【本条宗旨】

本条是关于中央企业构建分级分类的合规管理制度体系的规定。

【条文理解】

本条与《合规指引（试行）》相比，更注重从制度建设层面规范央企经济活动，以应对错综复杂的市场局势与涉外经营中的合规风险。按照公司治理结构和开展经济活动的需要，企业的决策层、经营管理层、执行层等各个层级的各个组织机构要分别制定契合自身职责的合规制度，明确合规组织架构，完善合规管理规范，建立合规风险管理运行机制，落实合规管理保障体系，将合规管理融入到企业的全部经营管理活动中。本办法第五条要求中央企业合规管理工作应当遵循全面覆盖的原则，将合规要求嵌入经营管理各领域各环节，贯穿决策、执行、监督全过程，落实到各部门、各单位和全体员工，实现多方联动、上下贯通。这要求央企在构建合规管理体系时将从组织机构到全体员工的各方主体纳入合规制度建设中去，制定适合不同主体的合规管理规范。本条包括以下内容：

一是央企应当建立健全合规管理制度，努力提高合规管理水平。合规管理是企业稳健运行的必然要求，关系到企业自身利益的保障。实践中很多企业的合规管理制度形同虚设、无法落地，导致日常经营管理中时常出现不合规现象，严重增加了企业的违规责任风险，导致企业合规管理目标无法实现。对此，企业需要制定并落实合规管理准则，并根据企业自身特点不断完善，对各个层级的合规管理规章制度进行梳理整合，编制统一的合规管理手册，作为整个企业遵循的合规管理基本制度。

二是央企应当构建分级分类的合规管理制度体系。合规管理体系应从上到下整体搭建，既包含基础性的企业合规准则、具体化的合规管理办法，也包括重点领域的专项合规管理制度，同时也要形成岗位层级的合规责任书。在此基础上，针对容易出现合规风险的业务关键环节，可以设计合规风险数据库，针对重点领域制定专门的操作手册。针对日常业务中的合规风险防控，可以预先设计出规范化的工作模式、范本或操作流程。通过不同层级、不同范围的合规制度建设，将诸多合规管理制度体系化，构建适合企业自身的合规管理体系。

合规管理是企业防范经营风险的关键制度性措施，是健全公司治理，确保企业良好运行、稳步发展的必要保障。制定合规管理制度，不能仅仅停留在纸面上，更要落实到经营管理中。这要求企业首先要制定出专业、良好的合规管理制度，还需要制定完善的配套指引，让员工能够切实履行合规责任。很多公司并非没有合规管理制度，而是大量分散的合规制度没有统一，不同的职能部门执行尺度不一，导致合规工作无法落实。建立合规管理制度体系，就是要梳理所有的合规制度，厘清不同制度的效力范围与层级，同时查漏补缺，不断跟进完善。

【适用指南】

合规管理制度体系包括制定合规行为准则、合规管理办法、合规操作流程以及与第三方沟通和协调。与第三方沟通和协调，主要指个别风险研究和项目尽职调查，以了解第三方的合规管理情况。建立合规管理制度体系要求企业既不能建立单一的合规制度，也不能盲目地建立多套平行的合规制度，而是要从上到下系统性地建立具有不同效力层级的合规管理规范，构建体系健全、权责明确、规则精简、便于实施的合规规范体系。合规体系应落实组织环境的确定、合规义务的识别、合规方针的制定、合规风险评估、合规保障机制等方面，将各体系模块分解落实至各组织、机构与员工的合规管理规范中。合规管理制度体系包括合规管理基本制度和具体制度等。基本制度主要指企业的合规管理方针或合规管理办法。具体制度指企业在反商业贿赂、反垄断（经营者集中）、商业秘密保护、反垄断（垄断协议、滥用市场支配地位）、PPP（政府和社会资本合作）、个人信息保护、商业伙伴、劳动用工等方面的具体制度或专项制度。基本制度和具体制度（专项制度）共同构成企业的合规管理制度体系。

【典型示例】

北汽集团于2014年开始建设合规管理体系，2015年制定了《行为准则》《合规管理办法》与《合规举报管理办法》，2017年制定了《北汽集团合规工作实施方案（2017年）》，并于同年成立了合规委员会与合规管理中心，制定了中心运行规范，明确了机构与人员的职责，同时协助重点子企业设立合规委员会。此后，北汽集团在此基础上，进一步完善了合规管理体系，包括建设合规管理中心、编制合规管理规划，完善了党委、董事会、监事会、经营管理层的合规职责，建立了多部门合规联动机制。实现了业务部门、合规部门、内部审计和纪检监察部门四个层次的合规风险防范机制。在坚持全面覆盖原则的基础上，重点关注关键领域的合规，共分为八个板块，形成了整体和重点兼顾的合规管理模式。①

【关联法条】

《企业境外经营合规管理指引》第 4 条、第 13 条、第 14 条、第 15 条

第十七条　【合规管理基本制度】 中央企业应当制定合规管理基本制度，明确总体目标、机构职责、运行机制、考核评价、监督问责等内容。

---

① 本示例素材来源于《北汽集团合规管理体系 2.0 版的建设与实施》，载《首都建设报》2022 年 7 月 6 日，第 3 版。

【本条宗旨】

本条是关于中央企业制定合规管理基本制度的规定。

【条文理解】

合规管理制度体系包括合规管理基本制度和合规管理具体制度。基本制度一般是企业指定的合规管理办法或合规行为准则，体现了企业合规管理的基本立场，表达了企业对合规管理的态度与价值观，是企业合规制度体系的基础性文件。本条规定明确了合规管理基本制度的主要内容，包括总体目标、机构职责、运行机制、考核评价、监督问责等内容，对企业建立合规管理基本制度提供了重要引导，有助于央企合规管理制度的规范化。相比《合规指引（试行）》第十七条，本条没有采取“合规行为规范”＋“专项合规管理制度”统一规定模式，而是采取了将基本规范与专项规范分别规定的模式，明确了合规制度体系的构建逻辑，为中央企业合规管理制度建设提供了清晰指引。本条包括以下内容：

一是中央企业应制定合规管理基本制度。中央企业合规管理基本制度建设一直是国企管理的重点，国务院为此出台了多部规范性文件，标志着中央企业合规管理进入新的阶段。本办法全面推动了中央企业合规管理体系建设，同时对其他企业的合规制度建设也提供了重要指导。中央企业关系国家安全和国民经济命脉，但面临着日趋复杂且充满风险的国内外环境，在运营中经常遇到合规挑战。制定合规管理基本制度有助于提高企业管理的“软实力”，增强企业在业务往来尤其是跨境业务中合理应对风险能力。

二是基本制度的内容框架包括总体目标、机构职责、运行机制、考核评价、监督问责等几个方面。本条规定首次明确合规管理基本制度的内容，这为企业制定合规管理基本制度提供了清晰指引。合规管理的总体目标一般是控制合规风险，促进企业的健康稳定运营与持续发展，但在确定总体目标时，还需综合考虑企业自身情况。根据国际标准组织《合规管理体系 要求及使用指南》（ISO 37301：2021）第6.2条，合规目标应符合以下几个条件：a）与合规政策保持一致；b）可衡量的（如果可行）；c）考虑适用的要求；d）被监视；e）沟通；f）适当更新；g）作为文档信息可用。

合规管理的机构职责主要包括决策层职责、管理层职责和执行层职责。决策层中董事会主要负责批准企业合规管理基本制度、规划，完善合规管理制度，任免合规管理负责人，决定合规管理其他重大事项；管理层主要负责根据董事会的决策，决定合规管理具体制度、详细计划，负责与日常经营相关的合规工作，监督日常经营是否符合合规要求。本办法设立的“首席合规官”也属于经营管理层，全面参与企业的重大决策，提出合规管理意见，会同各个部门展开合规管理工作。执行层主要是各个合规职能部门和具体业务部门，主要负责依照合规规范开展业务活动。

合规管理的运行机制主要包括风险管理机制、合规审查机制、合规考评机制等。其中，合规风险管理是核心，要建立适合企业自身的风险管理架构，协调好不同类型的风险应对与业务领域之间的关系。考核评价是对企业合规管理绩效进行考核与评价，是合规管理体系的重要组成部分，主要包括合规培训、严格执行合规管理制度、汇报合规风险等。合规管理的监督问责也是重要的合规管理机制，有效的问责机制可以有效梳理合规管理的权威性，形成尊重规章制度、主动合规的价值观念，提高合规责任人员的责任意识，减少违规行为发生，持续增强企业的高质量发展。

【适用指南】

建立合规管理基本制度需要遵循一定的程序。首先，企业应调查自身的合规环境，根据业务范围明确合规义务，然后研判公司面临的合规风险；其次，在合规管理风险的指引下，制定合规行为准则或合规行为手册，针对各业务领域完善相关的合规管理制度，将合规要求融入日常业务操作流程中，实现良好的内部合规控制；再次，根据合规管理需要，明确各个组织机构的合规管理责任，落实各机构的合规责任人，建立合规团队，对企业内部权力进行充分的制约与监督；最后，企业应组织建立、制定、评价、改进合规管理制度的有关资源，加强企业员工的培训，努力塑造合规文化，积极沟通，确保合规制度良好运行。

【典型示例】

《中国核工业集团有限公司合规手册》是集团合规管理的基本规范，是全体员工必须遵循的合规行动指南，也是集团公司对社会的郑重承诺，它明确了合规基本要求，确立了安全环保、保密、市场交易、国际业务、资产管理、财务及税务、知识产权、产品质量等合规管理的重点业务领域，以及公司与各利益相关方关系方面的合规标准，是中核集团最基本的合规制度性规定。[①]

【关联法条】

《企业境外经营合规管理指引》第14条

> **第十八条　【重点领域制度】**中央企业应当针对反垄断、反商业贿赂、生态环保、安全生产、劳动用工、税务管理、数据保护等重点领域，以及合规风险较高的业务，制定合规管理具体制度或者专项指南。
>
> 中央企业应当针对涉外业务重要领域，根据所在国家（地区）法律法规等，结合实际制定专项合规管理制度。

---

① 本示例素材来源于国资法治（国资委系统法治建设宣传平台），《中核集团召开2019年法治工作会议暨合规管理体系建设启动会议》，https：//mp. weixin. qq. com/s/mCrie－t036dm9syyvnk7vg，最后访问时间2022年10月18日。

【本条宗旨】

本条是关于合规管理具体制度、专项指南或专项合规管理制度的规定。

【条文理解】

建立健全合规管理制度体系，要求企业结合实际，制定合规管理基本制度、具体制度或专项指南，构建分级分类的合规管理制度体系，强化对制度执行情况的检查。对重点领域、合规风险较高的业务、涉外业务重要领域等应当结合实际制定具体制度、专项指南，这一工作是企业合规管理工作的重中之重。而具体制度或专项指南的制定，取决于企业所处的业务领域。由于企业业务领域不同，其合规工作所应关注的重点方向、合规工作的具体实施办法亦呈现出独特性、复杂性的特征。具体制度与专项指南的制定，就是要把合规责任对重点领域、高风险业务的合规要求及对合规风险的制度化控制措施，嵌入到业务与职能管理制度中，将这些制度有机地结合在一起，形成符合“合规管理能力”的合规工作具体性制度。对于涉外业务较多的中央企业，本条同时要求其可根据所在国家或地区的相关法律法规制定相应的涉外业务管理办法，以对涉外重要领域进行特别的合规管理。

本条规定中央企业应当对反垄断、反商业贿赂、生态环保、安全生产、劳动用工、税务管理、数据保护等重点领域予以重点关注，制定相应的具体制度或专项指南，这一要求承接并呼应系列《合规指引（试行）》的相关要求。在1—4批的系列《指南》中，其针对反商业贿赂、反垄断（经营者集中）、商业秘密保护、反垄断（垄断协议、滥用市场支配地位）、PPP（政府和社会资本合作）、个人信息保护、商业伙伴、劳动用工、出口管制、法人人格否定视域下国有企业母子公司管控、世界银行制裁这十一个重点领域进行了企业合规管理的概念及原理梳理，提出了相应的组织架构、运行方式、保障机制等方面的操作性细化要求。

本条保留了反垄断、反商业贿赂、劳动用工与数据保护这四个重点领域，新增了生态保护、安全生产与税务管理三个重点领域。这一改变不仅体现了应对重点领域“恒重”关注的要求，也反映出因合规环境的不断变化而应对重点领域予以适时更新之关注。具体而言，原因如下：（1）反垄断领域的重点规制是为了预防和制止垄断行为，鼓励经营者通过竞争提升经营效率、提高质量、提升创意，保护市场公平竞争，提高经济运行效率，维护消费者利益和社会公共利益，促进市场经济健康发展。（2）商业贿赂是一种既违背了国际公约，也违背了国内外法规的行为，因而进行了商业贿赂的人员应受到严重的处罚。一旦涉及商业贿赂，不仅要承担巨额罚款、民事责任和刑事责任，而且还会被列入多边组织的黑名单，不允许参加有关的竞标，不允许任何有关机构和个人与被制裁者进行贸易、金融等交易，因而须对这一领域予以重点关注与规制。（3）劳动用工是企业违规行为的高发领域，企业出于经营成本方面的考虑，常在制度体系建立、员工权益保障等方面欠缺投入。随着劳动者维权意识的增强，争议的发生亦越加频繁。通过对劳动用工全流程进行合规管控，建立、健全符合法律规定的用工体系与制度规范，能够促进企业与劳动者之间形成和谐、互惠的劳动关系。（4）数据保护旨在保护公民个人数据权利、规范个人数据处理活动、促进数据合理利用，对于违反数据保护相关法律法规的行为，相关主体常会被要求承担民法、行政法甚至刑法上的相应责任。

通过对这一重点领域进行相应的合规管理，能够进一步厘清企业及高管在数据保护合规监管领域的责任，明晰相应的责任边界，从而促进企业数据保护合规体系建设，提升数据合规监管应对能力与水平。（5）生态保护的合规要求不仅适应了绿色发展理念的不断丰富、强化的现状，而且对相应法律、法规的要求进行了呼应。因此，企业在生产经营过程中，需要保护生态环境，坚持绿色、低碳、可持续发展，做到生态环保合规。（6）安全生产领域的合规管理直接关系着企业预防和控制安全生产的目的能否实现。因此，本条强调对这一重点领域实施具体规制以梳理单位及个人的安全生产合规义务及管理职责、回顾以往的安全生产管理工作、重新识别安全生产合规风险及漏洞、改进安全生产管理措施，从而全面提高安全生产合规水平。（7）税务管理强调企业及其员工的经营管理行为应符合税务方面的法律法规、监管规定和行业准则要求。企业及其员工可能因税务不合规行为，引发法律责任、受到相关处罚、造成经济或声誉损失以及其他负面影响。因此，应针对企业和员工的经营管理行为，从制度制定、风险识别、合规审查、风险应对、责任追究、考核评价、合规培训等方面进行有组织、有计划的合规管理。此外，需要注意的是，本办法没有像《合规指引（试行）》那样将八大重点领域的具体管控要求列出来，要求中央企业对合规风险较高的业务领域加强管控，这符合管理体系建设的一般做法和实际情况。事实上，此做法在地方国资委推动其地方国有企业开展合规管理体系建设时便有所体现，并取得了较好的效果。

总结而言，企业应当结合自身实际，针对重点领域、关键节点主动制定更有针对性的合规管理制度。企业在本办法的基础上自觉立规、自行合规，理应是企业合规管理工作的革新与努力方向。

【适用指南】

企业制定相应具体的合规管理制度可运用以下三种方式，企业可根据实际情况需要进行选择。

第一种方式：以具体业务为关注重心，将特定业务的合规义务实质化、制度化的合规风险应对措施写入到企业现行的合规管理制度中，将合规要求嵌入业务管理制度。实务中将合规要求嵌入业务管理制度可采用两种方法。一种是文本制度嵌入法，另一种是1+6制度嵌入法，包括岗位1+6制度嵌入法和流程1+6制度嵌入法。

第二种方式：围绕特定合规义务的实施，将相应的合规义务和制度化的合规风险处理机制单独制成与公司的经营管理体系相分离的文件。此外，相关业务经办人员在开展相应的业务工作的同时，还可以根据相应合规文件的特定要求，编制进一步的特定合规工作控制清单。如，文件明确可在反垄断、反商业贿赂、生态环保、安全生产、劳动用工、税务管理、数据保护等重点领域进行特定合规义务要求的制定，通过对复杂、容易变化和严重后果的“合规义务”，制订专门指导方针的措施以进行特别的合规管理。

第三种方式：以企业所开展的具体涉外业务为中心，通过考察其涉外业务所在国家或地区的特殊规定，通过分析其可能存在的合规管理要求及相应的合规风险，将特定业务的合规义务进行相应特殊化、制度化的处理。

【典型示例】

2021 年 12 月 20 日，广州市人民政府国有资产监督管理委员会发布《广州市国资委监管企业数据安全合规管理指南（试行 2021 年版）》。作为全国首个地方性的数据安全方面的合规专项指南，《广州市国资委监管企业数据安全合规管理指南（试行2021年版）》的出台是对新实施的《数据安全法》和《个人信息保护法》等上位法在国有企业合规领域的回应，是国企关于企业数据安全的实操性合规文件。该文件划定了数据安全方面的高风险领域、确立了数据安全合规管理的原则、明晰了相关主体的合规管理职责，并对相关制度规范建设、数据安全合规管理的实施措施等方面进行了细化规定，起到了加快推动监管企业全面加强合规管理，有效提升监管企业全面加强数据安全合规管理，规范监管企业数据处理活动，保障企业数据安全等重要作用。[1]

【关联法条】

《数据安全法》第21条；《证券公司和证券投资基金管理公司合规管理办法》第2条；《银行保险机构董事监事履职评价办法（试行）》第26条；《中央企业境外投资监督管理办法》第6条

---

① 本示例素材来源于广州市国资委公众号，《广州市国资委印发〈广州市国资委监管企业数据安全合规管理指南（试行2021年版）〉》，https：//mp. weixin. qq. com/s? _ _ biz = MzA5NDgzMjcwOA = = &mid = 2651219063&idx = 1&sn = e6469932161895b9aa1cd981fd378592&chksm = 8bba555cbccddc4a9a00f1e261f1030dfb66a0cd139ff8cd9e087580f60fcd512576f8e1b086&scene = 27，最后访问时间2022年10月13日。

第十九条　【合规管理制度落实】中央企业应当根据法律法规、监管政策等变化情况，及时对规章制度进行修订完善，对执行落实情况进行检查。

【本条宗旨】

本条是关于合规管理制度的执行落实与修订完善工作的规定。

【条文理解】

根据组织环境的变化，合规管理制度应适时调整内部规章制度。合规管理制度的执行落实与修订完善不仅建立在内外部变化的基础上，还包括合规制度执行过程中的改进。由于每一个企业都有其自身发展的特殊性，故而合规管理最理想的状态应是不断完善的。然而，由于合规管理体系庞杂，且方兴未艾，即便是企业管理人员也不一定对其有最直接、充分且全面的了解，因而制度的制定亦不可能一蹴而就地趋于完美。因此，对合规管理制度进行及时完善，对于企业建立相对完整的、适宜的合规管理体系而言极为必要。由于企业所处的业务经营环境、业务规制环境等组织内部与外部的环境都在变化之中，及时调整相应的合规管理制度以进行最规范、最适宜的管理是企业合规工作必须面对的，也是必须进行的。因此，该规定本质上是在要求企业根据其所处组织环境的变化，及时调整其内部的合规管理制度。此外，须强调制度修订和完善建立在内外部变化的基础上，修订也包括合规制度执行过程中需要改进之处，也即制度的更新须“内外并重”，这也是本条所述“变化情况”的应有内涵。

合规管理制度的贯彻落实不仅是制度制定后的必经下游，亦是制度完善的上游活水。正是通过对制度执行后的情况进行检查，才可发现企业内所可能存在的在制度制定之初而未关注到的合规管理工作重点与缺口。本条后段所强调的对合规制度的执行落实情况进行检查，其意义正是提醒合规管理制度的制定主体，在完善合规管理制度时，不仅须考虑到企业外部环境的变化，亦要考察企业内部对合规制度的应对及内部环境的变化。由此也让这种“复盘”过程更全面、完整，以确保合规管理工作的有效运作。通过采取上述措施，中央企业能积极地构建与完善企业管理体系，加强合规管理，切实防控风险，从而有力保障深化改革与高质量发展。

【适用指南】

企业合规管理旨在有效防控合规风险，在对合规管理制度进行落实情况检查与制度完善时，应当注意以下方面：（1）调查、掌握公司的生产和运营范围内的合规状况；（2）调查、掌握与公司合规管理有关的各方需求和期待；（3）对公司的业务活动、产品和服务进行整理；（4）检索企业所可能适用的合规管理方面的法律法规，建立合规管理的数据库，并根据业务活动、产品和服务清单，制定相应的合规工作清单；（5）识别和评估公司所面对的合规风险，并制定相应的风险清单；（6）公司的价值观、使命、远景；（7）公司的发展策略和发展方向等。

【典型示例】

2022 年 3 月，为进一步规范公司的经营管理，明确业务流程，防范经营风险，保障企业依法经营、合规运作，中煤大屯铁路建设有限公司管理层组织召开关于修订企业内相应管理办法的专业会议。大会共修改了分包计价管理、合同管理、造价管理、机械设备计价和使用管理五个方面的企业规章制度。通过对各项规章制度，尤其是相应合规制度的修改和完善，使有关工作人员的行为与责任更加明晰，使企业的内部管理更加有章可循，提高了合规管理效率，从而为企业的合规经营和高质量发展打下了坚实的基础。[①]

【关联法条】

《中央企业内部审计管理暂行办法》第 19 条；《中央企业违规经营投资责任追究实施办法（试行）》第 4 条；《中央企业发展战略和规划管理办法（试行）》

---

① 本示例素材来源于中煤大屯铁路工程有限公司公众号，标题为：《铁路工程公司：修订完善规章制度着力提升合规经营水平》，https：//mp. weixin. qq. com/s/WhLBjn71RGRQcpsgDOtPXQ，最后访问时间 2022 年 10 月 13 日。

第四章　运行机制

【本章概述】

本章规定了中央企业合规管理的运行机制，主要内容包括合规风险识别评估预警机制、合规审查机制、合规风险应对和报告机制、违规问题整改及追责问责机制、合规举报机制、协同运作机制以及合规有效性评价机制等。本章整体上延续了《合规指引（试行）》的内容，与之相比，进一步明确了国务院国资委对央企合规管理体系进行考核评价，以及依据相关规定对央企因合规管理不到位引发违规行为开展责任追究的职责。本章共九条（第二十条至第二十八条）。

第二十条　【识别预警】中央企业应当建立合规风险识别评估预警机制，全面梳理经营管理活动中的合规风险，建立并定期更新合规风险数据库，对风险发生的可能性、影响程度、潜在后果等进行分析，对典型性、普遍性或者可能产生严重后果的风险及时预警。

【本条宗旨】

本条是关于合规风险识别评估预警机制建立与运行的规定。

【条文理解】

随着现代信息化技术的发展，世界一流企业均在运用大数据、人工智能等现代科技手段将合规要求嵌入经营管理流程，并通过数据对撞、数据分析、智能控制等方式发现和预测合规风险，实现合规风险即时预警、快速处置，从而提高合规管理的效能。针对合规风险识别预警机制，本条规定了合规风险识别、合规风险梳理、合规风险分析和合规风险评估、合规风险应对、合规监控检查、合规体系评估、风险预警等运行机制。合规风险识别预警运行机制是开展合规管理工作的重点，主要包括以下内容：

一是建立合规风险识别评估预警机制。建立合规风险识别评估预警机制是合规管理有效运行的保障机制和一种总体性、基础性的制度安排。这种机制具有合规风险识别、评估与预警三大功能。其中，合规风险识别，是指对企业内部合规风险存在或者发生的可能性以及合规风险产生的原因等进行分析判断，并通过收集和整理企业所有合规风险点形成合规风险的列表，将合规义务与其管理活动、产品、服务及运行等相联系，识别风险的可能性，以便对合规风险进行监测和控制等系统性活动。合规风险评估，是指在合规风险识别的基础上，采用一定的方法估计和测定合规风险可能导致法律制裁、监管处罚、重大财务损失和声誉损失等相关风险损失发生的概率和大小以及对企业整体运营产生影响的程度及不合规的原因、关节点和负面后果。合规风险预警，是指基于合规风险识别评估而作出风险提示和警示。构建企业合规风险预警机制需要明确组织机构的风险管理职责、明确目标设定、识别风险因素、列出风险种类、设置合规风险预警指标、划分合规风险预警级别、确定风险应对预案等。合规风险预警必须建立在风险识别、分析与评估评价的基础上，能够对风险因素、风险点、风险等级、风险事故作出评价，并持续性监测合规风险，及时对可能产生较严重后果的风险作出相应警示或者发布预警，以便采取相应的措施控制企业合规风险，保障企业能够持续健康运行。

二是全面梳理经营管理活动中的合规风险。按照全面风险管理的原则，企业经营管理活动中的风险主要源于企业战略、市场、运营、财务以及法律、道德领域。科学构建风险预警指标体系，需要梳理经营管理活动中的合规风险指标，合理确定各个指标的权重，计算出风险的评估值，依据风险的大小和相关标准及时发布预警提示或者信息。同时，也需要说明所识别的主要风险因素、相关预警指标计算分析结果、可能给企业带来的机会或损失、可能达到的合规风险预警级别等。为此需要梳理企业业务活动事项清单，包括根据岗位职责梳理的履职业务活动清单和根据部门职责梳理的部门主责业务活动清单。企业可根据梳理的业务活动清单，检索每一业务活动对应需要遵守的合规义务，从中发现合规义务未履行或者未履行到位的情况和信息。

三是建立并定期更新合规风险数据库。合规风险数据库的建立和维护是合规风险预警的基础，风险库建立的过程对合规管理本身也具有意义。合规风险库的建立，需要全面梳理经营管理行为及其员工履职行为有关监管的法律、法规、行政规章等的规定，公司内部规章制度等确定的合规义务以及企业生产经营所在国家、地区需要遵循的社会责任、环境保护责任、商业道德、社会公德与公序良俗等。企业可按照部门建立合规义务数据库、合规义务外规内化的管理台账和合规义务清单，并结合企业的性质与特点确定风险发生的可能性、影响程度、潜在后果，以确定合规风险等级。企业应根据整体合规与专项合规，搭建不同功能的风险库。究竟是以责任作为标准还是以发生频率作为标准，抑或兼而有之，由企业根据合规风险管理的要求设计。企业应建立统一的风险库，做好风险的分类、分级、分层管理，风险库应当便于利用并具有提醒和警示功能。不论是合规管理牵头部门还是其他部门，都应基于统一的数据平台分类别、分权限使用有关数据和信息，本着全员观、整体观进行资源整合，强化各自部门职责，不能过于强调业务界限。由于风险会基于外部、内部情况的变化而变化，合规库建立后应不断更新，对新的风险、原有的风险进行动态管理，定期或不定期实施风险识别、分析、评价。可选择以一个季度或者半年作为合规风险库调整更新周期，以便适应变化之后的情况。

四是对合规风险发生的可能性、影响程度、潜在后果等进行分析。企业应当对风险进行定性、定量的分析，包括风险发生的可能性、后果及严重程度，还应考虑该风险事件的影响程度，包括企业外部相关政策、法律法规的完善程度以及相关监管部门的执行力度等；考量针对风险事件或者负面影响的内控制度执行力度，包括企业内部用以控制相关合规风险的规章、制度的完善程度及执行力度等；分析风险事件或者负面影响的相关主体及其合规管理能力，包括企业内部相关人员对相关政策、法律法规、企业规章制度以及合规风险控制技巧的了解、掌握程度等；考虑该风险事件或者负面影响的利益相关者的综合状况，包括利益相关者的综合资质、履约能力、过往记录、合规风险偏好等。分析应当客观有据、科学合理、可靠可行。

五是对典型性、普遍性或者可能产生严重后果的风险及时预警。主要是风险比较突出的领域或者专业，如建筑施工企业的违规转包、工程质量、建筑用工、安全生产、环境生态等，电商平台企业的数据安全、个人信息保护、国家网络安全等方面，也包括可能产生严重后果的倾向性、苗头性风险。对于合规风险预警级别为中等（蓝色）、中等（黄色）以上以及重大（橙色）风险的要及时向不同级别的管理层级报告预警，以便企业及时拿出应对预案。企业应当根据识别的风险因素及对合规风险预警指标的分析，从定性和定量的角度，对风险发生的可能性及其带来后果的严重程度，划分相应的合规风险预警级别，并发出相应的合规风险预警信号。企业在分析所面临的各种经营风险后，需要及时启动相关的风险预警机制，主要包括早期预防措施、应急处理措施等。风险预警系统一旦出现相关的风险警报，需要及时依据预警信息的类型、信息的性质以及风险的大小等选择合理科学的风险管理应对措施，依据具体情况制定具体、切合实际的风险控制方案。分析以定性合规风险预警指标为对象，在确认风险存在以及风险性质之后对风险进行定量分析，根据风险对企业影响的严重程度，可以将企业合规风险预警级别分为五级，即微弱、一般、中等、重大和特别重大，分别确定五级合规风险预警的指标阈值，达到或超过对应的阈值，就为相应的合规风险预警级别。

【适用指南】

本条规定的合规风险识别评估预警机制与《合规指引（试行）》相比，增加了要求中央企业建立并定期更新合规风险数据库的规定。企业应当在风险因素识别的基础上建立风险清单库，描述企业可能面临的各种风险、风险可能产生的不利后果、责任部门和岗位以及该风险的控制方法和控制活动，以便企业管理部门及其员工能够找到相应的风险以及风险应对方法。企业风险清单，可以分为企业整体层面的风险清单、职能部门风险清单、业务风险清单。企业整体层面的风险清单包括：企业战略风险清单、企业运营腐败风险清单、企业组织架构风险清单、企业法人治理结构风险清单、企业文化建设风险清单、企业人力资源风险清单、企业社会责任风险清单等。企业职能部门风险清单，即各职能部门根据其负责的业务和职能所建立的风险清单，所有的职能部门均应建立风险清单。业务风险清单，即根据企业主要业务所建立的风险清单，企业应当为每一个主要业务建立一个风险清单。企业应当定期或不定期对自身合规状况开展合规评价，评价的标准包括但不限于对合规风险的有效识别与控制、对违规违法行为的及时处置、合规管理机构或者管理人员的合理配置、合规管理制度机制的建立、人力物力的充分保障，监测、举报、调查、处理机制及合规绩效评价机制的正常运行，力求构建持续整改机制和合规文化。合规风险预警指标可以是定性指标，也可以是定量指标，企业要根据自身情况，采用定性和定量相结合的方式，识别、分析、评估风险的重要程度，尤其是可能产生较严重后果的风险。企业应当及时发布预警。当出现合规风险预警指标中的一项或多项时，就意味着企业可能出现了某种程度的风险，应当启动相应的风险应对预案。

【关联法条】

《关于进一步深化法治央企建设的意见》；《企业境外经营合规管理指引》第 23 条

第二十一条 【合规审查】 中央企业应当将合规审查作为必经程序嵌入经营管理流程，重大决策事项的合规审查意见应当由首席合规官签字，对决策事项的合规性提出明确意见。业务及职能部门、合规管理部门依据职责权限完善审查标准、流程、重点等，定期对审查情况开展后评估。

【本条宗旨】

本条是关于合规审查机制的规定。

【条文理解】

本条从动态机制的层面对中央企业、首席合规官、业务及职能部门、合规管理部门合规审查流程和运行机制作了规定。合规审查是对经营行为的规范，是防范违规风险的关口，也是企业开展合规管理和正面防控的必备程序。合规审查做到位就能从源头上控制住合规风险不外溢，需要由首席合规官以及业务及职能部门、合规管理部门等通过合规管理运行机制来把关。本条规定的合规审查机制包括以下流程：

一是中央企业应当将合规审查作为必经程序嵌入经营管理流程，是对本办法第五条第（二）项“将合规要求嵌入经营管理各领域各环节”全面覆盖原则的具体落实，是原则的具体化。合规审查作为必经程序应当确保嵌入经营管理流程，做到“应审必审”，将其作为经营管理不可或缺的组成部分，将合规审查标准、审查环节、审查要点以及审查认为可能出现的情况等纳入经营管理的每一个环节。

二是首席合规官对重大决策事项进行审查并签字，对决策事项的合规性提出明确意见。这是对首席合规官在合规审查运行过程中的具体要求，体现了其首席的作用和对重大决策事项守门的功能。首席合规官不同于一般的合规官，作为关键人物，不仅需要全面参与企业的重大决策活动，还需要对重大决策事项的合规性进行审查，并签字确定，同时对决策事项的合规性提出明确意见。这种对首席合规官履行合规审查职责的刚性约束，为其能够履行合规审查职责以及在合规审查过程中发挥关键性作用提供了依据。其中，对重大决策事项的界定可按照中共中央办公厅、国务院办公厅印发的《关于进一步推进国有企业贯彻落实“三重一大”决策制度的意见》的规定理解，即重大决策事项，主要包括企业贯彻执行党和国家的路线方针政策、法律法规和上级重要决定的重大措施，企业发展战略、破产、改制、兼并重组、资产调整、产权转让、对外投资、利益调配、机构调整等方面的重大决策，企业党的建设和安全稳定的重大决策，以及其他重大决策事项。首席合规官对于合规审查的签字，表明其真正参与了重大决策活动，而非仅仅是决策后的背书，要求其对决策事项的合规性提出明确意见，旨在强化首席合规官参与重大决策活动的责任心和责任感。“明确意见”是指其对合规性的意见“确定而不含糊”，而不能提出“倾向性”或者“骑墙式”的模棱两可的“不确定意见”。这就需要首席合规官在参与重大决策事项活动时，不仅应当充分听取有关部门以及人员或者专家的意见，而且对于不合规的应当敢于质疑和否定。对于存在疑问的，需要决策者说明理由和决策的依据。对于一时难以定夺的，需经过必要的研究与论证，在充分考虑各方面意见或者咨询合规专家的基础上，可提出同意与否定的确定性意见，不可签字了之。首席合规官对签字和意见负责并承担相应的责任。由于首席合规官不是强制设置的岗位，在无首席合规官一职时，此权力可考虑由合规管理部门负责人来行使。

三是明确了业务及职能部门、合规管理部门合规审查的机制。业务及职能部门、合规管理部门依据职责权限完善审查标准、流程、重点等。由于合规管理部门负责规章制度、经济合同、重大决策等重要事项的合规审查，而业务及职能部门是本部门经营管理行为的实施者，贴近企业的实际经营管理，对于合规审查标准、流程、重点等具体事项相对清楚，由其内部自行审查或者定期审查能够发现合规问题之所在，赋予其对审查标准、流程、重点等以完善的义务更具有意义。业务及职能部门、合规管理部门定期对审查情况开展后评估，这是对审查情况开展后评估的时间要求，开展审查就应当明确其评估日期。业务及职能部门的合规管理员作为合规的业务骨干，在完善审查标准、流程、重点等事项时，既要审查合规性，也要注意合规的有效性。集团型的企业还可将下属企业合规管理体系建设及运行情况纳入下属企业的业绩考核，将合规考核的结果作为激励和约束机制的部分内容。

【适用指南】

合规审查是合规管理运行机制的重要环节，也是纸面制度与实际经营管理行为的重要联结点。《合规指引（试行）》仅就合规审查的对象以及“未经合规审查不得实施”作出了规定，本条进一步细化和完善了合规审查机制，设置了三个不同层级的合规审查主体。建立健全合法合规性审查机制需要将其作为经营管理行为的必经程序。业务部门需要加强对本领域日常经营管理行为的合规审核把关，合规管理牵头部门需要加大对规章制度制定、重大决策事项、重要合同签订、重大项目运营等合法合规性的审查力度，必要时，可以对业务部门审查结果进行复审，对严重违反法律法规或企业规章制度没有一票否决的权力。中央企业应当建立健全合法合规性审查后评估机制，及时掌握审查意见的采纳情况，不断提高合规工作的质量。尽管本条增加了对业务部门审查把关的要求，但同时更应提高合规管理牵头部门审查把关的能力，不宜将合规管理牵头部门单独作为第二道防线，应该明确让一些专项审核部门与合规管理牵头部门协作审查把关，真正筑牢合规管理的第二道防线。

【典型示例】

英国的金融行为监管局（Financial Conduct Authority）（以下简称 FCA）曾经要求贝鲁特银行伦敦分行对金融犯罪风险的漏洞做出整改。公司安排合规官威尔斯（Wills）与 FCA 对接工作，阿林（Allin）作为内部审计员，为 FCA 提供相应的审计信息。然因在与 FCA 对接的过程中，公司对两人的汇报工作进行了限制，要求他们在与 FCA 的沟通中需要注意一切从公司的利益出发。东窗事发后，FCA 不仅处罚了贝鲁特银行，同时对两人也做出了严厉惩罚。其原因是，“两人合规和审计的身份决定，他们应该独立地行使自己的职责，不管公司管理层是否会施加影响”，最终，FCA 对 Wills 和 Allin 分别处以 19600 英镑和 9900 英镑的罚款。Wills 和 Allin 在此事件中的惨重教训是值得首席合规官、业务及职能部门、合规管理部门深思的。①

---

① 本示例素材来源于英国金融行为监管局官网，“The Financial Conduct Authority imposes £ 2. 1m fine and places restriction on Bank of Beirut after it misled the regulator”，https：//www. fca. org. uk/news/press-releases/financial-conduct-authority-imposes-£ 21m-fine-and-places – restriction – bank – beirut，最后访问时间 2022 年 10 月 16 日。

【关联法条】

中共中央办公厅、国务院办公厅《关于进一步推进国有企业贯彻落实“三重一大”决策制度的意见》；《企业境外经营合规管理指引》第24条、第27条

第二十二条　【合规风险应对】中央企业发生合规风险，相关业务及职能部门应当及时采取应对措施，并按照规定向合规管理部门报告。

中央企业因违规行为引发重大法律纠纷案件、重大行政处罚、刑事案件，或者被国际组织制裁等重大合规风险事件，造成或者可能造成企业重大资产损失或者严重不良影响的，应当由首席合规官牵头，合规管理部门统筹协调，相关部门协同配合，及时采取措施妥善应对。

中央企业发生重大合规风险事件，应当按照相关规定及时向国资委报告。

【本条宗旨】

本条是关于企业合规风险应对措施和合规风险事件报告程序的规定。

【条文理解】

合规风险管理作为企业风险管理的一部分，当其嵌入经营管理各领域各环节和落实到各部门、各单位和全体员工时，需要将各部门的职能整合与协同，一同应对各种合规风险，并对合规风险及时采取有效的应对措施、协同解决合规风险事件，及时根据风险等级向不同部门报告。本条包括两个方面的内容：

一是中央企业发生合规风险的应对措施和向合规部门报告的程序。中央企业发现合规风险后，与合规风险管理有关的业务部门及职能部门应当及时采取应对措施。因合规管理嵌入相关业务和领域，业务及职能部门负有履行合规管理的义务，具有及早发现合规风险的能力，将其作为一般合规风险的应对主体，具有合理性。及时采取应对措施有助于企业分散或者化解风险，所以本条规定了相关业务及职能部门应当及时采取应对措施的职责，以及应当向合规管理部门报告的义务。

二是中央企业因违规行为引发重大合规风险事件的，由首席合规官牵头、合规管理部门统筹、相关部门协同应对，但所履行的职责不同。重大合规风险事件主要包括重大法律纠纷案件、重大行政处罚、刑事案件，或者被国际组织制裁等重大合规风险事件，这些事件造成或者可能造成企业重大资产损失或者严重不良影响的，应当由首席合规官牵头，合规管理部门统筹协调，相关部门协同配合，及时采取措施妥善应对。重大合规风险事件不等同于重大经营风险事件，后者是指企业在生产经营管理活动中发生的，已造成或可能造成重大资产损失或严重不良影响的各类生产经营管理风险事件。根据2021年12月13日，国资委发布的《中央企业重大经营风险事件报告工作规则》第七条，其主要情形为：（1）可能对企业资产、负债、权益和经营成果产生重大影响，影响金额占企业总资产或者净资产或者净利润10%以上，或者预计损失金额超过5000万元。（2）可能导致企业生产经营条件和市场环境发生特别重大变化，影响企业可持续发展。（3）因涉嫌严重违法违规被司法机关或者省级以上监管机构立案调查，或者受到重大刑事处罚、行政处罚。(4)受到其他国家、地区或者国际组织机构管制、制裁等，对企业或者国家形象产生重大负面影响。(5)受到国内外媒体报道，造成重大负面舆情影响。(6)其他情形。从上述重大经营风险事件的情形可以看出，其与合规重大风险事件存在交叉和相同的情形。

本条之所以规定由首席合规官牵头，是因为应对机制存在相关部门协同配合，在配合机制中又存在多个部门的合作，对于这种合作需要由一方负责联系和组织各方协同工作，以至于形成由首席合规官“牵头”，合规管理部门“统筹协调”，相关部门“协同配合”的应对机制。对于中央企业的重大合规风险事件的报告，本条规定了应当按照相关规定及时向国资委报告。“相关规定”可以参照国资委发布的《中央企业重大经营风险事件报告工作规则》执行。其中，报告分为首报、续报和终报，应由企业主要负责人签字并加盖企业公章后报送国资委。

合规风险应对以合规风险评估为基础，只有对合规风险的源头、发生的原因、产生的后果及其可能性有充分的认识和理解，才能有效应对。合规风险只有经过评估，才能根据评估结果及其可能性决定是否需要采取措施决定，以及何时采取措施，采取何种措施。同时，对于重点领域、高发风险点，应予以实时监控。

【适用指南】

中央企业的规模比较大，企业内外环境变化不定，员工人数众多且分布于全国甚至全球，可能发生的合规风险情形错综复杂，需要结合企业业态特点和合规风险清单的风险分级，建立覆盖各级、各个生产经营单元的合规风险发生快速报告与应对的流程。对于企业不同领域或者类别的合规风险，需要有针对性地制定应对机制。有效应对风险需要有针对性地建立风险应对机制。这种机制包括制定风险应对制度、实施应对机制、监控应对机制实施效果。建立合规风险应对机制至少应当考虑以下内容：合规风险的类别和等级、合规风险的具体应对措施、合规风险应对人员的权限和职责、合规风险应对的时限及流程等。对于较为重大的合规风险，必要时可以考虑引入外部机构提供专业协助。同时，合规管理部门可以收集同行和社会上的违规典型案例，定期开展预演，确保合规风险发生时能够快速报告，风险应对管理流程处于有效状态。

【关联法条】

《突发事件应对法》第 18 条、第 22 条；《中央企业重大经营风险事件报告工作规则》；《企业境外经营合规管理指引》第 24 条

第二十三条　【问题整改机制】中央企业应当建立违规问题整改机制，通过健全规章制度、优化业务流程等，堵塞管理漏洞，提升依法合规经营管理水平。

【本条宗旨】

本条是关于违规问题整改机制的规定。

【条文理解】

本条是关于建立违规问题整改机制的规定。建立完善合规管理制度并不代表可以消灭合规风险，在复杂多变的经营环境下，新的风险不断出现，如果原有的合规

风险未能预防，新风险与旧风险叠加就会酿造出重大风险事件。基于此，本条明确了中央企业应当建立违规问题整改机制，通过健全规章制度、优化业务流程等来堵塞管理漏洞和消解合规风险，通过提升依法合规经营管理水平来减少或者降低合规风险。本条主要包括以下内容：

一是中央企业应当建立违规问题整改机制。任何合规制度均无法做到完全杜绝违规现象，但合规问题是可以发现和预测的，通过发现或者呈现出来的违规问题去查找原因，通过不断改进管理制度，可以降低违规事件发生概率。一般而言，发现违规风险的途径主要是：（1）日常开展合规管理监督发现的；（2）被举报发现的；（3）上级或者其他机关交办或者移送的；（4）企业生产经营出现问题暴露的。因此，中央企业建立违规问题整改机制非常重要。违规问题整改机制的主体是中央企业，整改的内容不仅包括对合规管理及其员工的行为不合规的纠正，也包括企业内部的规章制度与本办法存在不一致或者相互冲突时的修订或者规章制度的修复，还包括合规风险审查漏洞的弥补以及监督评估与验收追责的完善。

二是中央企业建立违规问题整改机制主要落实在健

全规章制度、优化业务流程、堵塞管理漏洞和弥补管理不足，以及提升依法合规经营管理水平上。违规问题虽然表现为人的问题，其关键还是制度问题，健全合规的规章制度至关重要。合规风险的发生需要快速报告与应对管理流程制度，迅速寻找违规问题背后的原因，查找需要整改的问题，优化业务流程，坚决堵塞管理漏洞，避免类似情形发生。启动整改流程，需要评估以便确定在整改期间是否采取措施，采取何种措施，如何实施措施，然后对措施纠正的有效性进行评审，必要时可以修改合规管理体系。整改后续需要跟踪检查工作，对“整改措施是否扎实有效，产生问题的风险点是否根除、是否留有隐患或死角，屡查屡犯问题是否进行了举一反三的风险排查和警示教育”等内容进行评估。

另外，要严格规范企业境外经营行为，对照项目所在国法律法规以及双边或多边条约、国际经贸规则等要求，对各类不合法不合规的做法及时进行自查自纠和整改，不断提高防范化解国际化合规经营风险的能力和合规经营水平。

【适用指南】

企业合规整改并不是嵌入一套完整的合规管理体系，

而是要针对不合规问题以及存在的合规漏洞作出有针对性的制度纠错和补救。目前，有些企业在合规整改中缺乏及时性、针对性、专业性、有效性，有些整改措施不对路或者成本过高，以至于出现了纸面合规或者“虚假整改”的现象。有些整改方案与整改实际不相符，致使整改工作仅仅停留在报告中或者措施里，出现整改不充分、不全面的问题。整改属于问题整改，而非简单的“就事论事”的整改或者补救性整改。问题整改需要加强领导，责任到人，提高问题整改意识，明确各部门职责，全面彻底履行合规义务，详细完整记录整改的过程和结果，并将整改工作向后延伸，确保以整改工作为基础，以点带面，加强持续整改，逐步建立起全覆盖合规管理体系。

【典型示例】

某研究所以合规管理体系健全为目标，根据上级主管机关关于重点合规领域的分类，结合合规义务来源和实际业务内容，形成“某研究所合规义务风险示范清单”。其清单涉及公平竞争、保密管理、利益冲突、商业伙伴等重点领域开展环节梳理出300多个重点环节。由于合规考核办法、评价办法等配套基本制度和专项制度的缺乏，合规风险管理平台还未建立，合规业务流程并未与具体业务活动紧密结合。同时，由于外部法律法规不断完善，内部经营环境不断变化，在内外因素的相互作用下，研究所经营活动合规性建设与经营活动发展不匹配。之后，该研究所采用调查法评估风险值，划分风险等级，制订防控预案，建立合规风险管理知识库，进行自我整改，构建了由事后处置型转向事前预防型的合规体系。[①]

【关联法条】

《关于建立涉案企业合规第三方监督评估机制的指导意见（试行）》；《企业境外经营合规管理指引》第28条

第二十四条　【合规举报机制】 中央企业应当设立违规举报平台，公布举报电话、邮箱或者信箱，相关部门按照职责权限受理违规举报，

---

① 本示例素材来源于田斌：《某研究所合规管理体系构建研究——基于项目管理的角度》，载《项目管理技术》2022年第2期。

并就举报问题进行调查和处理，对造成资产损失或者严重不良后果的，移交责任追究部门；对涉嫌违纪违法的，按照规定移交纪检监察等相关部门或者机构。

中央企业应当对举报人的身份和举报事项严格保密，对举报属实的举报人可以给予适当奖励。任何单位和个人不得以任何形式对举报人进行打击报复。

【本条宗旨】

本条是关于合规举报机制建设的规定。

【条文理解】

合规举报作为一项制度应当有相应的运行机制来完成，旨在及早发现合规风险和及时采取应对措施，避免合规风险的溢出。本条包括以下内容：

一是中央企业应当建立合规举报平台及其运行机制。基于合规信息化建设和现代信息化发展，建立合规举报平台不能仅仅依靠一部举报热线电话、一个举报信箱或者一个移动终端，需要与现代信息化发展相匹配的合规举报平台。企业信息平台、电话、电子邮件、信件、微信小程序以及其他举报方式应当便捷，举报可以实名或匿名方式进行，供举报人自主选择。举报箱可分设实名举报箱和匿名举报箱，设立举报箱应充分考虑和理解举报人员的安全防范心理，举报箱设立的地点在保证相关区域符合安全规定的前提下设立，不得安装电子探头监控。设立举报电话或录音电话、传真、电子邮箱、微信小程序等。对于电话、传真、微信等举报工具，应与相关运营商协商，采用技术手段屏蔽来电显示等可以暴露举报人员信息的内容，以减少匿名举报者的担心。除合规问题接受举报外，违纪、腐败、贿赂等也可举报。中央企业的纪检监察、巡视巡察办等内部监督部门已经建立起覆盖全公司、相关方的违规举报渠道。

举报机制一般由受理、分流、转办、初查、催办、保护、奖励、答复等具体制度组成。同时，还应建立完善举报渠道的设定、举报的程序、受理举报的部门、举报信息的收集与处理、举报结果的反馈、对举报人的激励和保护等机制。根据合规举报线索或者案件性质的不同，可设立分级处理的程序。对于一般合规问题的举报，由涉及线索或者问题的部门按照职责权限受理。企业应将收到的违规举报及线索录入举报台账，对其类别作出初步判断，就举报问题进行调查和处理。如涉及经济类合规举报调查方面的内容，可由合规管理部门负责调查。对造成资产损失或者严重不良后果的，移交责任追究部门；对涉及党员、管理干部的违规举报或者涉嫌违纪违法的，按照规定移交纪检监察等相关部门或者机构，相关部门从合规规范的提供、解释和运用等方面提供协助和支持。

在调查时，调查人员应严格遵守客观公正的调查原则，具备基本的内部调查专业技术，以事实为依据，对参与调查的人员采取严格的保密和保护措施。举报事件处理过程所涉及人员的选择应坚持“最少够用”的原则，如需要有关人员的参与，其必须是与事件必要相关的人员，且因选择有关人员的参与所造成的对其本人、对公司、对当事人以及其他利益相关方的负面影响的程度应限定在最小的范围内。

二是合规举报的保护机制。举报人保护制度是鉴别合规管理是否有效的重要判断标准之一。举报机制建设应当加强对举报人的保护，强化举报保密措施，防止实名举报人身份信息和举报事项的泄露。最重要的是做好举报事项的调查处置及信息保密，要让举报人消除顾虑，真正敢于举报并勇于举报，避免举报流于形式。澳大利亚证券交易所企业治理委员会制定的《企业治理原则与最佳操作指引》通过对“合规计划”这一概念中的规范与社会性要素加以描述与强调来提升合规计划妥善保护与激励举报人的整体能力，可为企业建立健全合规举报的保护机制提供参考。

对举报属实的举报人可以给予适当奖励；对于举报失实或者不实的，应分不同情况，一般不应追究责任。对于借举报捏造事实、诬告陷害的，企业可以保留对举报人依法依规追责的权利。因为合规举报不同于一般违纪违法犯罪的举报，所以本条特别强调“任何单位和个人不得以任何形式对举报人进行打击报复”。一旦发现，企业应彻查并严肃处理。

【适用指南】

合规举报是合规运行机制不可或缺的重要制度设计，是保障合规有效运行的重要环节，合规举报制度的有与无、好与坏直接关系到合规风险管理运行的质效，进而关系到合规管理体系的有效落地，关系到合规管理是否能真正发挥企业健康发展的保障作用。本办法没有像《合规指引（试行）》那样要求对外公布首席合规官及职责、举报电话、邮箱和信箱，仅仅提出了“设立违规举报平台，对外公布举报电话、邮箱和信箱”。具体的举报制度可由公司规章制度进行规定。国际标准《合规管理体系 要求及使用指南》（ISO 37301：2021）规定了“建立举报程序，鼓励员工善意报告疑似和已发现的不合规”。合规举报线索一般应由独立的部门和人员受理，且需要赋予他们独立的处理权限，案件的接收人与调查人应无职责重叠。如果案件接收人为合规专职人员，那么调查人员应由其他职能人员组成，确保调查的独立性，不受企业内部沟通协调机制的限制，不受其他部门甚至企业高层的干扰。中央企业实际落实过程中，需要考虑纪委、信访、合规等举报途径的互联互通以及各部门间的配合协同。

【典型示例】

自2014年起，吉利创新设立“合规委员会”制度，主任由集团总裁亲自担任，委员则由财务、人力、纪检等分管领导组成。如今，从上到下500余名合规管理专职、兼职人员织就“清廉大网”，覆盖了企业管理的角角落落。2017年，有员工举报，在信息采购项目的招标过程中存在围标串标情况。集团内部立即组成联合调查组，前往事发地杭州湾公司进行了为期半年的调查，查证涉案人员刘某某等三人利用职务便利，向投标单位透露信息且串通投标，并在此过程中索贿。相关涉案人员被判刑，集团挽回经济损失1000多万元。据统计，在过去十多年时间里，吉利集团已查处了数百起不合规行为案件，仅公司副总经理以上的涉案人员就有数十人，挽回经济损失数亿元。[1]

【关联法条】

《关于加强和规范事中事后监管的指导意见》；《关于加强中央企业内部控制体系建设与监督工作的实施意见》；《中央企业重大经营风险事件报告工作规则》；《企业境外经营合规管理指引》；《证券期货违法违规行为举

---

① 本示例素材来源于黄合、胡欣子：《清廉因子助力民企健康成长》，载《宁波日报》2019年4月8日，第1版。

报工作暂行规定》；《市场监管领域重大违法行为举报奖励暂行办法》

第二十五条　【违规问责机制】中央企业应当完善违规行为追责问责机制，明确责任范围，细化问责标准，针对问题和线索及时开展调查，按照有关规定严肃追究违规人员责任。

中央企业应当建立所属单位经营管理和员工履职违规行为记录制度，将违规行为性质、发生次数、危害程度等作为考核评价、职级评定等工作的重要依据。

【本条宗旨】

本条是关于违规追责问责机制的规定。

【条文理解】

本条对有关违规追责问责机制建设、问题和线索调查、责任追究以及查处违规结果的用途作出了规定，责任追究覆盖了企业全员。主要包括以下内容：

一是中央企业应当完善违规行为追责问责机制。这种机制设立需要明确责任范围和问责标准，针对问题和线索及时开展调查的程序，按照有关规定严肃追究违规人员责任的程序。前者主要规定了违规问责的实体条件应结合本办法第七章“监督问责”的规定以及《中央企业违规经营投资责任追究实施办法（试行）》第二章“责任追究范围”的规定来理解。例如，上述办法第八条规定的风险管理方面的责任追究情形：（1）未按规定履行内控及风险管理制度建设职责，导致内控及风险管理制度缺失，内控流程存在重大缺陷。（2）内控及风险管理制度未执行或执行不力，对经营投资重大风险未能及时分析、识别、评估、预警、应对和报告。（3）未按规定对企业规章制度、经济合同和重要决策等进行法律审核。（4）未执行国有资产监管有关规定，过度负债导致债务危机，危及企业持续经营。（5）恶意逃废金融债务。（6）瞒报、漏报、谎报或迟报重大风险及风险损失事件，指使编制虚假财务报告，企业账实严重不符。

针对问题和线索及时开展调查的程序，按照有关规定严肃追究违规人员责任的程序，可参照《中央企业违规经营投资责任追究实施办法（试行）》以及地方国资委有关责任追究的规定。目前，北京、江苏、山东等 20 多个省区市国资委制定了企业违规责任追究办法。这些办法主要是针对在经营投资中造成国有资产损失或其他严重不良后果的中央企业经营管理有关人员，形成分级分层追责机制，同时实行重大决策终身问责，特别是对不作为、乱作为、迟作为、不担当、不负责而导致国有资产重大损失的，要严肃追责问责。

二是中央企业对违规行为结果处理和适用的规定。中央企业应当建立所属单位经营管理和员工履职违规行为记录制度，将违规行为性质、发生次数、危害程度等作为考核评价、职级评定等工作的重要依据。中央企业应当建立所属单位经营管理和员工履职违规行为记录制度。企业合规部门可按照部门为企业员工建立合规积分管理台账，根据违规行为性质、发生次数、危害程度等确定分值。如对违法犯罪，违反行政规定、监管规定、行业标准，违反商业伦理、道德规范以及违反公司对客户、对外部相关方的合规承诺，引起客户、外部相关方不满意、投诉的，采用从高到低确定不同分值，作为考核评价的客观依据以及晋升、职称评定等工作的重要依据。也可以按照季度或者年度统计一次合规积分结果，供企业领导、人力资源或者其他部门采纳。本条将《征求意见稿》建立个人违规行为记录的范围扩展至所属单位和员工，这种合规责任的延伸影响必将会引起企业员工的重视，同时将违规追责与考核机制联通，能够保障合规管理义务的落实。中央企业相关人员可以适用《关于建立国有企业违规经营投资责任追究制度的意见》。

【适用指南】

目前，中央企业的违规追责工作存在不同的条线，尽管各种文件均力求予以区分，以示不同，但实际执行过程中仍难以分开。违规追责不是合规管理牵头部门的职责，这就需要将其纳入企业的整体违规追责管理工作之中统筹设计安排。尤其是对应当发现而未发现如何认定？发现后敷衍不追、隐匿不报如何认定？对查处不力如何界定？这都需要细化标准。对于违规违纪违反的处理程序，不论是员工违规违纪管理办法还是违规追责要求都有相对明确的规定，其运行机制依法缺乏程序上的衔接。然而，惩戒追责与合规免责是企业合规管理的重要构成，追责和免责同等重要，在加强惩戒追责的同时，不能忽视合规容错免责工作，要宽容失败，明确合规免责清单，这对于鼓舞中央企业所属单位的领导干事创业、改革创新非常重要，是有效打消工作顾虑的重要措施。基于上述的追责问责要求，其运行机制需要明确违规问责追责启动条件和程序，特别是发现后的查处程序，如何配合移交违规线索以及如何协助调查，这些均为程序性问题，需要构建一个具有可操作性而不重复的追责问责运行程序。同时，也应当实施合规绩效加分奖励。

【典型示例】

汪某任芜湖某公司总经理期间，其主导运作的芜宣某潮、安徽某能、安徽某安、蚌埠某伟、芜湖某纪建设、南京某鼎投资等6个项目，未让合作方依规办理有效资产抵押担保，造成国有资金安全风险，企业应收账款高达15682万元；在《领导干部个人有关事项报告表》填报中，漏报其兼任下属2家企业职务，瞒报其配偶名下市值30多万元的股票情况。汪某受到党内严重警告处分、降职处理。[①]

---

① 本示例素材来源于安徽纪检监察网，《驻省国资委纪检组：通报九起违纪违法问题典型案例》，http://www.ahjjjc.gov.cn/p/47270.html，最后访问时间2022年10月17日。

【关联法条】

中共中央《建立健全教育、制度、监督并重的惩治和预防腐败体系实施纲要》第6款第13条；《中央企业违规经营投资责任追究实施办法（试行）》

第二十六条　【协同机制】 中央企业应当结合实际建立健全合规管理与法务管理、内部控制、风险管理等协同运作机制，加强统筹协调，避免交叉重复，提高管理效能。

【本条宗旨】

本条是关于合规管理与法务管理、内部控制、风险管理等协同运作机制的规定。

【条文理解】

根据合规管理的适用范围、重要程度、管理幅度等，尤其是将合规嵌入岗位职责和业务流程，特别需要构建合规管理分层分类的制度体系框架，确保合规管理结构清晰、内容完整，相互衔接、有机协同，运行高效，从而提高机制运行的衔接性、系统性和有效性。这些问题需要中央企业内设部门的相互配合、相互支持和协同运行。本条包括两个方面的内容：

一是央企应当结合实际建立健全合规管理与法务管理、内部控制、风险管理等协同运作机制。2019 年 10 月 19 日国务院国资委《关于加强中央企业内部控制体系建设与监督工作的实施意见》要求，中央企业以风险管理为导向、内控为基础、法务合规管理为重点，实现"强内控、防风险、促合规"的管控目标，形成全面、全员、全过程、全体系"同防共治"的风险防控机制。合规管理与法务管理、内部控制、风险管理作为"四大管理"体系在组织体系、制度体系、运行机制、保障机制等方面存在诸多趋同性，各自的经营机制的运行也存在差异性，在合规管理上需要协同运作。"四大管理"体系均应以风险管理为导向，以内控为基础，以法务合规管理为重点，以风险防控为主要管理目标，形成管理上的协同可能性。"四大管理"体系的协同运作机制的内在逻辑关系是"法务、合规、内控、风险"。其协同运作机制可以围绕风险防控的需要而设置，其制度流程围绕风险防控的需要而制定，其运作机制保障围绕风险防控的需要而开展。但是，协同运作机制并非一体化管理，特别是首席合规官由总法律顾问兼任，机制设置不好极易出现合规管理与法务管理纠缠不清的问题。如，目前国家电投总部在体系协同方面把法务、合规、风险、内控四项职能整合到法律部，所属66家二级单位中，42家四项职能归口一个部门，24家法治、合规职能归口到法律部，风险、内控职能归口到战略部或审计部，使四项职能的管理体系在保持各自独立的前提下，统一在依法治企的逻辑框架之下，旨在实现同计划、同部署、同实施、同检查、同考核。[①] 因此，合规管理委员会可作为协同机制有效执行的组织保障。在规范管理的基础上，通过建立信息化平台，实现协同运作和信息共享。需要注意的是，“协同”不是“多合为一”，而是“相互配合”，是基于合规嵌入业务上的配合。

二是协调机制应当加强统筹协调，避免交叉重复，提高管理效能。企业应建立分类、分层、立体防控的风

---

① 该数据来源于江苏省内部审计协会，《典型经验 中央企业重大经营风险事件报告工作规则》，http：//www. jsiia. cn/newsinfo/1450646. html，最后访问时间2022年11月4日。

险管理机制，根据合规管理的不同要求、合规风险的不同类别和性质，形成全面、全员、全流程、全体系的合规管理运行机制。由于法务、合规、风险、内控部门的合规管理存在交叉，对交叉部分需要进一步明确各自合规的要求或者指定由某个具体的岗位或小组来负责，将合规管控的机制、内部控制的流程、风险管理的措施等统筹起来，避免合规管理相同工作的不断重复，或者机制设置上叠床架屋造成工作相互抵触而浪费资源，最终导致管理效能低下。

【适用指南】

国务院国资委在2015年12月8日发布的《关于全面推进法治央企建设的意见》中首次要求中央企业探索建立法律、合规、风险、内控一体化管理平台。2021年10月17日发布的《关于进一步深化法治央企建设的意见》将原来的“法律”改为“法务”，在健全合规管理体系方面提出了健全企业主要负责人领导、总法律顾问牵头、法务管理机构归口、相关部门协同联动的合规管理体系，强化重点领域合规管理，探索构建法务、合规、内控、风险管理协同运作机制，提高管理效能。本办法将“探索构建”法律、合规、内控、风险管理协同运作机制，提高管理效能改为“应当结合实际建立健全”合规管理与法务管理、内部控制、风险管理等协同运作机制。但在探索实施企业合规管理体系建设过程中，由于“四大管理”在同一个企业组织架构、管理基础及业务流程中运行，而法律管理、风控、内控及合规管理工作在遵守的外部法律规范、监管要求上存在重合性，不同合规管理工作的内容存在交叉，造成边界不清，导致实际执行落地环节多存在交集与重合部分，致使企业管理资源分散和重复，在一定程度上加大了企业管理成本和业务执行负担。因此，为了企业高效运营和提升市场竞争能力，迫切需要探索现有“合规、法务、内控、风控”管理运行协同联动的体系建设，将四者的关系从“一体化”转变为“协同运作”，而非法务、风险、内控及合规的一体化统一管理。

【典型示例】

国家电投集团基于法治框架确立的法律、合规、风险、内控协同运作机制，以体制协同为前提，以体系协同为基础，以机制协同为主线，以岗位协同为重点，对于企业补齐短板、夯实基础、更加有效地防控风险具有较高的实用价值和意义。一是体制协同，是指四项职能在组织领导和责任划分方面建立的协同关系，主要解决四项职能在公司治理和职能管理中的定位问题。二是体系协同，是指四项职能在管理理念、机构设置、职责划分、方法工具、人员配置等管理要素方面建立的协同关系。三是机制协同，是指四项职能在工作事项、规则、程序、标准、评价等方面建立有机联系和高效运转的工作方式，把属性类同、高度关联的工作事项一次完成，最大限度地避免工作重复、交叉，使四项职能高质量服务保障业务发展。四是岗位协同，是指四项职能在岗位上职责明确、相互配合，实现工作有序开展，面向业务快速、高效响应，达到节约信息传递与沟通成本，提高工作效率和质量的效果。①

【关联法条】

《国资委关于印发〈关于加强中央企业内部控制体系建设与监督工作的实施意见〉的通知》

① 本示例素材来源于国资法治（国资委系统法治建设宣传平台），《国家电投集团基于法治框架的法律、合规、风险、内控协同运作》，https：//mp. weixin. qq. com/s/kKEP3KZtF5L6ZltFYC－tyA，最后访问时间2022年10月13日。

第二十七条　【合规内部评价】中央企业应当定期开展合规管理体系有效性评价，针对重点业务合规管理情况适时开展专项评价，强化评价结果运用。

【本条宗旨】

本条是关于央企开展合规管理体系有效性评价的规定。

【条文理解】

合规管理作为企业经营管理的重要组成部分，是有效实施内部控制、全面风险管理的基础和前提。2021 年，国务院国资委针对中央企业合规管理体系建设情况制定了一套“调研”体系，包含 5 个方面 30 项具体指标，成为中央企业开展合规管理体系评价的重要尝试。由于合规涉及企业各业务领域、不同管理部门以及所属企业和全体员工，以“点面结合”的方式开展内部合规管理体系有效性评价和专项评价尤为必要。本条规定了以下三个方面的内容：

一是中央企业应当定期开展合规管理体系有效性评价。企业合规管理应当围绕合规管理目标，结合企业发展战略规划、产业政策、生产经营特点及深化改革、推动高质量发展工作实际，健全完善企业经营决策、生产运营、重大项目投资、监督追责等内部规章制度体系，形成合规管理手册，确保嵌入每项工作合规管理的开展有依据、有流程、有标准、有评价、有保障。合规有效性评价可包括内部审核评价、领导管理评审和合规目标实现情况监测评价。对此可参照2021年5月28日中国证券业协会修订的《证券公司合规管理有效性评估指引》以及2022年7月5日中国企业评价协会发布的《企业合规管理体系有效性评价》规定。企业合规管理体系的评价主要包含两个不同层面：一是合规管理体系建设的完备性，即合规管理体系是否已经包含了其所要求的必要组织架构、环节及核心要素；二是合规管理体系的有效性，即合规管理相关规范是否能够有效运行，有效发挥作用。有效性评价不仅能检测已完成的合规建设的实施效果，也能指出企业合规体系中存在的漏洞，属于分析、检查和改进的过程。中央企业管理型总部的评估指标曾设计为：总部指标30—60项，子企业指标40—60项。

二是中央企业应当针对重点业务合规管理情况适时开展专项评价。强化对重点业务实施“适时”合规管理的“专项评价”，旨在防范合规重大风险的发生。从合规管理体系的评价来看，除了对于企业整体合规管理体系有效性评价外，对于特定领域、特定事项的专项合规评价也是非常重要的内容。如，国家发改委等发布的《企业境外经营合规管理指引》和市场监管总局制定的《企业境外反垄断合规指引》等，均属于对企业经营的合规性专项评价。其中，“适时”是指对可能存在倾向性或者苗头性的合规风险，或者合规政策或者环境出现重大变化时，应当及时进行专项合规评价。专项合规评价的重点业务包括但不限于公司治理、合同管理、市场交易、安全环保、产品与服务质量、劳动用工、财务税收、知识产权与信息安全、商业伙伴、礼品与商务接待、社会捐赠与赞助以及海外业务风险等其他需要关注的领域。

三是中央企业应当强化评价结果运用。企业通过评价自身合规管理体系是否有效，其评价结果可作为完善企业合规管理体系的重要依据。合规管理有效性评估旨在不断提升企业合规管理的水平，促进企业合规、稳健发展。评价不是目的，仅仅是手段，其目标包括但不限于识别企业在合规管理工作中存在的问题，重在通过评价促进企业合规管理的不断优化和完善，促进合规管理制度真正落地，有效防控企业合规风险，并能够为下一步合规管理工作提供努力的方向。

【适用指南】

合规评价本身不是行业评选，也不是单纯为了获取较高的企业评分，应当侧重于评价能够发现合规问题、合规管理的不足和短板，为查漏补缺和健全完善合规管理制度提供依据。因此，企业应当正确认识评价行为并提供科学、合理和专业的评分体系，以免在评价中掩盖真相或者出现漏项，致使不能有效暴露合规管理体系的缺陷。本办法第四条、第八条、第十四条分别规定了国资委、董事会和合规牵头部门的评价职责，没有对首席合规官设置评价职责。对此，可在首席合规官领导下，由合规管理部门负责具体合规评价，并报备合规管理委员会和董事会。《合规指引（试行）》第二十二条要求，“开展合规管理评估，定期对合规管理体系的有效性进行分析，对重大或反复出现的合规风险和违规问题，深入查找根源，完善相关制度，堵塞管理漏洞，强化过程管控，持续改进提升”。企业需要设计一套组织建立、实施、绩效和改进等维度的合规管理体系有效性评价通用模型，尽可能减少测评过程中评审人员的个人因素等主观因素的影响。其中，也需要关注合规的重点环节，如制度制订环节、经营决策环节、生产运营环节以及其他重点关注的环节以及重点人员，如决策管理人员、重要风险岗位人员、海外人员等其他需要重点关注的人员，均要以发展的眼光看待有效性评价，不可单纯为了适应相关的标准而对合规管理有效性进行机械的评判。

【关联法条】

《关于建立涉案企业合规第三方监督评估机制的指导意见（试行）》；《企业合规管理体系有效性评价》；《证券公司合规管理有效性评估指引》

第二十八条　【合规考核评价】中央企业应当将合规管理作为法治建设重要内容，纳入对所属单位的考核评价。

【本条宗旨】

本条是关于合规管理考核评价内容的规定。

【条文理解】

中央企业的合规管理不仅要作为法治建设的重要内容，也是加快我国建设世界一流企业的法治基础。中央企业持续深化法治中央企业建设，对其改革发展提供了支撑保障。中央企业需要持续完善合规管理工作机制，将合规管理放置到落实全面依法治国战略部署上来，将合规管理纳入法治建设重要内容予以考核评价。本条规定了两个方面的内容：

一是中央企业应当将合规管理作为法治建设重要内容。根据《关于进一步深化法治央企建设的意见》的要求，中央企业应当着力健全合规管理体系，需要强化业务部门、经营单位和项目一线主体责任，通过设置兼职合规管理员、将合规要求嵌入岗位职责和业务流程、抓好重点领域合规管理等措施，有效防范、及时处置合规风险。探索构建法律、合规、内控、风险管理协同运作机制，加强统筹协调，提高管理效能。推动合规要求向各级子企业延伸，加大基层单位特别是涉外机构合规管理力度，到2025年中央企业基本建立全面覆盖、有效运行的合规管理体系。由于合规委员会与法治建设领导机构合署办公，总法律顾问兼任首席合规官，合规管理必然会成为法治建设的重要内容，并通过首席合规官的身份列席党委（党组）会、董事会参与研究讨论或审议涉及法律合规相关议题，参加总经理办公会等重要决策会议制度。贯彻这一意见就需要将合法合规性审查和重大风险评估作为重大决策事项必经的前置程序，将合规管理作为法治建设的重要内容，持续提升法治工作引领合规管理的支撑能力、风险管控能力、涉外保障能力、主动维权能力和数字化管理能力，并不断深化治理完善、经营合规、管理规范、守法诚信的法治央企建设，为加快建设世界一流企业筑牢坚实法治基础。

二是将合规管理纳入对所属单位的考核评价。法治建设合规管理纳入对所属单位的考核评价需要制定考核标准或者考核工作办法，有序开展合规绩效考核，考核结果纳入中央企业总部部门、所属单位综合绩效考核。为了能够进行合规绩效考核，一般要将按照部门的主责业务活动制定“结果＋过程”的合规绩效考核评价清单作为考核内容，根据本企业合规管理与企业高质量发展的关系合理确定合规绩效考核的权重。这就需要制定合规手册或者《岗位合规手册》，明确考核的内容、考核项目和评价标准，将其纳入中央企业所属各部门和子企业负责人的年度综合考核，将合规考核结果作为员工考核、干部任用、评优评先等工作的重要依据。通过强化考核结果运用，促使中央企业全面开展合规对标，努力补齐合规短板，从而加快提升依法合规经营管理水平。

【适用指南】

合规业绩考核是落实合规管理的重要措施，其考核的对象不仅包括企业各部门和所属单位负责人及员工，还应包括合规管理部门、首席合规官、合规管理委员会、董事会，覆盖至全员。中央企业在将合规管理情况纳入法治建设重要内容进行考核时，需要明确考核评价的指标，如何将考核结果与员工考核、干部任用、评先评优结合最为重要。因为考核不是目的，而是合规管理的手段，如何通过这一手段发挥考核的激励与约束作用最为关键。另外，需要制定完善企业《合规管理考核办法》等规范性文件，并在企业法治建设中予以充分体现。

【典型示例】

基于强化中央企业的法治理念，统一部署依法治企方面，2015 年 12 月国资委印发了《关于全面推进法治央企建设的意见》；2016 年 8 月国资委印发了《国务院国资委推进国资监管法治机构建设实施方案》；2017 年 7 月国资委党委印发了《中央企业主要负责人履行推进法治建设第一责任人职责规定》；2021 年 10 月国资委印发了《关于进一步深化法治央企建设的意见》，以及《全国国资委系统开展法治宣传教育的第八个五年规划（2021—2025 年）》等。这些有关法治建设的规定对于全面推进中央企业的依法治企能力，将合规管理纳入法治建设，从而提升企业法治意识具有特别重要的价值。[①]

【关联法条】

《关于进一步深化法治央企建设的意见》

① 本示例素材来源于国务院国有资产监督管理委员会官网，《国资委 2021 年法治建设工作情况报告》，http://www.sasac.gov.cn/n2588035/c24062209/content.html，最后访问时间 2022 年 10 月 13 日。

第五章　合规文化

【本章概述】

本章规定了中央企业合规文化建设，主要内容包括合规管理纳入党委（党组）法治专题学习，建立常态化合规培训机制，加强合规宣传教育、引导全体员工自觉践行合规理念等，旨在以多方式、全方位提升全员合规意识，营造合规文化氛围。本章共四条（第二十九条至第三十二条）。

第二十九条　【领导专题学习】中央企业应当将合规管理纳入党委（党组）法治专题学习，推动企业领导人员强化合规意识，带头依法依规开展经营管理活动。

【本条宗旨】

本条是关于中央企业党委（党组）法治专题学习的规定。

【条文理解】

企业合规管理应当坚持党的领导，充分发挥企业党委（党组）领导作用，落实全面依法治国战略部署有关要求，把党的领导贯穿合规管理全过程。《法治中国建设规划（2020—2025 年）》提出："健全党的全面领导制度。推进党的领导入法入规，着力实现党的领导制度化、法治化。"本条要求中央企业应当将合规管理纳入党委（党组）法治专题学习，体现了合规文化建设首先要从领导专题学习开始，通过党委（党组）将合规管理纳入法治专题学习，贯彻党的方针政策和党内法规，通过领导带头依法依规开展经营管理活动，在企业形成合规风气，逐渐养成企业的合规文化。本条包括以下内容：

一是合规管理是中央企业党委（党组）法治专题学习不可或缺的重要内容，中央企业党委（党组）开展法治专题学习应当有合规管理的内容，着重强调要充分发挥以党委（党组）为首的企业领导人的合规意识和带头作用。中央企业党委（党组）发挥把方向、管大局、促落实的领导作用，推动合规要求在本企业得到严格遵循和落实。不断提升依法合规经营管理水平，必然需要将合规管理纳入党委（党组）法治专题学习。中共中央办公厅印发的《中国共产党党委（党组）理论学习中心组学习规则》第二条第一款要求："党委（党组）理论学习中心组学习，是各级党委（党组）领导班子和领导干部在职理论学习的重要组织形式，是严肃党内政治生活、强化党性修养的重要内容，是加强各级领导班子思想政治建设的重要制度，是建设学习型服务型创新型的马克思主义执政党、提高党的执政能力和领导水平的重要途径。"国资委《关于进一步深化法治央企建设的意见》也要求："坚持企业党委（党组）对依法治企工作的全面领导，不断完善党委（党组）定期专题学法、定期听取工作汇报、干部任前法治谈话、述职必述法等制度，切实发挥党委（党组）把方向、管大局、促落实作用。"企业党委（党组）应当开展法治专题学习，学习的内容不仅包括合规管理法律法规、监管规定、行业准则和国际条约、规则以及公司章程、相关规章制度等，还需要将党规党法贯彻到合规管理的每个环节，保障运用法治思维和法治方式深化企业合规管理、解决合规管理存在的问题，体现合规管理依靠党的领导和法治保障。

二是将合规管理纳入党委（党组）学习的目的是推动企业领导人员强化合规意识，带头依法依规开展经营管理活动。《中国共产党党委（党组）理论学习中心组学习规则》第二条第二款要求："各级党委（党组）应当把理论学习中心组学习列入重要议事日程，纳入党建工作责任制，纳入意识形态工作责任制。"《企业境外经营合规管理指引》规定："企业决策层和高级管理层应确立企业合规理念，注重身体力行。"法治专题学习中，要建立党委（党组）合规管理方面的法治专题学习机制，将合规管理纳入学习内容应在规定的时间内每季度不少于1次。将合规管理纳入党委（党组）法治专题学习应作为考核企业合规的重要指标，但这不是目标，而是通过以考核促行动，其目的是提升强化领导人员合规意识，推动领导人员身体力行，提升履职尽责本领，努力提高战胜合规风险挑战能力。《党委（党组）落实全面从严治党主体责任规定》也要求："落实制度治党、依规治党要求，加强本地区党内法规制度建设，严格落实党内法规执行责任制，确保党内法规制度落地见效。”将合规纳入党委（党组）法治学习是党内制度要求，中央企业应当严格遵守。企业党建工作机构在党委（党组）领导下，按照有关规定履行相应职责，推动本条有效贯彻落实。

三是将依法合规履职作为考察使用干部和监督问责的重要参考。《中国共产党党委（党组）理论学习中心组学习规则》要求：理论学习中心组应当把深入学习中国特色社会主义理论体系作为首要，理论学习中心组成员应当发挥“关键少数”的示范和表率作用，自觉学习、带头学习，努力成为建设学习型党组织和学习型领导班子的精心组织者、积极促进者、自觉实践者，带动全党大兴学习之风。加强党员干部学习强化理论武装也是《党委（党组）落实全面从严治党主体责任规定》的主要内容，应当成为考察使用干部和监督问责的重要参考。通过监督检查和巡视巡察制度，检查将合规管理纳入法治专题的执行情况，应作为领导班子总体评价和领导干部选拔任用、监督问责的重要依据。

【适用指南】

合规意识是培育合规文化的源头，合规意识的树立和强化需要从中央企业主要负责人或领导人员开始，结合常态化、制度化机制通过培训宣传等，强化全员合规意识，最终培育具有企业特色的合规文化。本条适用过程中应重点把握以下问题：（1）将本条的规定与党内关于学习制度的法规有效结合起来。本条要求“将合规管理纳入党委（党组）法治专题学习，推动企业领导人员强化合规意识”是对中央企业党委（党组）及领导干部提出的新要求和硬性任务，实践中应结合《中国共产党党委（党组）理论学习中心组学习规则》和相关实施办法以及其他党内法规的相关规定贯彻落实。（2）关于合规管理学习组织与形式。根据《中国共产党党委（党组）理论学习中心组学习规则》规定，党委（党组）理论学习中心组主要由党委（党组）领导班子成员组成，可以根据学习的需要适当吸收所属有关部门和直属单位主要负责人参加。必要时，可邀请非中共党员的部委领导班子成员列席理论学习中心组学习。中央企业党委（党组）可结合实际情况根据学习需要，将首席合规官吸收参加理论学习中心组学习。本条虽然规定“专题学习”，是充分考虑合规管理的前沿性、复杂性等因素，以专题学习作为学习的主要形式，更能适应理论学习组学习实际，但要注意与自学以及专题调研相结合。（3）本条规定应与推进法治社会建设相关的党内法规有效结合。从本条规定并结合本法第一条、第十条来看，合规管理应是法治建设的一部分，与《合规指引（试行）》相比属于新增内容，将合规管理提升到党委（党组）理论中心学习组学习的层面，使得合规文化建设有了基本的政治保障。

【典型示例】

中国船舶集团高度重视法治传承，形成“悬规植矩，依法善治”的法治文化。牢记央企姓党，把坚持党的领导、加强党的建设贯穿于法治船舶建设的全过程和各方面，充分保障党组（党委）在法治建设上发挥把方向、管大局、促落实的领导作用。通过建章立制将党的正确主张转化为治理管理企业的有效举措和具体规定，实现党的领导和企业治理的有机统一。中国船舶集团持续推动领导干部带头尊法学法守法用法。集团公司党组及各级党委理论学习中心组定期学法成为常态化机制。“决策先问法、违法不决策”“学法、知法、用法”“遵纪守法、依法办事”等由普法性标语逐渐转变为普遍性行为，中国船舶集团法治文化土壤在全员之力下越培越厚、不断务实。坚持将学习贯彻习近平法治思想列入党组（党委）第一议题学习内容，在党组（党委）理论学习中心组学习中突出加强对法治理论的学习。行合规之矩，推动企业管理依规有效运营。适应新形势下合规管理需要，集团公司领导带头签署合规承诺，践行合规要求。编制发布《诚信合规手册》，鲜明树立“人人合规，事事合规”理念。编制涵盖550项外规、198项内规、232项合规流程的《合规规范清单》《合规业务流程》，推动总部管理“明规、知规、依规、行规”。[①]

【关联法条】

《中国共产党章程》第3条；《中国共产党党委（党组）理论学习中心组学习规则》第8条、第9条；《关于进一步深化法治央企建设的意见》；《企业境外经营合规管理指引》第29条

---

① 本示例素材来源于《坚持依法依规治企办企推动世界一流船舶集团建设》，载《学习时报》2022年3月14日，第4版。

第三十条　【合规培训】中央企业应当建立常态化合规培训机制，制定年度培训计划，将合规管理作为管理人员、重点岗位人员和新入职人员培训必修内容。

【本条宗旨】

本条是关于常态化培训机制的规定。

【条文理解】

合规文化的建设需要培育，通过合规培训的常态化机制来强化合规意识。本条对中央企业建立常态化合规培训机制作出了要求，对此需要从以下方面来理解：

一是中央企业应当建立常态化合规培训机制，常态化合规培训机制是合规文化的重要内容。合规培训不是仅通过讲座等一两次学习就足够，而是需要在一定的时间内通过有计划、有位阶的学习，才能掌握合规知识，养成合规意识。常态化合规培训机制正是企业战略性合规管理的一项必要举措。本办法第三条第一款将合规概念定义为“企业经营管理行为和员工履职行为符合国家法律法规、监管规定、行业准则和国际条约、规则以及公司章程、相关规章制度等要求”。法律法规、监管规定、行业准则和国际条约、规则等经常处于变化中；企业的发展战略、企业规模、经营模式、经营范围等也会引起公司章程、规章制度的变化，企业内部人员的岗位调整、人事变动等又会引起企业内部环境的变化。因此，需要常态化合规培训机制对内外部环境变化作出反应，以加强员工对相关变化的理解。

二是常态化合规培训机制不是静态的制度设计，而是动态的运行机制。常态化合规培训的重点是谁培训、培训谁、培训内容以及培训方式的问题。合规培训属于合规管理的一个重要组成部分，全面覆盖也是其应然状态。培训应当制定年度培训计划。合规培训计划的科学制定与有效执行，是常态化合规培训机制有效运行的保障。合规培训计划要根据不同受培群体和不同内容明确培训目标，要关注外部环境和内部环境的变化，要保障培训时间，要体现培训效果。培训的重点对象是从事合规管理的管理人员、重点岗位人员和新入职人员。首席合规官全面领导合规培训工作，合规管理部门组织对业务及职能部门选任的合规管理员进行合规培训，业务及职能部门组织或在合规管理部门组织协助下对本部门进行合规培训。中央企业应当在业务及职能部门设置合规管理员，由业务骨干担任，接受合规管理部门业务指导和培训。合规管理部门负责组织或协助业务及其职能部门开展合规培训。合规培训在不同层级承担着不同的合规培训职责。由于受培群体工作内容、工作性质、级别岗位不同，对于培训内容的需求也不同。因此培训内容的设计就需要区别受培人员的管理层级和岗位分工，做到因人施教。同时，合规培训要综合运用线上线下培训等多种培训方式以满足培训需求，达到培训效果。

在现代企业中，培训工作一般是由人力资源管理部门负责，但是合规管理有其专业性，需要部门之间的协同。此外，培训制度本身也需要风险识别、评估和改进、提高，使之适应企业发展的需要。越来越多的事例证明，具有强大创造力和竞争力的现代企业，多以不同形式建立了内部的学习型组织。

【适用指南】

《法治社会建设实施纲要（2020—2025 年）》要求建

立日常学法制度，强化法治培训。《关于进一步深化法治央企建设的意见》要求优化董事会知识结构，通过选聘法律专业背景人员担任董事、加强法律培训等方式，提升董事会依法决策水平。本条内容较《合规指引（试行）》对合规培训提出的“重视”改为“应当”，合规培训成为强制性规定。将建立常态化合规培训机制以强制性的方式规定，凸显了对合规培训的重视。本条适用过程中应重点把握以下问题：

一是企业需要将合规培训与现有培训体系衔接起来。在企业已有的如岗位、法律、风险、内控等培训体系下，融入合规培训内容可以成为适用本条的一种方式。合规知识与岗位职责、业务技能密不可分，企业要结合岗位职责业务特点开展合规培训，同时将常态化合规培训机制与培训相关的激励机制、考核机制相结合。

二是企业需要将合规培训与信息化建设有效结合，充分利用信息化系统落实培训机制，检验培训效果。合规培训与合规活动的形式可以多种多样，采取线下培训、网络培训或是两者相结合的方式以取得培训效果。加强合规管理信息化建设需要企业结合实际将合规培训纳入信息系统，设计网络培训课程并通过在企业合规管理信息系统中加入培训模块的方式，将培训课程自动推送至受培训人员，并根据参与情况制作线上合规培训记录，进行线上培训考核，检验培训效果。

【典型示例】

为了加强学习型组织建设，营造崇学乐学氛围，帮助员工及时更新专业知识储备，有效培育复合型人才，中国化学工程第十六建设有限公司作为国务院国资委管理的中国化学工程股份有限公司的全资子公司（以下简称十六化建）启动了在线学习平台。在线学习平台拥有“全专业”“全岗位”的课程，现有各类课程1000余门。平台课程包括项目经理、商务经理、项目总工、设备物资、安全管理、工程总承包项目管理、国际工程管理、工程项目基础岗位管理、人力资源管理、企业管理、市场营销、建筑业财税、新员工培训、通识管理、执业/职业资格等各个岗位、各类专业的课程。同时，平台会每周更新，动态完善培训课程体系，满足员工学习需求。十六化建通过学习型组织建设，持续赋能其人才培养，提升组织与员工的业务能力，为企业实现高质量可持续增长，提供人才新动力。[1]

【关联法条】

《关于进一步深化法治央企建设的意见》

第三十一条　【合规宣传教育】中央企业应当加强合规宣传教育，及时发布合规手册，组织签订合规承诺，强化全员守法诚信、合规经营意识。

【本条宗旨】

本条是关于加强合规宣传教育的规定。

【条文理解】

合规的宣传与教育工作是深入贯彻习近平法治思想、

① 本示例例素材来源于中国化学工程第十六建设有限公司官网，《公司宣传思想意识形态工作这样干》，http：//www.cncec16.com.cn/list.php？id＝1446，最后访问时间2022年10月14日。

深化法治央企建设、培育合规文化的重要组成部分。《法治社会建设实施纲要（2020—2025年）》要求法治宣传教育部门以习近平新时代中国特色社会主义思想为指导，确保法治宣传教育的正确政治方向和舆论导向。《关于进一步深化法治央企建设的意见》要求进一步推进法治宣传教育制度化、常态化、多样化。本条规定了中央企业加强合规宣传教育的职责，主要包括以下内容：

一是加强合规宣传教育。合规宣传教育应当通过常规宣传教育与专项宣传教育相结合，调动合规管理部门以及业务和职能部门的积极性，建立合规宣传教育工作的长效机制，运用线上线下宣传教育等方式，不断从整体上完善和提高合规宣传教育工作的组织管理水平，并形成立体化全覆盖的宣传教育体系。

二是合规宣传教育需要从两个方面展开，即发布合规手册和组织签订合规承诺。发布合规手册和签订合规承诺应是面向业务部门及其员工的。合规手册主要是明确企业和员工在对外交往、职业操守、处理内部关系、维护公司利益和承担社会责任等方面的基本要求和行为准则，是企业合规运营指南。合规手册通常分为综合合规手册和岗位合规手册。其中，综合合规手册具备普适性和广泛性，岗位合规手册具备专业性和单一性，只针对企业特定岗位人员。综合合规手册一般包括合规管理目标、合规管理原则、适用范围、合规制度等；岗位合规手册一般包括岗位履职事项清单、合规风险清单、合规底线清单、合规职责清单、业务合规管控清单、业务合规管理制度、业务合规监督与考核等。合规手册的制作与本办法第十八条规定的专项指南不同。专项指南是针对重点领域，如生态环保、安全生产、税务管理等重点领域以及合规风险较高领域制作的专项合规指南，它可以以合规手册的形式出现，但不等同于本条规定的合规手册。关于合规承诺，要以书面签订的方式体现。合规承诺从法律意义上讲是员工向组织作出的一种单方面的保证，对强化签订者的合规意识具有促进作用。合规承诺内容一般分为四个方面，分别是基本要求、禁止规定、承担责任和个人保证。合规承诺的制作也要区别岗位和职责，针对不同岗位人员制作签订不同的合规承诺书。

三是加强合规宣传教育的目的是强化全员守法诚信意识、树立合规经营意识。合规宣传教育的对象应当是“全员”，此处的全员应区别于全体员工，这与本办法第三十二条的全体员工是不同的。本条全员包括在中央企业任职的依据《公务员法》调整的国家公职人员。

【适用指南】

本条适用过程中要重点注意合规手册发布和合规承诺签订的及时性，不仅需要根据情况变化及时对合规手册和合规承诺内容作出更新，也要根据企业内部人员的岗位调整、人事变动、新员工入职等情况，及时使其员工获取最新的合规手册，签订合规承诺，重视宣传教育后的管理措施。发布合规手册签订合规承诺属于一次性的宣传教育，如追求效果则相对单一，可以同其他宣教制度和措施、后续管理等方面相结合共同加强，也可以将宣传教育工作与信息化建设相结合，进行线上发布和签订。

【典型示例】

中国移动北京分公司通过定期开展“合规宣传月”活动，加强合规宣传教育工作。北京公司针对消费者权益保护、反不正当竞争、反垄断、个人信息保护、招标采购、合作伙伴、工程建设和劳动用工领域先后开展重点领域合规成果推广工作，通过实施合规“六步法”推动合规管理能力整体提升。以“合规宣传月”“合规管理强化年”为契机，全面总结重点领域合规管理工作，通过线上、线下多渠道开展专题培训、知识竞赛、案例精讲、短剧竞演等系列活动，进一步推进重点领域合规管理再强化、再夯实、再提升。中国移动北京分公司充分运用线上自主学习资源，编制《重点领域合规要点“十问十答”》，精选八个重点领域中与公司业务强相关的知识要点，以问答的形式直观讲解，进一步深耕重点业务领域合规要点，将合规指南从“做厚”到“做精”，使之成为业务部门易学易懂易用的合规“手边书”。截至目前已有 8400 余人次完成线上学习。在“合规宣传月”期间，公司还针对八个重点领域开展线上合规知识问答活动，充分运用合规知识问答检验合规知识学习效果。前期，法律事务部面向各单位发布了《重点领域合规知识问答题库》，针对每个重点领域精心设计 10 道题目，包含判断题、单选题、多选题等多种形式，且均配套翔实的答案解析，帮助业务部门进一步掌握合规要点。截至目前已有 1000 余人次参与线上答题活动。[①]

---

① 本示例素材来源于中国工信产业网，《北京移动深耕合规管理，护航高质量发展》，https：//www. cnii. com. cn/rmydb/202012/t20201208237433. html，最后访问时间 2022 年 10 月 13 日。

【关联法条】

《关于进一步深化法治央企建设的意见》

> **第三十二条　【合规理念】**中央企业应当引导全体员工自觉践行合规理念，遵守合规要求，接受合规培训，对自身行为合规性负责，培育具有企业特色的合规文化。

【本条宗旨】

本条是关于引导全员践行合规理念和培育合规文化的规定。

【条文理解】

合规文化是合规管理的基石，是保障合规管理体系有效运行的重要支撑。本条在第二十九条、第三十条、第三十一条的基础上对合规文化作出了更高要求，强调企业引导全体员工践行合规理念，将合规作为共同的行为准则，并培育具有企业特色的合规文化。本条主要包括以下内容：

一是中央企业在合规管理中应当发挥全体员工自觉践行合规理念的引导功能。合规理念是关于合规的本质、基本内涵、主要任务和根本要求的思想观念。由于合规理念是一种思想观念，需要企业引导和培育。这就要求中央企业引导全体员工从社会主义现代化事业全局出发，坚持以习近平法治思想和经济思想为指导，以建设世界一流企业为目标，自觉、自发地实践和执行合规管理义务，内化合规观念。

二是引导全体员工遵守合规要求，接受合规培训，对自身行为合规性负责。对自身行为合规性负责强调自我审视履职过程中是否符合合规管理要求，要具备自我审视自我管理能力。这就要求无论是党委（党组）法治专题学习还是常态化培训机制均应以加强合规宣传教育为主线，使得全体员工自觉接受合规培训和对合规立足于自我管理。遵守合规要求，接受合规培训，是引导员工自觉践行合规理念的具体途径。只有致力于强化合规意识、形成内部的合规风气才能将合规价值、合规理念融入企业发展目标、经营管理、业务开展之中。

三是培育具有企业特色的合规文化。合规文化是企业文化的一部分，是一个企业的灵魂所在，如《企业境外经营合规管理指引》也将“合规文化”明确表述为企业文化的一部分，并将合规文化作为企业文化建设的重要内容。合规文化是合规管理的灵魂，它贯穿于合规管理体系整个过程，可以规范员工的意识和行为，是合规之“道”。国际标准《合规管理体系 要求及使用指南》（ISO37301：2021）引言规定：“为获得长远发展，组织必须基于利益相关方的需求和期望，建立并维护合规文化”“合规的可持续性体现在将合规融入组织文化，以及员工的行为意识”。培育具有企业特色的合规文化，其特色在于，企业能够走出一条适合自身发展又区别于其他企业的合规文化。

【适用指南】

本条虽然采用了引导的词语，因其“应当”的规定，仍属于强制性条款，但要注意引导的方式。本条规定的引导方式是遵守合规要求，授受合规培训，这些方式在适用过程中可以结合本办法第二十五条、第二十六条的规定实施。

【典型示例】

芜湖新兴铸管有限责任公司在合规经营上，常态化进行重点领域、重要环节的月度审计，坚持全流程、全模块的年度审计，通过内部审计问题整改，逐步提升合规经营水平。主要体现在以下方面：（1）领导带头合规，培育合规文化。领导是制度的制定者，也可能是制度最大的破坏者，必须从一把手做起，从领导干部做起，明确责任、带头合规、以上率下，引导全体员工树立“合规人人有责”的理念。（2）强化制度执行，优化流程设计。建立制度废、改、立、释的动态调整机制，与铸管股份“多基地协同、数字化管控”项目同步实施，优化流程设计，形成科学高效、运转流畅、权责清晰的制度体系，强化制度约束，体现制度的刚性，真正做到有章可循、有章必循、违章必究。（3）聚焦关键环节，突出重点领域合规。聚焦重点领域和关键环节，常态化开展违法违规问题的专项治理。建立健全财经纪律、工程建设、销售市场、采购招标等方面的合规体系。财经纪律上要以建立真实财务报告体系为目标，全面巩固提升会计信息质量；工程建设上要把好投资审核关，健全项目后评价管理制度；销售市场要做好多维度、多角度的市场评估，通过科学预判精准降低市场风险；招采环节要提升法律法规的红线意识，推进招采领域信用体系建设。

（4）构建大监督格局，提升合规监督能力。健全协同工作体系，整合财务、审计、法务、人力的职能监督和纪检的专职监督资源，对企业经营管理进行全方位、全过程和全覆盖的监督，形成“人人自我监督、岗位约束监督，职能部门全面监督、专职部门重点监督”的工作格局。（5）锻造合规管理能力，让合规护航高质量发展。合规管理是全方位的系统工程，要多角度一体化推进。把合规管理实施办法、合规管理评价方法全面融入“十四五”重大事项的全过程，确保重点任务有序落地。合规不是可选项，是必选项，芜湖新兴全体干部职工，必以奋斗者姿态迎接新挑战，紧密结合“三我”主题活动，以必成之心做合规管理的“参与者”“推动者”“守护者”，培育特色鲜明的企业合规文化。[①]

【关联法条】

《企业境外经营合规管理指引》第29条

---

① 本案例素材来源于新兴际华集团官网，《“一把手谈合规”加强依法依规治企办企为推动铸管股份高质量发展保驾护航》，http：//www.xxcig.com/web/xwzx/qydt/20220425165420411З0/index.shtml，最后访问时间2022年10月13日。

第六章 信息化建设

【本章概述】

本章规定了合规管理的信息化建设，主要从明确主要功能、推进与其他信息系统互联互通、加强重点领域和关键节点实时动态监测等方面提出要求，包括合规信息系统的内容、定期梳理业务流程、信息系统数据的共用共享和合规风险动态监测预警。本章共四条（第三十三条至第三十六条）。

第三十三条 【信息化建设】中央企业应当加强合规管理信息化建设，结合实际将合规制度、典型案例、合规培训、违规行为记录等纳入信息系统。

【本条宗旨】

本条是关于加强合规管理信息化建设的规定。

【条文理解】

合规管理的信息化建设是企业加强合规管理的有效途径，也是中央企业提升合规管理水平和效率的基础设施。2013 年国资委印发的《中央企业做强做优、培育具有国际竞争力的世界一流企业要素指引》指出提升全面风险管理水平是信息化的基础功能，强调要以信息化手段确保风险管理体系的规范高效运行。中央企业合规管理信息化建设应当基于本办法第二章、第三章、第四章规定的组织架构、合规制度和运行机制的要求建设，保障合规管理信息化建设能够满足合规制度和运行机制的需要。本条包含以下内容：

一是对中央企业强化合规管理信息化建设的要求。《法治中国建设规划（2020—2025 年）》提出，运用大数据、云计算、人工智能等现代科技手段，全面建设“智慧法治”，推进法治中国建设的数据化、网络化、智能化。这为企业法治建设搭乘数字化快车、实现加速发展带来新机遇，也提出了更高要求。近年来，国企改革三年行动和央企“十四五”发展规划要求央企健全合规管理体系，提升风险管控能力与数字化管理能力，不断深化经营合规的法治中央企业建设，为加快建设世界一流企业筑牢坚实法治基础。信息化建设可为强化合规管理提供具体操作路径。中央企业只有将加强合规管理放置在加快信息化发展、建设数字中国的全局来部署，才能推动企业合规管理工作再上新台阶，推进合规管理建设的数据化、网络化、智能化。

二是中央企业强化合规管理信息化建设的内容。加强合规管理信息化建设应当结合实际，将合规制度、典型案例、合规培训、违规行为记录等纳入信息系统。其中，信息系统，是指为实现组织的整体目标，以人为主导，利用计算机硬件、软件、网络通信设备以及其他办公设备，来收集、处理、存储、使用和传播信息，支持企业高层决策、中层控制、基层运作的集成化的系统。由于合规制度、典型案例、合规培训、违规行为记录等与合规关系密切，这些是合规信息不可缺少的内容，将其纳入信息系统为合规信息的使用打下了坚实的数据基础。其中，合规制度主要包括需要遵循的法律法规、监管要求、行业规定、标准，纪律要求、道德规范，或公序良俗、社会共同价值观等，也包括企业的公司章程、内部规定以及自身建立的合规制度。典型案例主要包括外部企业的合规案例，也包括央企自身在以往的经营管理中发生的合规风险案例，体现其合规的代表性和典型性，具有普适性的价值。合规培训包括培训参与记录、培训组织部门、培训内容等内容，有助于员工树立并践行合规理念，遵守合规要求，提高专业化水平。违规行为记录可以是企业经营管理违规行为的记录，也可以是员工履职违规行为的记录，这些记录与引发法律责任、造成经济或者声誉损失以及其他负面影响相关联。为加强合规管理信息化建设，央企可以将典型违规行为、违规行为性质、发生次数、危害程度纳入合规信息系统，增强单位和员工的风险意识与警惕性。

从目前情况来看，超过半数中央企业建立了法治工作信息化管理系统，但各企业之间的合规管理信息化建设还有不少差距。对合规管理信息化建设作出应当加强的刚性要求很有必要。由于中央企业规模体量巨大，只有通过信息化建设才能够保证合规管理相关信息有效、及时、准确传递，满足国际标准《合规管理体系 要求及使用指南》（ISO 37301：2021）第7.5条对相关文件化信息保存的要求。本条将合规制度、典型案例、合规培训、违规行为记录等纳入信息系统作为加强信息化建设的内容，有利于企业及员工在经营管理或者履行职务行为时有规可依、有案可循，避免违规行为，降低合规风险。

【适用指南】

中央企业全面规范推进合规管理信息化建设、提高合规管理信息化建设与应用能力、加快合规管理与信息技术融合应用，应当以信息化建设作为合规管理切入点，将信息化建设与合规管理相结合，提高企业信息化建设水平，以信息化推进合规管理，增强合规管理能力。企业在适用本条时，还需要注意以下问题。

一是在将现有合规内容纳入信息系统之后，企业应根据客观情况变化作出调整与更新。因为法律法规、监管政策等规定可能发生变化，企业的经营状况、部门职责、业务流程也可能发生变化。这些变化可能会导致原有合规风险的消失，也可能会导致出现新的合规风险点，或是使原有合规风险增强。无论是何种情况，此时适用信息系统中的合规内容都存在缺陷，可能产生严重的合规风险，为此企业需要修订完善合规有关规章制度，并在合规管理信息系统作出调整与更新。

二是加强合规管理信息化建设的高科技含量，维护企业数据安全与网络安全。伴随着新一代信息技术的创新应用和业务运营模式的变化更迭日益加快，数据安全与网络安全问题也越发成为企业经营管理的重点与难点。加强合规管理信息化建设，企业需要牢牢把握好发展与安全的关系，坚持信息化建设与数据网络安全并重，建立健全数据安全与网络安全治理体系，提高数据安全与网络安全保障能力。有鉴于此，中央企业在根据本条规定完善合规管理信息系统的同时，也可以采取开展数据与网络安全相关教育和培训、及时更新维护信息系统、购买安防软件搭建安防系统、建设内网专线等多种措施提高合规管理信息化建设水平，构建并强化数据安全与网络安全的基础保障。

三是根据企业自身情况有所侧重地开展合规管理信息化建设工作。组织往往需要借助由数字化、信息化或智能化构成的合规管理工具对其进行合规管理，企业可以根据自身规模、主营业务性质和复杂程度等因素开展合规管理信息化建设工作。如知识产权在娱乐经纪公司、高科技公司等企业中的地位至关重要，数字化手段能有效解决知识产权行业从创造、管理、运营到风险全流程的落地难问题，尤其是知识产权运营难题，相关企业可以通过知识产权管理工具精准管理企业无形资产，助力企业知识产权发挥更大商业价值。有所侧重的进行信息化建设，能够使信息化更高效、更精准地服务于企业的合规管理工作。

【典型示例】

2022 年 9 月 2 日，保利集团召开合规体系及信息化建设工作推进暨宣贯培训会。集团法律合规中心介绍了集团公司合规及信息化建设整体思路，并发布了“三步走”的规划目标：2022 年 12 月月底前，“上线运行”阶段，以合规清单、案件管控为抓手，初步搭建案件管理系统及合规信息系统。2023 年至 2025 年，“优化升级”阶段，合规机制实现有效运转，线上合规管理模块逐步完善。2025 年以后，“全面赋能”阶段，推动实现法务管理系统上下贯通、全面覆盖，实现对风险的有效管控。[①]

---

① 本示例素材来源于中国保利集团有限公司官网，《保利集团召开合规管理体系及信息化建设工作推进暨宣贯培训会》，https：//www. poly. com. cn/s/1965 –6724 –25942. html，最后访问时间 2022 年 10 月 13 日。

【关联法条】

《数据安全法》第 20 条、第 27 条；《网络安全法》第 3 条、第 20 条、第 21 条；《中央企业做强做优、培育具有国际竞争力的世界一流企业要素指引》第 9 章

第三十四条　【嵌入流程】中央企业应当定期梳理业务流程，查找合规风险点，运用信息化手段将合规要求和防控措施嵌入流程，针对关键节点加强合规审查，强化过程管控。

【本条宗旨】

本条是关于运用信息化手段将合规要求和防控措施嵌入流程的规定。

【条文理解】

本条对合规要求和防控措施嵌入流程明确要求运用信息化手段，使得合规管理具有了嵌入式合规风险防控

的特点。所谓嵌入式合规风险防控，是指在企业经营管理的基础业务、重点领域、关键环节中，依据自由裁量权大小、腐败行为发生概率、对企业造成危害程度等维度综合评估确定合规风险点，并通过健全制度、优化流程等预控措施进行前瞻防控、定期评估、动态管理，使防范措施紧密嵌入经营管理全过程的一种实操性合规风险防控机制。2013 年国资委印发的《中央企业做强做优、培育具有国际竞争力的世界一流企业要素指引》强调中央企业要将风险管理融入制度建设、流程优化和生产经营全过程，将风险管理体系嵌入公司治理和集团管控、组织设计等管理体系。中央企业运用信息化手段并结合信息化建设进程将合规要求和防范措施嵌入业务流程，可实现在线运行和自动管控。本条包括以下内容：

一是要求中央企业定期梳理业务流程，查找合规风险点。业务流程梳理是嵌入式合规风险防控机制的第一个步骤，也是基础环节，后续合规风险点的发掘及提前布控都是在此基础上进行的。业务流程反映了组织系统中各项工作之间的逻辑关系，关系到企业管理权限和部门职责的分配、部门之间的业务协调和信息传递、部门内岗位职责的明确等内容。梳理业务流程，可以帮助企业明确内部权责划分，并进一步明确企业各层级员工应承担的合规风险以及对合规风险所承担的责任范围。同时，在企业生产经营过程中，业务流程可能因企业经营状况变化、部门职责变动等因素的影响而产生新的合规风险点，或是原有合规风险增强。因此，企业需要定期梳理业务流程以及时更新情况。

二是运用信息化手段将合规要求和防控措施嵌入流程，实行嵌入式合规风险防控。嵌入式风险防控技术立足于技术层面，综合运用制度防控、信息化手段制定合规要求和风险防控措施，将其嵌入业务流程。通过推行标准化、规范化、可复制的嵌入式风险防控技术，积极主动应对企业经营管理中的合规风险，以便有效提升企业经营管理的合法合规性与战略目标达成能力。2012 年国资委印发的《关于加快构建中央企业内部控制体系有关事项的通知》强调，中央企业要立足企业实际，建立健全内部控制体系，推进内部控制体系建设同信息化建设的融合对接，将制度和控制措施嵌入流程，旨在推动中央企业加快构建内部控制体系。虽然内部控制与合规管理存在明显区别，但本质上都是评估、防范、控制、降低企业所面临的风险，因此在手段与路径方面可以相互借鉴。

三是针对关键节点加强合规审查，强化过程管控，实行关键风险防控。业务流程旨在全面梳理并识别风险，而针对合规风险高发、合规风险后果严重的节点，企业要有所侧重，予以重点关注，加强合规审查力度，识别合规隐患。强化过程管控强度，保障对合规要求嵌入经营管理各领域各环节能够实行合规风险的动态监测和管控，及早发现合规风险。目前，我国超过半数中央企业建立了法治工作信息化管理系统，但需要进一步将合规要求嵌入经营管理流程，并通过数据分析、智能控制等方式，实现即时预警、快速处置，切实提高管理效能。

【适用指南】

本条规定的应当运用信息化手段将合规要求和防控措施嵌入流程，相较于《合规指引（试行）》属于新增内容，更加突出强调合规要求和防控措施的过程管控。对业务流程和合规风险点的梳理应当定期开展、不断更新，而非一次性梳理。嵌入式合规风险防控是企业合规管理的有效手段。该机制充分吸收借鉴了工业生产管理中旨在改善企业质量流程的六西格玛五步循环改进法 DMAIC 模式，即定义、测量、分析、改进、控制。企业在适用本条时，需要注意以下问题：

一是建立定期梳理业务流程制度。企业可在制定的《合规手册》或其他内部文件中确立这一制度，如规定每季度对业务流程进行一次梳理、明确梳理的具体操作过程与具体负责人、及时记录总结梳理结果，并根据梳理结果优化流程。

二是设计合规风险查找工具并加以应用。梳理完业务流程，需要对流程中的各个环节进行合规风险查找与识别，即找出重点缺陷或是风险易发环节。合规风险查找工具，可以采用加权评分综合评估方法，重点从两大方面进行评估。一方面是该环节风险的“易发性”，重点从“权力集中度、资金密集度、资源丰富度”方面进行量化评估；另一方面是该环节流程的“合规性”，重点从“负责人职责是否明确、制度是否健全、自由裁量权是否过大”等方面进行量化评估。对合规风险进行查找识别之后，企业还可以绘制风险分布图谱，根据每一项风险点评分的高低，评估风险点的等级，对风险进行分级分类管理，拟定《重点合规风险防控目录》。

三是运用信息化手段进行嵌入式合规风险防控，可使用 OA 系统以提高工作效率。通过信息化系统的支撑，企业可将预算申报、采购方案、合同管理、合同付款等合规风险防控执行措施从线下全面转移到线上，保证业务流程各个关键环节的透明可视，达到过程留痕、风险可控、防控有效的目标。嵌入式合规风险防控除了对业务流程本身进行防控以外，还应重点关注如重大事项与敏感岗位等关键风险节点。可以根据本法第三十一条规定的签订《合规承诺书》方式，要求相关岗位人员强化合规意识、风险意识和廉洁从业意识。

四是注重嵌入的方法和程序。嵌入式合规风险防控首先应梳理识别所需嵌入的流程与体系及其规则、标准、要求，并制定相应的嵌入实施方案与步骤，确保新嵌入流程与原有流程的兼容，形成一体化管理体系。

【典型示例】

中国邮政储蓄银行北京分行风险合规管理采用“嵌入式”管理制度。该制度让合规风险管理嵌入每一个业务流程中，前中后台的所谓“三道防线”齐抓共管，形成全员、全业务、全流程的风险管控机制。中国邮政储蓄银行北京分行将合规管理与信息系统建设相结合，依托现有OA公文管理系统，搭载“规章制度合规审查”功能模块，建立起制度发布事前意见征询、事中合规审查、事后检查评估的全流程管理系统，顺利实现了系统内制度合规审查审批的闭环管理模式。[①]

【关联法条】

《关于加快构建中央企业内部控制体系有关事项的通知》；《中央企业做强做优、培育具有国际竞争力的世界一流企业要素指引》第8章

第三十五条　【互联互通】中央企业应当加强合规管理信息系统与财务、投资、采购等其他信息系统的互联互通，实现数据共用共享。

【本条宗旨】

本条是关于加强合规管理信息系统与其他信息系统

---

① 本示例素材来源于中国邮政集团有限公司官网，《北京分行用“工匠精神”打造合规文化》，http://gx.chinapost.com.cn/html1/report/161316/1531-1.htm，最后访问时间2022年10月18日。

互联互通和数据共用共享的规定。

【条文理解】

信息系统是为实现组织的整体目标，以人为主导，利用计算机硬件、软件、网络通信设备以及其他办公设备，来收集、处理、存储、使用和传播信息，支持企业高层决策、中层控制、基层运作的集成化的系统。合规管理信息系统，也是按照一定的应用目标和规则对合规管理信息进行采集、加工、存储、传输、检索等处理的人机系统。信息系统能够互联互通，能够改善各信息系统之间相互独立的“信息孤岛”问题，也可以实现数据共用共享，提高合规管理的效率。针对此问题，《关于进一步深化法治央企建设的意见》要求推动法务管理系统与财务、产权、投资等系统的互联互通，做好与国资国企在线监管系统的对接。本条是对上述规定的进一步延伸和发展，其包括两个方面的内容：

一是明确要求中央企业应当加强合规管理信息系统与财务、投资、采购等其他信息系统的互联互通。目前，中央企业已广泛应用的信息系统主要包括：OA 办公自动化、财务会计、人事管理、采购、库存和物资管理、销售管理、生产管理系统等。由于各信息化系统大多是不同时期独立设计和构建的，具有不同功能，尽管形式上涵盖了企业的众多部门，但是，各系统之间彼此独立、缺乏信息沟通机制和衔接渠道，仍处于互补链接的“信息孤岛”的状态，不仅无法真正实现信息共享、资源配置优化和协同工作，而且会导致难以识别和发现合规风险。因此，需要强调合规管理信息系统与其他信息系统互联互通。

二是明确信息系统的互联互通是为了实现数据共用共享。数据共用共享能够推进企业各部门的协同办公，帮助企业实现统一管理，有利于企业开展合规管理工作。需要注意的是，在融合不同信息系统的过程中，不仅要保证迁移信息的完整性，也要提高数据安全与网络安全保障能力。数据共用共享也增加了数据安全与网络安全的风险。数据共用共享下，同样的安全缺陷、漏洞会导致更多的数据泄露，因此对企业的数据与网络安全保障能力提出了更高的要求。企业在发现数据与网络安全缺陷、漏洞等风险时，应当立即采取补救措施，进行及时处置。

本条要求中央企业加强合规管理信息系统与其他信息系统互联互通，有助于促进企业业务数据相互融合，实现风险防范共同响应，增强风险防范能力。

【适用指南】

本条是对企业合规管理信息系统开发痛点的回应，旨在避免出现系统之间的割裂，产生“数据烟囱”。在具体实施时，仍需要注意以下问题。

一是要注重融合的方法和程序。合规管理体系与相关体系的融合，并非简单的体系、规则等要求叠加，宜将合规管理的核心要求、方法、标准与相关管理体系的核心要求、方法与标准相结合。体系融合宜借助既有组织机构、职责、制度、流程与信息化手段等有效要素，尽量避免诸多要素的重复和多体系独立运行导致的职责交叉、管理低效、管控不力的风险。体系融合一般遵循以下程序：（1）内部诊断及体系策划；（2）构建一体化管理体系要求；（3）进行流程、职能双向对标；（4）进行制度文件查漏补缺；（5）形成一体化管理体系；（6）运行一体化管理体系。

二是搭建数据集中存储平台，整合信息孤岛数据。统一的数据平台可有效服务于各信息系统数据采集、处理、分发和应用的全过程，企业可以搭建数据集中存储平台，将现有信息系统中的数据集中整合处理。在整合过程中，除了存储在计算机中的电子数据，也要包括相关纸质记录。

三是整合老系统或使用新系统。随着信息化和企业不断发展，原有信息系统可能已无法满足企业需求，因此可以考虑是在原有系统的基础上进行整合修改还是使用新系统。员工对老系统往往已形成路径依赖，在操作时比较熟练。相反，由于缺乏使用经验，操作新系统可能比较生疏，需要经过一段磨合期。虽然使用新系统存在一定难度，但新系统的管理理念往往更为先进。企业在推动合规管理信息系统与其他信息系统融合时，需要结合自身实际做好信息化建设规划。

【典型示例】

2021 年 3 月 15 日，山东能源集团启动财务信息系统整合项目，项目组制定印发了《财务信息系统整合项目规划方案》《财务信息系统整合项目实施意见》，项目涉及人、财、物、产、供、销等企业生产经营的各业务环节和众多业务系统。该项目以 ERP 系统为核心，整合人资、财务、物料、销售、生产、设备管理等主体系统基础功能以及电商、主数据、集采、法务、关联交易等周边系统应用平台，实现资源统筹配置、效率效益最大化。集成了 OA 审批、主数据管理、供应商协同、电子影像、法务合同等 22 个业务系统，整合以往各自为战、分散杂乱、多种多样的系统模块，实现了人力资源、财务共享、资金管理、关联交易、生产系统、物供系统、销售系统、合同管理、风险防控、智能决策等系统一体化集中管控，打造了“横向集成、纵向贯通、信息共享”集成平台，实现了系统集成度高、业财融合度深、平台开放性强、用户体验度好的预期目标。2022 年 1 月 10 日，山东能源集团 695 家单位实现一体化经营管控平台全覆盖。在此之前，办理一项业务要来回切换好几个系统，现在只要登录一套系统就可以完成，单点登录、一台通办、快捷高效，工作效率大幅提高，且全程可追溯。[①]

【关联法条】

《数据安全法》第 29 条；《网络安全法》第 25 条；《关于进一步深化法治央企建设的意见》

---

① 本示例素材来源于山东能源集团有限公司官网，《打造业财一体化经营管控平台赋能山东能源集团高质量发展——能源集团财务信息系统整合项目建设侧记》，http：//www. shandong - energy. com/81601/162939/2021/11/8202373. htm，最后访问时间 2022 年 10 月 13 日。

第三十六条　【动态监测】 中央企业应当利用大数据等技术，加强对重点领域、关键节点的实时动态监测，实现合规风险即时预警、快速处置。

【本条宗旨】

本条是关于加强对重点领域、关键节点的合规风险动态监测的规定。

【条文理解】

本条是对办法第五条第（四）项“务实高效”原则的细化与落实，主要包含两方面内容：

一是利用大数据等技术手段。大数据，是指无法在可容忍的时间内用传统 IT 技术和软硬件工具对其进行感知、获取、管理、处理和服务的数据集合。大数据具有体量浩大、模态繁多、生成快速和价值巨大但密度很低的特点，在各行业、各领域均有着广阔的应用前景。当前，我国正实施大数据战略，推进大数据基础设施建设，鼓励和支持大数据在各行业、各领域的创新应用。通过对大数据技术的运用，可以及时、准确、全面地挖掘企业经营管理过程中涉及的合规问题。世界一流企业之所以合规管理做得好，大数据等技术手段在合规管理过程中的利用是关键因素。大数据能为管理层提供了更有效的监察和减少合规风险的方法，企业可利用大数据预测能力的优势，通过数据分析、智能控制等方式，实现即时预警、快速处置，切实提高管理效能。

二是对重点领域与关键节点进行实时动态监测，为即时预警并快速处置提供技术数据支撑。科技日新月异和大量数据累积使商业模式出现变化，这也使合规风险变得更为复杂。因此，需要加强对重点领域、关键节点的合规风险监测，尤其是重点领域与关键节点的实时动态监测。重点领域与关键节点既可以是可能产生严重合规风险的业务领域或业务环节，也可以是典型、普遍、容易产生合规风险的业务领域或业务环节。对重点领域与关键节点进行实时动态监测的目的是即时预警合规风险并快速处置提供数据支撑和判断依据。

【适用指南】

大数据等技术手段有助于企业提升合规管理数字化、

智能化水平，提高合规管理效能。企业在适用本条时，可从以下方面考虑：

一是提升大数据等技术手段应用能力。大数据技术应用场景广泛，功能多样，可以服务于多个信息系统与多项业务，企业可根据自身情况，制定符合实际的大数据发展战略，提升大数据技术应用能力。除了大数据，云计算、物联网也是前景广阔的技术手段。

二是确定需重点关注的领域以及关键节点，确立风险自动提醒与及时处置制度。企业应梳理确定需重点关注的领域以及关键节点，总结典型性、普遍性或者可能产生严重后果的风险，将其记录在合规管理手册或公司其他有关文件中，对其采取不间断的风险防范措施。企业可以在系统中设置敏感词，一旦业务流程涉及敏感词，系统即提示风险进行预警。收到风险预警之后，合规部门的负责人员应在规定时间范围内及时进行处置。

【典型示例】

中国移动北京公司为降低合规风险，首先通过引进OCR（光学字符识别技术）将各种发票、公文及其他文字转换为图像信息，再利用文字识别技术将图像信息转换为可以使用的各类报账信息。之后中国移动北京公司在系统中设置了“违规招待对象敏感字”“出差事由违规敏感字”“住宿发票项目违规敏感字”等风险预警措施，由系统对四风八规中业务招待费、差旅费主要控制点进行审核，当系统识别出关键字，即会自动采取提醒存在违规风险的措施。有效地提高了报账效率，降低了资金风险，提高了工作合规性。①

【关联法条】

《数据安全法》第 14 条、第 29 条

---

① 本示例素材来源于张丽远：《嵌入式风险管控在财务报账领域的应用》，载《现代营销》2022 年第 7 期。

第七章　监督问责

【本章概述】

本章规定了监督问责和追责问题，主要内容为中央企业和国资委对违反本办法的违规行为和履职过程的失职渎职行为开展追究责任。本章共两条（第三十七条及第三十八条）。

第三十七条　【违规追责】中央企业违反本办法规定，因合规管理不到位引发违规行为的，国资委可以约谈相关企业并责成整改；造成损失或者不良影响的，国资委根据相关规定开展责任追究。

【本条宗旨】

本条是关于国资委对中央企业因合规管理不到位的违规行为问责和追责的规定。

【条文理解】

国资委作为承担监督所监管企业国有资产保值增值的责任，监管中央所属企业的国有资产，强化国有资产管理的工作部门，对于因合规管理不到位而造成损失或者不良影响的中央企业以及责任人员，应当依法问责和追责，以维护本办法的权威。本条规定的问责和追责主要包括以下内容：

一是本条问责和追责的主体为国资委，责任主体是中央企业；问责的方式包括约谈相关企业并责成整改以及其他追责形式。国资委开展责任追究，是对违反本办法规定，因合规管理不到位引发违规行为的中央企业及其责任人进行问责和追责。一般而言，对违反本办法规定的，就应当问责和追责，但因本法有些规定与合规管理并非联系紧密，如第五章的合规文化；尽管有些条款规定了“应当”，但其应当的内容不属于具有合规管理的义务性规定，对其追责应谨慎严格。基于此，国资委问责和追责的行为采用了“违反本办法规定”和“因合规管理不到位引发违规行为”，采取了“行为加后果”的方式加以规定。合规管理遵循以强制性合规为主导和倡导性合规为补充的立法模式，“违反本办法规定”行为或者“合规管理不到位引发违规行为”仅是问责和追责的充分条件。一般而言，企业合规管理不到位引发违规行为，必然违反本法规定，符合问责和追责的条件。

国资委对于上述情形进行问责和追责的，可参考《中央企业重大经营风险事件报告工作规则》第十五条的规定，对重大经营风险事件严重迟报、漏报、瞒报和谎报的；对重大经营风险事件报告工作敷衍应付，导致发生重大资产损失或严重不良后果的；重大经营风险事件应对处置不及时、措施不得力，造成重大资产损失或严重不良后果的；需要追究责任的其他情形的，国资委将印发提示函、约谈或通报，情形严重的依规追究责任。对于违反本办法规定，因合规管理不到位未造成损失或者不良影响的，或者违规行为情节轻微的，国资委可以采用约谈；对于需要整改的，则责令整改。

《国资监管责任约谈工作规则》第三条规定了责任约

谈的情形：（1）贯彻落实习近平总书记重要指示批示和党中央、国务院决策部署存在问题的；（2）违反党章和党内法规以及国资委党委规范性文件的；（3）违反国家法律法规和国有资产监管规章、规范性文件及政策规定的；（4）规划投资、财务管控、经济运行、产权管理、改革重组、国企混改、公司治理、业绩考核、薪酬分配、资本运营、科技创新、依法经营、合规管理、内部控制、风险管控、内部审计、监督追责、网络安全、选人用人、巡视巡察和党的建设等方面存在突出问题的；（5）存在重大风险隐患或发生可能造成严重不良后果的重大事项的；（6）发生重大资产损失及损失风险，因减少或挽回资产损失等工作需要，暂未启动责任追究程序的；（7）未按规定执行重大事项请示报告制度，或瞒报漏报谎报迟报重大资产损失及损失风险的；（8）对出资人监管、审计、纪检监察、巡视监督、督查等工作以及国资监管提示函、通报中提出的整改要求，拒绝整改、拖延整改、整改不力或弄虚作假的；（9）在国际化经营、国际交流合作、外事管理等工作中有严重不当行为的；（10）其他需要责任约谈的事项。责任约谈形式分为个别约谈和集体约谈。多家中央企业存在同类问题或约谈事项涉及多家中央企业的，可以开展集体约谈。约谈由国资委相关厅局负责人主持，必要时可请国资委分管负责同志主持。

根据工作需要，可请中央纪委国家监委驻国资委纪检监察组以及国资委有关厅局共同参加责任约谈。约谈包括以下内容：（1）说明约谈事由和目的，指出企业存在的问题，提示相关人员的责任风险，提出监管要求和整改意见；（2）听取被约谈人员对相关问题的陈述，主要包括有关问题基本情况，造成的资产损失、损失风险或影响，问题原因分析，已采取整改或责任追究措施，下一步工作计划等情况；（3）对被约谈人员进行必要的询问；（4）其他需要约谈的内容。有关中央企业应当认真组织落实责任约谈意见要求和工作方案，主动采取措施，制止纠正违规行为，减少或挽回资产损失，降低损失风险，消除不良影响。应当及时向国资委报告约谈事项整改工作进展情况。约谈意见要求落实完成后，应当将相关工作开展情况、采取措施、落实成效及责任追究情况等形成专项工作报告，正式报送国资委。

对于中央企业违反本办法规定，因合规管理不到位引发违规行为的，造成损失或者不良影响的，国资委根据相关规定开展责任追究。由于本条没有就违法行为规定具体罚则，对于造成损失或者不良影响的认定和开展罪责活动，可按照2018年国务院国资委《中央企业违规经营投资责任追究实施办法（试行）》执行。此外，国有企业还需要关注国务院办公厅《关于建立国有企业经营投资责任追究制度的意见》的相关规定。

【适用指南】

《合规指引（试行）》在问责问题上仅作了原则性的规定，本办法在《征求意见稿》基础上，结合中央企业的实际情况对央企大致规定了28项义务，多采用“应当”的规定。对于违反办法的义务性规定，合规管理不到位引发违规行为，国资委要严肃问责。约谈整改应当按照《国资监管责任约谈工作规则》执行。国资委将约谈反映出的中央企业存在的重大问题风险、整改措施及成效、责任追究情况等，作为被约谈中央企业负责人年度经营业绩考核、企业领导班子和领导人员综合考核评价等重要参考。被约谈中央企业拒绝整改、拖延整改、整改不力或弄虚作假的，按照有关规定，严肃追究责任。涉嫌违纪或职务违法的，移送有关纪检监察机构。责任约谈整改的落实情况将作为认定违规经营投资损失及责任，以及作出从重、加重或从轻、减轻责任处理意见建议的重要参考。

【典型示例】

2022年，深圳证监局对国金证券深圳分公司出具警示函。深圳证监局在日常监管中发现，该分公司及所辖国金证券股份有限公司深圳福田证券营业部存在合规人员兼任运营负责人、营销人员管理不到位、客户账户异常交易监测不充分等问题。以上情况反映出该分公司合规管理存在不足，违反了《证券公司和证券投资基金管理公司合规管理办法》第六条的规定。[①]

【关联法条】

《国务院办公厅关于建立国有企业经营投资责任追究制度的意见》；《国资监管责任约谈工作规则》；《中央企业违规经营投资责任追究实施办法（试行）》；《证券公司

① 本示例素材来源于中国证券监督管理委员会深圳监管局官网，《深圳证监局关于对国金证券股份有限公司深圳分公司采取出具警示函措施的决定》（行政监管措施决定书（2022）85号），http：//www.csrc.gov.cn/shenzhen/c104320/c3040967/content.shtml，最后访问时间2022年10月17日。

和证券投资基金管理公司合规管理办法》第6条；《企业境外经营合规管理指引》第21条

第三十八条　【失职问责】中央企业应当对在履职过程中因故意或者重大过失应当发现而未发现违规问题，或者发现违规问题存在失职渎职行为，给企业造成损失或者不良影响的单位和人员开展责任追究。

【本条宗旨】

本条是关于履职单位和人员失职渎职责任追究的规定。

【条文理解】

本条是中央企业对所属部门或者单位和个人失职渎职行为追责的规定。其中，追责的主体是中央企业，被追责的对象是所属单位和人员。主要包括以下内容：

一是中央企业是行使追究责任的主体。被追究责任的主体是所属履职的单位和人员，主要包括中央企业所属或者下属单位和人员以及企业部门的履职人员。被追究责任的客体是履职过程的失职渎职行为。

二是追究责任的两种情形。第一种情形是在履职过程中因故意或者重大过失应当发现而未发现违规问题，给企业造成损失或者不良影响的单位和人员。故意或者重大过失应当发现而未发现违规问题的故意，是指行为人明知自己已违规，并且希望或者放任这种违规结果发生的心理状态。过失是指行为人因疏忽或过于自信的一种主观心态。其行为不仅没有遵守法律法规规章对其较高的注意义务，甚至连普通人应该注意并能够注意的要求都未达到。也就是说，正常情况下责任人在其能力范围内能够预见而没有预见或已经预见但轻信不会发生且未采取措施给企业造成了不应有的损失或者不良影响。根据相关规定，对于某一行为人应当注意和能够注意的程度有较高要求时，行为人没有遵守这种要求，但又未违背通常应当注意并能注意的一般规则时，就是一般过失。对于存在以下情形的，单位或者个人一般应当承担直接责任：（1）本人或与他人共同违反国家法律法规、国有资产监管规章制度和企业内部管理规定。（2）授意、指使、强令、纵容、包庇下属人员违反国家法律法规、国有资产监管规章制度和企业内部管理规定。（3）未经规定程序或超越权限，直接决定、批准、组织实施重大经济事项。（4）主持相关会议讨论或以其他方式研究时，在多数人不同意的情况下，直接决定、批准、组织实施重大经济事项。（5）将按有关法律法规制度应作为第一责任人（总负责）的事项、签订的有关目标责任事项或应当履行的其他重要职责，授权（委托）其他领导人员决策且决策不当或决策失误等。（6）其他应当承担直接责任的行为。例如，企业领导未采纳合规审查意见，违规决策产生重大风险、造成重大损失的要严肃问责；合规管理人员因重大过失未发现违规问题，给企业造成严重损失的，也要追究相应责任。

第二种情形是发现违规问题存在失职渎职行为，给企业造成损失或者不良影响的单位和人员。其中，失职是指合规管理工作人员对合规管理工作不认真负责，未依照规定履职，致使企业遭受损失或者不良影响的行为。渎职是指合规管理人员滥用职权、玩忽职守或者徇私舞弊，妨害企业正常合规管理活动，致使企业遭受损失或者不良影响的行为。

三是对于企业遭受损失或者不良影响的认定与责任承担的方式。是否造成损失或者不良影响，损失程度或者不良影响的深度与广度，关系着是否开展责任追究以及追究何种责任等问题。对此，可参考《中央企业违规经营投资责任追究实施办法（试行）》等相关规定。追究责任形式包括对相关单位和人员的组织处理、扣减薪酬、禁入限制、纪律处分、移送国家监察机关或司法机关等，上述形式可以单独使用，也可以合并使用。具体有以下形式：（1）组织处理。包括批评教育、责令书面检查、通报批评、诫勉、停职、调离工作岗位、降职、改任非领导职务、责令辞职、免职等。（2）扣减薪酬。扣减和追索绩效年薪或任期激励收入，终止或收回其他中长期激励收益，取消参加中长期激励资格等。（3）禁入限制。五年直至终身不得担任国有企业董事、监事、高级管理人员。（4）纪律处分。由相应的纪检监察机构查处。（5）移送国家监察机关或司法机关处理。依据国家有关法律规定，移送国家监察机关或司法机关查处。

【适用指南】

中央企业追究违规责任，需要建立分级分层、有效衔接、上下贯通的责任追究工作体系。国资委和中央企业原则上按照国有资本出资关系和干部管理权限，界定责任追究工作职责，坚持分级分层追责原则，分级组织开展责任追究工作，分别对企业不同层级经营管理人员进行追究处理。根据《中央企业违规经营投资责任追究实施办法（试行）》的规定，未履行职责是指未在规定期限内或正当合理期限内行使职权、承担责任，一般包括不作为、拒绝履行职责、拖延履行职责等；未正确履行职责是指未按规定以及岗位职责要求，不适当或不完全行使职权、承担责任，一般包括未按程序行使职权、超越职权、滥用职权等。其中，央企违规经营投资资产损失500万元以下为一般资产损失，500万元以上5000万元以下为较大资产损失，5000万元以上为重大资产损失。但如何认定本条规定的“应当发现而未发现”“发现后敷衍不追、隐匿不报”等问题，还需要参考相关行政法规乃至法理予以解释，但需要有明确规定。

【典型示例】

2020年4月某日上午9时许，时任某国有公司出纳的被告人张某某，在QQ上收到公司总经理王某某（电诈团伙冒充）信息，要求其立即向甲公司支付500万元保证金。张某某在未向主管领导汇报、未对对方身份和所发信息进行核实、无业务支付凭证和领导签批资金支付审批单的情况下，通过公司资金集中支付系统发起了向甲公司付款500万元的支付指令。随后其在未获得授权的情况下，以李某某（该公司会计）的名义登录复核账号在系统内完成该笔资金的复核审批，并提交集团财务进行支付审核。集团财务收到支付指令，经形式审核后遂将500万元支付给甲公司，致使国有资产500万元被骗。法庭经审理后认为，张某某身为国有公司工作人员，违反公司财务管理规定，严重不负责任，对公司财务工作未尽到审慎注意义务，未核实相关信息的真实性，擅自作出支付指令，致使国有公司巨额财产被骗取，国家利益受到重大损失，其行为已构成国有公司人员失职罪。鉴于其案发后主动投案、自愿认罪认罚，法庭依法判处其有期徒刑一年。①

① 本示例素材来源于金昌法院网，《500万公款被诈，失职出纳锒铛入狱——金川区人民法院审结一起国有公司人员失职案》，http：//jinchang. chinagscourt. gov. cn/Show/73865，最后访问时间2022年10月13日。

【关联法条】

《国务院办公厅关于建立国有企业经营投资责任追究制度的意见》；《中央企业违规经营投资责任追究实施办法（试行）》；《关于加强中央企业内部控制体系建设与监督工作的实施意见》；《关于加强中央企业融资担保管理工作的通知》

第八章　附　　则

【本章概述】

本章附则是本办法的组成部分，与其他章节具有同等的法律效力，主要规定了本办法的适用范围、解释主体、生效日期。本章共四条（第三十九条至第四十二条）。

第三十九条　【完善制度】中央企业应当根据本办法，结合实际制定完善合规管理制度，推动所属单位建立健全合规管理体系。

【本条宗旨】

本条是关于要求中央企业制定完善合规管理制度的规定。

【条文理解】

本条是对中央企业制定完善合规管理制度，推动所属单位建立健全合规管理体系的要求。主要包括三个方面的内容：

一是中央企业制定完善合规管理制度的依据是本办法。没有制定的，应当根据本办法制定；已经制定的，但还存在不完整、不全面或者与办法不一致的，应当根据本办法完善。本办法的规定和要求是制定完善合规管理制度的依据。同时，企业也可以参考国际标准《合规管理体系 要求及使用指南》（ISO 37301：2021）第10.1条的规定要求。

二是制定完善合规管理制度要与企业的实际相结合，保证制定完善的合规管理制度既符合办法的规定，也符合本部门的实际，更应考虑所属单位的实际。这种合规管理制度应当与本办法第十六条的规定保持内容上的一致，体现分级分类的合规制度的特点。

三是制定完善合规管理制度的目的是推动所属单位建立健全合规管理体系。也就是说，央企所属单位也应当建立健全合规管理体系。前者是制定完善合规管理制度，后者是建立健全合规管理体系。健全的合规管理体系至少包括合规管理组织体系、合规管理制度体系、合规管理运行体系、合规管理信息体系和合规管理文化体系。

【适用指南】

本办法直接适用于央企集团，其中具体要求并不一定直接适用于央企下属企业或者所属单位。为了推动所属单位建立健全合规管理体系，本办法要求央企根据该办法要求，结合实际制定完善合规管理制度，推动所属单位建立健全合规管理体系，并对其所属单位开展合规考核评价工作。

第四十条　【地方国资委要求】地方国有资产监督管理机构参照本办法，指导所出资企业加强合规管理工作。

【本条宗旨】

本条是关于地方国资委指导所出资企业合规管理的规定。

【条文理解】

本办法规定地方国有资产监督管理机构参照本办法，指导所出资企业加强合规管理工作。根据我们的实际操作经验，各地国有资产监督管理机构会相应出台当地的国企合规管理要求。本办法直接适用于中央企业，并未明确要求非国有企业适用或参照适用。其他非国有企业可以自愿选择参照本办法加强合规管理工作。目前，有些地方国资委出台了有关企业合规管理体系建设的指导意见。例如，重庆市国资委印发的《关于加强市属国有重点企业合规管理体系建设的指导意见》（渝国资发〔2022〕6号）。因为该意见早于本办法，有些内容需要按照本办法的规定予以完善。

地方国资委可以参照本办法制定完善首席合规官、合规部门和合规组织结构、合规制度和内控流程、定期举行员工合规培训、定期出具本企业合规风险报告、在重大项目上提醒企业领导人相关风险、及时对员工的违规行为进行调查。

【适用指南】

《征求意见稿》提出废止《合规指引（试行）》，但是正式发布的《合规管理办法》并未明确废止《合规指引（试行）》，也就是说，《合规指引（试行）》目前仍然有效。需要注意的是，《合规指引（试行）》与《合规管理办法》不一致的内容，应该以《合规管理办法》为准。《合规管理办法》中“地方国有资产监督管理机构参照本办法，指导所出资企业加强合规管理工作”，将《征求意见稿》的“可以参照”变成了“参照”，意味着地方国资委需要通过制定文件参照《合规管理办法》的规定落实合规管理要求，将国务院国资委对央企的合规管理要求传递到地方国企。从“可以参照”到“参照”的，一定程度上提升了该办法对地方国有资产监督管理机构推进国企合规工作的指导作用，因此该办法更加值得各地方关注。

【典型示例】

2017 年北京市国资委发布了《市属国有独资公司董事会工作指引》（京国资发〔2017〕37 号）。2022 年 7

月，深圳市根据已出台的国际标准 ISO 37301 和国家标准 GB/T 35770 - 2017，结合深圳企业实际，司法局公布了《企业合规管理体系（征求意见稿）》。这一征求意见稿在全国地方标准层面提出了面向企业的合规评价指南，为企业合规建设提供标准化指引，为企业合规的评价和认证工作提供基础，为企业合规经营提供了参考。[①]

第四十一条　【解释权】本办法由国资委负责解释。

【本条宗旨】

本条是关于办法解释权的规定。

【条文理解】

本办法为国资委所制定，根据国务院《规章制定程

① 本示例素材来源于深圳市司法局官网：《深圳市司法局关于公开征求〈企业合规管理体系（征求意见稿）〉意见的通告》，http：//sf. sz. gov. cn/hdjlpt/yjzj/answer/21128，最后访问时间 2022 年 10 月 13 日。

序条例》的规定，解释权属于规章制定机关。在下列情形中，国资委可以进行解释：（1）办法的规定存在歧义或者理解上的难度，需要进一步明确具体含义的；（2）办法实施过程中出现新的情况，需要明确适用依据的。其解释由规章起草单位提出解释意见，由法制工作机构提出审核意见，报委主任办公会议批准后公布。规章解释与办法具有同等效力。

【适用指南】

中央企业在《合规管理办法》实施过程中遇到不清楚如何执行或者执行中存在不同意见时，需要向国资委请示，而国资委的答复是否可视为国资委行使解释权，关键在于是否履行报委主任办公会议批准程序。对于经过法定程序给予的答复或者批复，可视为解释，与《合规管理办法》具有同等的效力。如果是国务院国资委网站上答复或者所属部门答复并明确其答复或者回复内容“仅供参考”的，则属于说明，在执行中仅是一种参考，不属于解释，不具有与规章同等的效力。

【典型示例】

2016 年 6 月 24 日，国务院国资委、财政部联合发布的《企业国有资产交易监督管理办法》对国有及国有控股企业、国有实际控制企业转让下属企业股权、出资、资产转让等行为作出了明确的规定，并规定属于国有产权转让交易的行为原则上应当进场交易，其中涉及转让资产评估定价、转让程序等相关要求。随着政府产业投资基金的兴起和私募股权基金存量规模的增长，国有合伙企业形式的产业基金转让其出资形成的企业产权或者国有企业转让其持有的合伙型基金财产份额的需求是否应当适用上述要求存在疑问。2019 年 5 月 24 日，国务院国资委在其网站互动交流栏目就“国有企业转让有限合伙企业财产份额是否适用问题”作了回复，明确了《企业国有资产交易监督管理办法》适用范围是依据《公司法》设立的公司制企业，国有及国有控股、控制企业不包括“合伙企业”，“国有企业转让有限合伙企业份额”的监督管理另行规定。[①]

【关联法条】

《规章制定程序条例》第 33 条

① 本示例素材来源于国务院国有资产监督管理委员会官网，《国有企业转让有限合伙企业财产份额是否适用 32 号文?》，http：//www. sasac. gov. cn/n2588040/n2590387/n9854167/c11349294/content. html，最后访问时间 2022 年 10 月 13 日。

第四十二条　【生效日期】本办法自2022年10月1日起施行。

【本条宗旨】

本条是关于办法的生效日期的规定。

【条文理解】

生效日期是法律法规乃至规章的重要组成部分，也是其产生社会规范功能的起点，对法律法规适用有重要的影响。因此，任何法律法规或者规章都必须明确规定其产生法律效力的具体日期。对于规章而言，一般应当自公布之日起30日后施行；但是，涉及国家安全、外汇汇率、货币政策的确定以及公布后不立即施行将有碍规章施行的，可以自公布之日起施行。由于本办法不涉及国家安全、外汇汇率、货币政策以及特殊情形，且本办法前有《合规指引（试行）》，可以30日后实施，所以本条明确自2022年10月1日起施行。此外，根据《规章制定程序条例》第三十四条的规定，部门规章应当自公布之日起30日后实施，由法制机构依照《立法法》和《法规规章备案条例》的规定向国务院备案。本办法作为规章应当自公布之日起30日后施行；特殊情况下，可以自公布之日起施行。

【关联法条】

《规章制定程序条例》第32条、第34条；《关于地方政府和国务院各部门规章备案工作的通知》；《国务院国有资产监督管理委员会立法工作规则》第36条

附录：关联法规

国务院国资委政策法规局负责人就《中央企业合规管理办法》答记者问[①]

（2022 年 9 月 19 日）

近日，国务院国资委发布了《中央企业合规管理办法》（国资委令第 42 号，以下简称《办法》），《办法》出台后，国务院国资委政策法规局负责人就《办法》回答了记者提问。

问：请介绍一下《办法》起草背景。

答：习近平总书记强调，守法经营是任何企业都必须遵守的一个大原则，企业只有依法合规经营才能行稳致远。党的十九大后，党中央明确提出习近平法治思想，把全面依法治国提升到前所未有的新高度。《法治中国建设规划（2020 - 2025 年）》《法治社会建设实施纲要（2020 - 2025 年）》等中央文件对企业依法合规经营提出

① 来源于：中国政府网，http：//www.gov.cn/zhengce/2022 - 09/19/content_5710634.htm，最后访问时间 2022 年 11 月 5 日。

明确要求。落实党中央部署要求，国务院国资委高度重视合规管理工作，2018 年印发《中央企业合规管理指引（试行）》（以下简称《指引》），组织编制一系列重点领域合规指南，并将今年确定为中央企业“合规管理强化年”，进一步加大推动力度。中央企业认真落实有关要求，合规管理工作取得积极进展和明显成效，为企业改革发展提供了有力支撑保障。

党中央明确提出加快建设世界一流企业的目标，一流的企业必须要有一流的法治工作为保障。在当前国际竞争越来越体现为规则之争、法律之争的大背景下，中央企业面临的国内外环境和风险挑战日趋复杂严峻，必须加快提升依法合规经营管理水平，确保改革发展各项任务在法治轨道上稳步推进。为此，国务院国资委深入贯彻落实习近平法治思想，在总结中央企业合规管理实践、借鉴国际大企业先进做法的基础上起草了《办法》，广泛征求了中央企业意见，并向社会公开征求意见建议，经由国资委党委会、委务会审议通过后印发。

问：与此前印发的《指引》相比，此次出台的《办法》主要有哪些变化？

答：《办法》以国资委令的形式印发，通过部门规章对中央企业进一步深化合规管理提出明确要求，与《指引》相比更加突出刚性约束，内容更全、要求更高、措施更实。具体来讲，一是明确合规管理相关主体职责。按照法人治理结构，规定了企业党委（党组）、董事会、经理层、首席合规官等主体的合规管理职责，进一步明确了业务及职能部门、合规管理部门和监督部门合规管理“三道防线”职责。二是建立健全合规管理制度体系。要求中央企业结合实际，制定合规管理基本制度、具体制度或专项指南，构建分级分类的合规管理制度体系，强化对制度执行情况的检查。三是全面规范合规管理流程。对合规风险识别评估预警、合规审查、风险应对、问题整改、责任追究等提出明确要求，实现合规风险闭环管理。四是积极培育合规文化。要求中央企业通过法治专题学习、业务培训、加强宣传教育等，多方式、全方位提升全员合规意识，营造合规文化氛围。五是加快推进合规管理信息化建设。推动中央企业运用信息化手段将合规要求嵌入业务流程，利用大数据等技术对重点领域、关键节点开展实时动态监测，实现合规风险即时预警、快速处置。

问：我们注意到《办法》中明确规定中央企业设立

首席合规官，请介绍一下有关情况。

答：在中央企业设立首席合规官，是强化合规管理工作的一项重要举措。从国际大企业实践看，设立首席合规官是世界一流企业的普遍做法，首席合规官作为企业核心管理层成员，全面领导合规管理体系建设与运行，发挥了积极作用。从中央企业实际看，近年来中央企业合规管理工作取得积极进展，但顶层设计和统筹依然不够，工作协同有待进一步强化。为此，一些企业已经设置了首席合规官并取得良好效果。2021 年国际标准化组织印发的《合规管理体系 要求及使用指南》（ISO 37301：2021）明确规定，应当指定一人对合规管理体系运行负有职责、享有权限。世界银行、经合组织等国际组织鼓励企业设立首席合规官，并作为评估合规管理水平的重要指标。因此，在中央企业设立首席合规官，既有利于进一步明确合规管理职责、落实责任，统筹各方力量更好推动工作，也展现了中央企业对强化合规管理的高度重视和积极态度，对推动各类企业依法合规经营具有重要示范带动作用。综合以上考虑，我们在《办法》中提出，中央企业应当结合实际设立首席合规官，领导合规管理部门组织开展相关工作，指导所属单位加强合规管理。

问：《办法》中对合规审查作了明确规定，请问有哪些具体要求？

答：加强合规审查是规范经营行为、防范违规风险的第一道关口，合规审查做到位就能从源头上防住大部分合规风险。对此，我们在《办法》中对合规审查提出了更高要求：一是明晰各部门合规审查职责和界限。业务及职能部门负责本部门经营管理行为的合规审查，合规管理部门负责规章制度、经济合同、重大决策等重要事项的合规审查，进一步明确各自分工，便于职责落地。二是进一步提升合规审查的刚性。企业应当将合规审查作为必经程序嵌入流程，重大决策事项的合规审查意见应当由首席合规官签字，对决策事项的合规性提出明确意见，进一步突出合规审查的刚性约束，确保“应审必审”。三是完善合规审查闭环管理。参考部分企业的经验做法，业务及职能部门、合规管理部门依据职责权限，不断完善审查标准、流程、重点等，定期对审查情况开展后评估以及合规评价，通过闭环管理不断提升审查质量，更好支撑保障中心工作。

问：《办法》对合规管理信息化建设专章作出规定，

请介绍下有关情况。

答：《法治中国建设规划（2020－2025年）》首次提出，运用大数据、云计算、人工智能等现代科技手段，全面建设“智慧法治”，推进法治中国建设的数据化、网络化、智能化。这为企业法治建设搭乘数字化快车、实现加速发展带来新机遇，也提出了更高要求。目前，超过半数中央企业建立了法治工作信息化管理系统，但合规管理信息化建设方面还有一些差距。我们体会，世界一流企业之所以合规管理做得好，一个重要原因就是充分运用大数据、人工智能等现代科技手段，真正将合规要求嵌入经营管理流程，并通过数据分析、智能控制等方式，实现即时预警、快速处置，切实提高了管理效能。因此，适应这一发展趋势，《办法》专章对合规管理信息化建设作出规定，从明确主要功能、推进与其他信息系统互联互通、加强重点领域和关键节点实时动态监测等提出要求。

问：请介绍国资委下一步的工作安排。

答：下一步，国务院国资委将推动中央企业认真落实《办法》各项要求，完善制度机制，细化工作措施，将各项任务落实落地。加强对《办法》贯彻落实的督促指导，组织开展企业间互学互鉴，加快补齐短板。同时，指导各省级国资委参照《办法》，积极推进所出资企业合规管理工作，加快提升国有企业依法合规经营管理整体水平，为深化改革与高质量发展提供更加有力的支撑保障，以实际行动迎接党的二十大胜利召开。

中央企业合规管理指引（试行）

（2018年11月2日　国资发法规〔2018〕106号）

第一章　总　　则

第一条　为推动中央企业全面加强合规管理，加快提升依法合规经营管理水平，着力打造法治央企，保障企业持续健康发展，根据《中华人民共和国公司法》、《中华人民共和国企业国有资产法》等有关法律法规规定，制定本指引。

第二条　本指引所称中央企业，是指国务院国有资产监督管理委员会（以下简称国资委）履行出资人职责的国家出资企业。

本指引所称合规，是指中央企业及其员工的经营管理行为符合法律法规、监管规定、行业准则和企业章程、规章制度以及国际条约、规则等要求。

本指引所称合规风险，是指中央企业及其员工因不合规行为，引发法律责任、受到相关处罚、造成经济或声誉损失以及其他负面影响的可能性。

本指引所称合规管理，是指以有效防控合规风险为目的，以企业和员工经营管理行为为对象，开展包括制度制定、风险识别、合规审查、风险应对、责任追究、考核评价、合规培训等有组织、有计划的管理活动。

第三条 国资委负责指导监督中央企业合规管理工作。

第四条 中央企业应当按照以下原则加快建立健全合规管理体系：

（一）全面覆盖。坚持将合规要求覆盖各业务领域、各部门、各级子企业和分支机构、全体员工，贯穿决策、执行、监督全流程。

（二）强化责任。把加强合规管理作为企业主要负责人履行推进法治建设第一责任人职责的重要内容。建立全员合规责任制，明确管理人员和各岗位员工的合规责任并督促有效落实。

（三）协同联动。推动合规管理与法律风险防范、监察、审计、内控、风险管理等工作相统筹、相衔接，确保合规管理体系有效运行。

（四）客观独立。严格依照法律法规等规定对企业和员工行为进行客观评价和处理。合规管理牵头部门独立履行职责，不受其他部门和人员的干涉。

第二章　合规管理职责

第五条　董事会的合规管理职责主要包括：

（一）批准企业合规管理战略规划、基本制度和年度报告；

（二）推动完善合规管理体系；

（三）决定合规管理负责人的任免；

（四）决定合规管理牵头部门的设置和职能；

（五）研究决定合规管理有关重大事项；

（六）按照权限决定有关违规人员的处理事项。

第六条　监事会的合规管理职责主要包括：

（一）监督董事会的决策与流程是否合规；

（二）监督董事和高级管理人员合规管理职责履行情况；

（三）对引发重大合规风险负有主要责任的董事、高级管理人员提出罢免建议；

（四）向董事会提出撤换公司合规管理负责人的建议。

第七条 经理层的合规管理职责主要包括：

（一）根据董事会决定，建立健全合规管理组织架构；

（二）批准合规管理具体制度规定；

（三）批准合规管理计划，采取措施确保合规制度得到有效执行；

（四）明确合规管理流程，确保合规要求融入业务领域；

（五）及时制止并纠正不合规的经营行为，按照权限对违规人员进行责任追究或提出处理建议；

（六）经董事会授权的其他事项。

第八条 中央企业设立合规委员会，与企业法治建设领导小组或风险控制委员会等合署，承担合规管理的组织领导和统筹协调工作，定期召开会议，研究决定合规管理重大事项或提出意见建议，指导、监督和评价合规管理工作。

第九条 中央企业相关负责人或总法律顾问担任合规管理负责人，主要职责包括：

（一）组织制订合规管理战略规划；

（二）参与企业重大决策并提出合规意见；

（三）领导合规管理牵头部门开展工作；

（四）向董事会和总经理汇报合规管理重大事项；

（五）组织起草合规管理年度报告。

第十条 法律事务机构或其他相关机构为合规管理牵头部门，组织、协调和监督合规管理工作，为其他部门提供合规支持，主要职责包括：

（一）研究起草合规管理计划、基本制度和具体制度规定；

（二）持续关注法律法规等规则变化，组织开展合规风险识别和预警，参与企业重大事项合规审查和风险应对；

（三）组织开展合规检查与考核，对制度和流程进行合规性评价，督促违规整改和持续改进；

（四）指导所属单位合规管理工作；

（五）受理职责范围内的违规举报，组织或参与对违规事件的调查，并提出处理建议；

（六）组织或协助业务部门、人事部门开展合规培训。

第十一条 业务部门负责本领域的日常合规管理工作，按照合规要求完善业务管理制度和流程，主动开展合规风险识别和隐患排查，发布合规预警，组织合规审查，及时向合规管理牵头部门通报风险事项，妥善应对合规风险事件，做好本领域合规培训和商业伙伴合规调查等工作，组织或配合进行违规问题调查并及时整改。

监察、审计、法律、内控、风险管理、安全生产、质量环保等相关部门，在职权范围内履行合规管理职责。

第三章 合规管理重点

第十二条 中央企业应当根据外部环境变化，结合自身实际，在全面推进合规管理的基础上，突出重点领域、重点环节和重点人员，切实防范合规风险。

第十三条 加强对以下重点领域的合规管理：

（一）市场交易。完善交易管理制度，严格履行决策批准程序，建立健全自律诚信体系，突出反商业贿赂、反垄断、反不正当竞争，规范资产交易、招投标等活动；

（二）安全环保。严格执行国家安全生产、环境保护法律法规，完善企业生产规范和安全环保制度，加强监督检查，及时发现并整改违规问题；

（三）产品质量。完善质量体系，加强过程控制，严把各环节质量关，提供优质产品和服务；

（四）劳动用工。严格遵守劳动法律法规，健全完善劳动合同管理制度，规范劳动合同签订、履行、变更和解除，切实维护劳动者合法权益；

（五）财务税收。健全完善财务内部控制体系，严格执行财务事项操作和审批流程，严守财经纪律，强化依法纳税意识，严格遵守税收法律政策；

（六）知识产权。及时申请注册知识产权成果，规范实施许可和转让，加强对商业秘密和商标的保护，依法规范使用他人知识产权，防止侵权行为；

（七）商业伙伴。对重要商业伙伴开展合规调查，通过签订合规协议、要求作出合规承诺等方式促进商业伙伴行为合规；

（八）其他需要重点关注的领域。

第十四条 加强对以下重点环节的合规管理：

（一）制度制定环节。强化对规章制度、改革方案等重要文件的合规审查，确保符合法律法规、监管规定等要求；

（二）经营决策环节。严格落实“三重一大”决策制度，细化各层级决策事项和权限，加强对决策事项的合规论证把关，保障决策依法合规；

（三）生产运营环节。严格执行合规制度，加强对重点流程的监督检查，确保生产经营过程中照章办事、按章操作；

（四）其他需要重点关注的环节。

第十五条 加强对以下重点人员的合规管理：

（一）管理人员。促进管理人员切实提高合规意识，带头依法依规开展经营管理活动，认真履行承担的合规管理职责，强化考核与监督问责；

（二）重要风险岗位人员。根据合规风险评估情况明确界定重要风险岗位，有针对性加大培训力度，使重要风险岗位人员熟悉并严格遵守业务涉及的各项规定，加强监督检查和违规行为追责；

（三）海外人员。将合规培训作为海外人员任职、上岗的必备条件，确保遵守我国和所在国法律法规等相关规定；

（四）其他需要重点关注的人员。

第十六条 强化海外投资经营行为的合规管理：

（一）深入研究投资所在国法律法规及相关国际规则，全面掌握禁止性规定，明确海外投资经营行为的红线、底线；

（二）健全海外合规经营的制度、体系、流程，重视开展项目的合规论证和尽职调查，依法加强对境外机构的管控，规范经营管理行为。

（三）定期排查梳理海外投资经营业务的风险状况，重点关注重大决策、重大合同、大额资金管控和境外子企业公司治理等方面存在的合规风险，妥善处理、及时报告，防止扩大蔓延。

第四章 合规管理运行

第十七条 建立健全合规管理制度，制定全员普遍遵守的合规行为规范，针对重点领域制定专项合规管理制度，并根据法律法规变化和监管动态，及时将外部有关合规要求转化为内部规章制度。

第十八条 建立合规风险识别预警机制，全面系统梳理经营管理活动中存在的合规风险，对风险发生的可能性、影响程度、潜在后果等进行系统分析，对于典型性、普遍性和可能产生较严重后果的风险及时发布预警。

第十九条 加强合规风险应对，针对发现的风险制定预案，采取有效措施，及时应对处置。对于重大合规风险事件，合规委员会统筹领导，合规管理负责人牵头，相关部门协同配合，最大限度化解风险、降低损失。

第二十条 建立健全合规审查机制，将合规审查作为规章制度制定、重大事项决策、重要合同签订、重大项目运营等经营管理行为的必经程序，及时对不合规的内容提出修改建议，未经合规审查不得实施。

第二十一条 强化违规问责，完善违规行为处罚机制，明晰违规责任范围，细化惩处标准。畅通举报渠道，针对反映的问题和线索，及时开展调查，严肃追究违规人员责任。

第二十二条 开展合规管理评估，定期对合规管理体系的有效性进行分析，对重大或反复出现的合规风险和违规问题，深入查找根源，完善相关制度，堵塞管理漏洞，强化过程管控，持续改进提升。

第五章　合规管理保障

第二十三条　加强合规考核评价，把合规经营管理情况纳入对各部门和所属企业负责人的年度综合考核，细化评价指标。对所属单位和员工合规职责履行情况进行评价，并将结果作为员工考核、干部任用、评先选优等工作的重要依据。

第二十四条　强化合规管理信息化建设，通过信息化手段优化管理流程，记录和保存相关信息。运用大数据等工具，加强对经营管理行为依法合规情况的实时在线监控和风险分析，实现信息集成与共享。

第二十五条　建立专业化、高素质的合规管理队伍，根据业务规模、合规风险水平等因素配备合规管理人员，持续加强业务培训，提升队伍能力水平。

海外经营重要地区、重点项目应当明确合规管理机构或配备专职人员，切实防范合规风险。

第二十六条　重视合规培训，结合法治宣传教育，建立制度化、常态化培训机制，确保员工理解、遵循企业合规目标和要求。

第二十七条 积极培育合规文化，通过制定发放合规手册、签订合规承诺书等方式，强化全员安全、质量、诚信和廉洁等意识，树立依法合规、守法诚信的价值观，筑牢合规经营的思想基础。

第二十八条 建立合规报告制度，发生较大合规风险事件，合规管理牵头部门和相关部门应当及时向合规管理负责人、分管领导报告。重大合规风险事件应当向国资委和有关部门报告。

合规管理牵头部门于每年年底全面总结合规管理工作情况，起草年度报告，经董事会审议通过后及时报送国资委。

第六章 附 则

第二十九条 中央企业根据本指引，结合实际制定合规管理实施细则。

地方国有资产监督管理机构可以参照本指引，积极推进所出资企业合规管理工作。

第三十条 本指引由国资委负责解释。

第三十一条 本指引自公布之日起施行。

国资委党委关于贯彻落实《关于进一步推进国有企业贯彻落实“三重一大”决策制度的意见》的通知

（2010年10月20日　中共国资委委员会
国资党委纪检〔2010〕177号）

各中央企业：

为贯彻落实中共中央办公厅、国务院办公厅印发的《关于进一步推进国有企业贯彻落实“三重一大”决策制度的意见》（中办发〔2010〕17号，以下简称《意见》），现将有关要求通知如下：

一、深刻领会《意见》的重要意义，切实提高思想认识

“三重一大”决策制度是党中央、国务院进一步规范国有企业决策管理，实现企业科学决策、民主决策的重要制度，对于促进国有企业领导人员廉洁从业、规范决策行为、提高决策水平、防范决策风险、实现国有企业科学发展具有重要意义，对于加强国有资产监管具有重

要作用。中央企业要充分认识《意见》的重要性，自觉把学习贯彻《意见》作为深入贯彻落实科学发展观、推进企业改革发展的重要任务，融入到国有资产监管和企业经营管理之中，形成贯彻《意见》的体制、机制和制度保障，切实将《意见》落实到位。

二、制定实施办法，完善决策制度

各中央企业要结合完善法人治理结构，抓紧制定《意见》实施办法，实施办法要根据企业实际，体现针对性和操作性，报国资委同意后实施。国资委要对中央企业制定的“三重一大”实施办法事项范围是否全面科学、决策程序是否严密、责任追究措施是否有效等进行审查。

国有独资公司和国有控股公司制定《意见》实施办法，要结合公司章程，进一步将企业党委（党组）、股东会、董事会、经理层的职权范围、决策事项和权限具体化、规范化、程序化，完善群众参与、专家咨询和集体决策相结合的决策机制。

国有独资企业制定《意见》实施办法，要坚持党组织和职工代表大会参与决策、民主管理的厂长（经理）负责制，进一步做好党委（党组）会、总经理办公会、职工代表大会、专业咨询机构之间的决策程序衔接，完善企业决策机制，避免“一把手”说了算。

三、落实监管责任，强化监督检查

按照《意见》要求，国资委要对中央企业制定的“三重一大”决策制度情况进行监督检查。各中央企业也要根据《意见》对所属企业执行“三重一大”决策制度情况进行严格监督，确保“三重一大”决策制度落到实处。

要进一步落实企业重大决策必须经过法律审核把关的制度，防止出现重大决策的法律风险，充分发挥中央企业法律风险防范机制在“三重一大”决策制度中的作用。要积极推进以职工代表大会制度为基本形式的厂务公开民主管理工作，把“三重一大”决策制度的执行情况作为厂务公开民主管理的重要内容，除按照国家法律法规和有关政策应当保密的事项外，在适当范围内公开。

国资委和中央企业要深入探索和完善企业党组织参与重大问题决策、发挥政治核心作用的有效方法和途径，发挥企业党组织参与决策、带头执行、有效监督的作用。要研究完善企业领导人员的考核评价体系，将“三重一大”决策制度的执行情况，作为对企业领导人员考察、考核的重要内容和任免以及经济责任履行情况审计评价的重要依据。

各级纪检监察机构要充分发挥组织协调作用，统筹规划，把执行“三重一大”决策制度的情况，作为巡视、党风廉政建设责任制考核、民主生活会、企业领导人员述职述廉的重要内容，结合年度考核进行综合监督检查，作出评估，向企业党组织和上级纪检监察机关报告，提高监督效果。要坚决纠正不按权限和程序决策的行为，严肃追究决策失误特别是违规决策造成损失的责任人，并依照相关规定给予相应处理。

四、加强组织领导，不断总结提高

中央企业党委（党组）书记、董事长、未设董事会的总经理（总裁）作为本企业实施《意见》的主要责任人，要切实履行领导责任，抓好《意见》在本企业的贯彻落实。增强集体决策、科学决策、民主决策、依法决策的意识，带头执行“三重一大”决策制度，自觉接受监督，防范决策风险。

各中央企业要及时总结贯彻落实《意见》的成功经验和有效做法，积极开展理论研讨和经验交流，及时报送贯彻落实和制度建设的有关情况，加强信息沟通。

附件：国资委相关厅局贯彻落实《关于进一步推进

国有企业贯彻落实“三重一大”决策制度的意见》的责任分工

国资委党委

二〇一〇年十月二十日

附件

国资委相关厅局贯彻落实《关于进一步推进国有企业贯彻落实“三重一大”决策制度的意见》的责任分工

1. 审核中央企业制定的《关于进一步推进国有企业贯彻落实“三重一大”决策制度的意见》（以下简称《意见》）实施办法。（责任部门：国资委确定的建设规范董事会的中央企业制定的《意见》实施办法，由企业改组局审核；其他中央企业制定的《意见》实施办法，由企业改革局审核）

2. 进一步落实企业重大决策必须经过法律审核把关的制度，防止出现重大决策的法律风险，充分发挥中央企业法律风险防范机制在“三重一大”决策制度中的作用。（责任部门：政策法规局）

3. 积极推进以职工代表大会制度为基本形式的厂务公开民主管理工作，把“三重一大”决策制度执行情况

作为企业厂务公开的重要内容。（责任部门：群众工作局）

4. 完善企业领导人员考核评价体系，将“三重一大”决策制度执行情况作为对企业领导人员考察、考核的重要内容和任免以及经济责任履行情况审计评价的重要依据。（责任部门：综合局、收益管理局、企业领导人员管理一局、企业领导人员管理二局）

5. 监事会加强对企业领导人员执行“三重一大”决策制度情况的监督检查，并将检查结果作为对企业领导人员履职评价的重要依据。（责任部门：监事会工作局）

6. 加强对中央企业贯彻落实“三重一大”决策制度情况的监督检查，把中央企业执行“三重一大”决策制度的情况作为巡视、党风廉政建设责任制考核、民主生活会、企业领导人员述职述廉的重要内容，并结合年度考核进行评估，向上级纪检监察机关报告。（责任部门：纪委、企业领导人员管理一局、企业领导人员管理二局、党建工作局、巡视工作领导小组办公室）

国资委关于进一步深化法治央企建设的意见

（2021 年 10 月 17 日　国资发法规〔2021〕80 号）

为深入学习贯彻习近平法治思想，认真落实全面依法治国战略部署，持续深化法治央企建设，更好发挥法治工作对“十四五”时期中央企业改革发展的支撑保障作用，根据《法治中国建设规划（2020－2025 年）》、《法治社会建设实施纲要（2020－2025 年）》等文件精神，现就进一步做好中央企业法治工作提出如下意见：

一、总体要求

（一）指导思想。坚持以习近平新时代中国特色社会主义思想为指导，认真落实习近平法治思想，深入贯彻党的十九大和十九届二中、三中、四中、五中全会精神，按照中央全面依法治国工作会议部署，立足新发展阶段，贯彻新发展理念，构建新发展格局，紧紧围绕国企改革三年行动和中央企业“十四五”发展规划，着力健全领导责任体系、依法治理体系、规章制度体系、合规管理体系、工作组织体系，持续提升法治工作引领支撑能力、风险管控能力、涉外保障能力、主动维权能力和数字化管理能力，不断深化治理完善、经营合规、管理规范、守法诚信的法治央企建设，为加快建设世界一流企业筑牢坚实法治基础。

（二）基本原则。

——坚持融入中心、服务大局。以服务国企改革三年行动和中央企业“十四五”发展规划为目标，牢固树立全局意识和系统观念，法治工作全面融入完善中国特色现代企业制度、深化混合所有制改革、科技创新、国际化经营等重点任务，充分发挥支撑保障作用。

——坚持完善制度、夯基固本。以强化制度建设为基础，坚持尊法、学法、守法、用法，将行之有效的经验做法，及时转化为企业规章制度，嵌入业务流程，加强制度执行情况监督检查，强化制度刚性约束。

——坚持突出重点、全面深化。以落实法治建设第一责任人职责、完善总法律顾问制度、健全法律风险防范机制、强化合规管理为重点，坚持问题导向，在做深做细做实上下更大功夫，真正发挥强管理、促经营、防风险、创价值作用。

——坚持勇于创新、拓展升级。以适应市场化、法治化、国际化发展需要为方向，结合实际拓宽法治工作领域，探索优化法务管理职能，创新工作方式，加快提升信息化、数字化、智能化水平。

（三）总体目标。“十四五”时期，中央企业法治理念更加强化、治理机制更加完善、制度体系更加优化、组织机构更加健全、管理方式更加科学、作用发挥更加有效，法治建设取得更大进展，部分企业率先达到世界一流水平，为企业深化改革、高质量发展提供更加有力的支撑保障。

二、着力健全法治工作体系

（四）着力健全领导责任体系。坚持企业党委（党组）对依法治企工作的全面领导，不断完善党委（党组）定期专题学法、定期听取工作汇报、干部任前法治谈话、述职必述法等制度，切实发挥党委（党组）把方向、管大局、促落实作用。强化董事会定战略、作决策、防风险职能，明确专门委员会推进法治建设职责，把法治建设纳入整体工作统筹谋划，将进展情况作为年度工作报告的重要内容。健全中央企业主要负责人履行推进法治建设第一责任人职责工作机制，党委（党组）书记、董事长、总经理各司其职，对重点问题亲自研究、部署协调、推动解决。将第一责任人职责要求向子企业延伸，把落实情况纳入领导人员综合考核评价体系，将法治素养和依法履职情况作为考察使用干部的重要内容。

（五）着力健全依法治理体系。高度重视章程在公司治理中的统领地位，切实发挥总法律顾问和法务管理机构专业审核把关作用，科学配置各治理主体权利、义务和责任，明晰履职程序和要求，保障章程依法制定、依法实施。多元投资主体企业严格依据法律法规、国有资产监管规定和公司章程，明确股东权利义务、股东会定位与职权，规范议事决策方式和程序，完善运作制度机制，强化决议执行和监督，切实维护股东合法权益。优化董事会知识结构，通过选聘法律专业背景人员担任董事、加强法律培训等方式，提升董事会依法决策水平。落实总法律顾问列席党委（党组）会、董事会参与研究讨论或审议涉及法律合规相关议题，参加总经理办公会等重要决策会议制度，将合法合规性审查和重大风险评估作为重大决策事项必经前置程序。依法对子企业规范行使股东权，认真研究制定子企业章程，严格按照公司治理结构，通过股东（大）会决议、派出董事监事、推荐高级管理人员等方式行权履职，切实防范公司人格混同等风险。

（六）着力健全规章制度体系。明确法务管理机构归口管理职责，健全规章制度制定、执行、评估、改进等工作机制，加强法律审核把关，强化对制度的全生命周期管理。根据适用范围、重要程度、管理幅度等，构建分层分类的制度体系框架，确保结构清晰、内容完整，相互衔接、有效协同，切实提高科学性和系统性。定期开展制度梳理，编制立改废计划，完善重点改革任务配套制度，及时修订重要领域管理规范，不断增强针对性和实效性。加强对规章制度的宣贯培训，定期对执行情况开展监督检查和综合评价，增强制度刚性约束，推动制度有效落实。

（七）着力健全合规管理体系。持续完善合规管理工作机制，健全企业主要负责人领导、总法律顾问牵头、法务管理机构归口、相关部门协同联动的合规管理体系。发挥法务管理机构统筹协调、组织推动、督促落实作用，加强合规制度建设，开展合规审查与考核，保障体系有效运行。强化业务部门、经营单位和项目一线主体责任，通过设置兼职合规管理员、将合规要求嵌入岗位职责和业务流程、抓好重点领域合规管理等措施，有效防范、及时处置合规风险。探索构建法律、合规、内控、风险管理协同运作机制，加强统筹协调，提高管理效能。推动合规要求向各级子企业延伸，加大基层单位特别是涉外机构合规管理力度，到2025年中央企业基本建立全面覆盖、有效运行的合规管理体系。

（八）着力健全工作组织体系。加大企业法律专业领导干部培养选拔力度，在市场化国际化程度较高、法律服务需求大的国有大型骨干企业，推进符合条件的具有法律教育背景或法律职业资格的专业人才进入领导班子。持续完善总法律顾问制度，2022年中央企业及其重要子企业全面写入章程，明确高级管理人员定位，由董事会聘任，领导法务管理机构开展工作。坚持总法律顾问专职化、专业化方向，直接向企业主要负责人负责，2025年中央企业及其重要子企业全面配备到位，具有法律教育背景或法律职业资格的比例达到80%。加强法务管理机构建设，中央企业及其重要子企业原则上独立设置，充实专业力量，配备与企业规模和需求相适应的法治工作队伍。健全法务管理职能，持续完善合同管理、案件管理、普法宣传等职能，积极拓展制度管理、合规管理等业务领域。加强队伍建设，拓宽法务人员职业发展通道，完善高素质法治人才市场化选聘、管理和薪酬制度，采取有效激励方式充分调动积极性、主动性。

三、全面提升依法治企能力

（九）着力提升引领支撑能力。坚持运用法治思维和法治方式深化改革、推动发展，紧盯国企改革三年行动、中央企业“十四五”发展规划重点工作，深入分析对企业提出的新任务新要求，提前研究可能出现的法律合规问题，及时制定应对方案和防范措施。法务人员全程参与混合所有制改革、投资并购等重大项目，加强法律审核把关，坚持依法依规操作，严控法律合规风险。加强对民法典等法律法规的学习研究，深入分析对企业生产经营、业务模式可能产生的影响，推动从健全制度、强化管理等方面及时作出调整。结合企业、行业实际，对相关立法研究提出完善建议，为改革发展创造良好政策环境。

（十）着力提升风险管控能力。持续巩固规章制度、经济合同、重要决策法律审核制度，在确保100%审核率的同时，通过跟进采纳情况、完善后评估机制，反向查找工作不足，持续提升审核质量。常态化开展风险隐患排查处置，针对共性风险通过提示函、案件通报、法律建议书等形式及时开展预警，有效防范化解。加强知识产权管理，完善专利、商标、商号、商业秘密等保护制度，坚决打击侵权行为，切实维护企业无形资产安全和合法权益。严格落实重大法律合规风险事件报告制度，中央企业发生重大法律合规风险事件，应当及时向国资委报告。

（十一）着力提升涉外保障能力。加强涉外法律合规风险防范，健全工作机制，推动在境外投资经营规模较大、风险较高的重点企业、区域或项目设置专门机构，配备专职法务人员，具备条件的设立总法律顾问。完善涉外重大项目和重要业务法务人员全程参与制度，形成事前审核把关、事中跟踪控制、事后监督评估的管理闭环。深入研究、掌握运用所在国法律，加强国际规则学习研究，密切关注高风险国家和地区法律法规与政策变化，提前做好预案，切实防范风险。重视涉外法治人才培养，强化顶层设计，健全市场化选聘和激励制度，形成重视人才、吸引人才、留住人才的良好机制。

（十二）着力提升主动维权能力。加大法律纠纷案件处置力度，综合运用诉讼、仲裁、调解等多种手段妥善解决，探索建立集团内部纠纷调解机制。加强积案清理，健全激励机制，力争 2025 年中央企业历史遗留重大法律纠纷案件得到妥善解决。深化案件管理“压存控增、提质创效”专项工作，加强典型案件分析，及时发现管理问题，堵塞管理漏洞，推动“以案促管、以管创效”。严格落实案件报告制度，中央企业发生重大法律纠纷案件应当及时报告，按时报送年度法律纠纷案件综合分析报告。

（十三）着力提升数字化管理能力。运用区块链、大数据、云计算、人工智能等新一代信息技术，推动法务管理从信息化向数字化升级，探索智能化应用场景，有效提高管理效能。深化合同管理、案件管理、合规管理等重点领域信息化、数字化建设，将法律审核嵌入重大决策、重要业务管理流程，通过大数据等手段，实现法律合规风险在线识别、分析、评估、防控。推动法务管理系统向各级子企业和重要项目延伸，2025 年实现上下贯通、全面覆盖。推动法务管理系统与财务、产权、投资等系统的互联互通，做好与国资国企在线监管系统的对接，促进业务数据相互融合、风险防范共同响应。

四、保障任务顺利完成

（十四）加强组织领导。充分发挥法治建设领导机构作用，将法治工作纳入中央企业“十四五”发展规划和年度计划统筹谋划、同步推进，加强部门协同，强化人员、资金等保障，形成工作合力。制定本企业未来五年法治建设实施方案，与“十四五”规划相衔接，提出目标任务，明确责任分工，细化工作措施。建立法治工作专项考评制度，将法治建设成效纳入对子企业考核体系。统筹推进法治工作与违规经营投资责任追究等监督工作，完善内部协同机制，提高责任追究体系效能。加大问责力度，对未经法律审核或未采纳正确法律意见、违法违规经营投资决策造成损失或其他严重不良后果的，严肃追究责任。

（十五）持续深化对标。综合分析国际大企业优秀实践，研究归纳世界一流企业法务管理基本要素和具体指标。立足行业特点、发展阶段、管理基础等实际，有针对性地制定对标举措，确保目标量化、任务明确、措施有力。将法务管理对标工作纳入本企业对标世界一流管理提升行动。国资委创建世界一流示范企业和国有资本投资、运营公司要充分发挥引领作用，率先在法治工作上达到世界一流水平。其他中央企业要全面开展对标，努力补齐短板，加快提升依法合规经营管理水平。

（十六）强化指导交流。国资委将根据企业法治建设实施方案，定期组织调研督导，深入了解落实情况，推动解决难点问题。完善法治讲堂、协作组等学习交流机制，聚焦重点难点，创新方式方法，增强交流实效。中央企业要进一步加强对子企业法治建设的督促指导，通过加大考核力度、细化工作要求、定期开展调研等方式，层层传导压力，确保目标任务在子企业真正落实到位。

（十七）厚植法治文化。深入学习宣传习近平法治思想，将培育法治文化作为法治建设的基础工程，使依法合规、守法诚信成为全体员工的自觉行为和基本准则。落实“八五”普法要求，进一步推进法治宣传教育制度化、常态化、多样化，将法治学习作为干部职工入职学习、职业培训、继续教育的必修课，广泛宣传与企业经营管理和职工切身利益密切相关的法律法规。总结法治建设典型做法、成功经验和进展成果，通过开展选树典型、评比表彰、集中宣传等形式，营造学习先进、争当先进、赶超先进的良好氛围。

地方国有资产监督管理机构参照本意见，积极推进所出资企业法治建设。

国务院国资委有关厅局负责人就《关于进一步深化法治央企建设的意见》答记者问[①]

（2021 年 11 月 2 日）

近日，国务院国资委发布了《关于进一步深化法治央企建设的意见》（国资发法规规〔2021〕80 号，以下简称《意见》），《意见》出台后，国务院国资委有关厅局负责人接受了记者采访。

问：请介绍一下《意见》起草背景。

答：党中央高度重视法治建设，将全面依法治国纳入“四个全面”战略布局。国务院国资委党委深入贯彻落实党中央决策部署，始终把依法监管和依法治企作为重要工作持续推进，2015 年专门印发《关于全面推进法治央企建设的意见》（国资发法规〔2015〕166 号），提

① 来源于：国务院国资委官网，http：//xxgk. sasac. gov. cn：8080/gdnps/pc/content. jsp？ id＝22328644，最后访问时间 2022 年 11 月 3 日。

出到2020年打造治理完善、经营合规、管理规范、守法诚信的法治央企目标。五年来，中央企业认真落实有关要求，各项工作取得积极进展和明显成效，法治央企建设目标初步实现，为企业改革发展提供了有力支撑保障。

党的十九大后，党中央专门成立中央全面依法治国委员会，首次召开中央全面依法治国工作会议，明确提出习近平法治思想，将依法治国提升到前所未有的新高度。“十四五”时期，中央企业面临的外部环境更加复杂，改革发展的任务更加艰巨，对法治工作的需求也更加迫切。这就要求中央企业必须认真落实习近平法治思想，深入贯彻全面依法治国战略部署，进一步深化法治央企建设，着力提升依法治企能力水平，为深化改革、高质量发展提供更加坚强的法治保障。为此，国务院国资委在深入研究、广泛征求中央企业意见的基础上，制定了《关于进一步深化法治央企建设的意见》，经由国资委党委会、委务会审议通过后印发。

问：《意见》具体包含哪些内容?

答：《意见》围绕“实现一个目标，健全五个体系，提升五种能力”的总体思路，分为四部分共十七条。第一部分“总体要求”，明确了法治央企建设的指导思想、基本原则，提出“十四五”时期中央企业法治建设取得更大进展，对改革发展支撑保障更加有力，部分中央企业法治工作率先实现世界一流的目标。第二部分“着力健全法治工作体系”，从健全领导责任体系、依法治理体系、规章制度体系、合规管理体系、工作组织体系等五个方面提出要求。第三部分“全面提升依法治企能力”，着重从提升法治工作引领支撑能力、风险管控能力、涉外保障能力、主动维权能力和数字化管理能力等五个角度作出部署。第四部分“保障任务顺利完成”，从加强组织领导、持续深化对标、强化指导交流、厚植法治文化等方面，为确保目标实现提供有力支撑。

问：您刚才提到“十四五”时期部分中央企业法治工作要率先实现世界一流，请问世界一流水平法治工作是什么标准?

答：党的十九届五中全会明确提出“加快建设世界一流企业”的要求。国务院国资委《关于开展对标世界一流管理提升行动的通知》（国资发改革〔2020〕39 号）中提出，到 2022 年部分国有重点企业管理达到或接近世界一流水平。我们体会，一流的企业不仅要有一流的技术、一流的产品这种“硬实力”，也要有一流的法治工作这样的“软实力”作为支撑保障。具体可以从五个维度来理解。一是一流的法治理念，从主要领导到普通员工，牢固树立法治意识，把依法合规、不逾红线作为经营管理的首要前提和基本衡量标准，贯穿决策、执行、监督全过程。二是一流的治理机制，以公司章程为统领，管理制度体系完善，治理结构更加规范，依法决策机制健全，风险管控精准到位，企业经营管理在法治轨道上有序开展。三是一流的管理系统，建立党委（党组）顶层谋划、主要领导亲自负责、总法律顾问全面领导、法务管理机构主责推动、各职能部门协同配合的法治建设管理系统，有效动员各方力量，汇聚依法治企工作合力。四是一流的业务能力，拥有一支精法律、通业务、懂管理，能与世界一流企业法务人员同台竞技的高素质法治工作人才队伍，在全球范围内具备较强的规则话语权、行业引领力和价值创造力，成为企业核心竞争力的重要组成部分。五是一流的价值创造，法治工作与经营管理深度融合，全程参与企业改革，助力重大专项，促进品牌价值提升，有效应对外部变革，确保改革发展各项任务依法合规进行。国务院国资委正在对世界一流法治工作标准开展专题研究，后续将指导中央企业持续深化对标、加快补齐短板，推动部分企业法治工作率先达到世界一流水平。

问：请简要介绍“着力健全法治工作体系”的主要举措？

答：在健全领导责任体系方面，坚持企业党委（党组）对依法治企工作的全面领导，不断完善企业主要负责人履行推进法治建设第一责任人职责工作机制，推动各项要求向子企业延伸。在健全依法治理体系方面，指导企业高度重视章程在公司治理中的统领地位，科学配置各治理主体权利、义务和责任，落实总法律顾问列席党委（党组）会、董事会参与研究讨论或审议涉及法律合规相关议题，参加总经理办公会等重要决策会议制度，将合法合规性审查和重大风险评估作为重大决策事项必经前置程序。在健全规章制度体系方面，明确法务管理机构归口管理职责，健全规章制度制定、执行、评估、改进等工作机制，加强法律审核把关，构建分层分类的制度体系框架，强化对制度的全生命周期管理。在健全合规管理体系方面，健全企业主要负责人领导、总法律顾问牵头、法务管理机构归口、相关部门协同联动的合规管理体系，强化重点领域合规管理，探索构建法律、合规、内控、风险管理协同运作机制，提高管理效能。在健全工作组织体系方面，加大企业法律专业领导干部培养选拔力度，在部分国有大型骨干企业，推进符合条件的具有法律教育背景或法律职业资格的专业人才进入领导班子。推动总法律顾问制度在集团总部及其重要子企业层面写入章程，明确高级管理人员定位，直接向企业主要负责人负责。加强法务管理机构建设，配备与企业规模和需求相适应的法治工作队伍，持续提升法务人员能力水平，为法治建设提供坚实组织保障。

问：请简要介绍“全面提升依法治企能力”的主要举措？

答：在提升引领支撑能力方面，推动企业法务人员紧盯国企改革三年行动、中央企业“十四五”发展规划重点工作，全程参与混合所有制改革、投资并购等重大项目，加强法律审核把关，严控法律合规风险。在提升风险管控能力方面，在坚持规章制度、经济合同、重要决策法律审核100%的同时，持续提升审核质量，常态化开展风险隐患排查处置，针对共性风险及时开展预警，有效防范化解。在提升涉外保障能力方面，健全涉外法律合规风险防范机制，推动境外重点企业、区域或项目设置专门机构，配备专职法务人员，完善涉外重大项目和重要业务法务人员全程参与制度。在提升主动维权能力方面，加大法律纠纷案件处置力度，深化案件管理“压存控增、提质创效”专项工作，综合运用多种手段妥善解决。加强典型案件分析，及时发现管理问题，堵塞管理漏洞，推动“以案促管、以管创效”。在提升数字化管理能力方面，运用区块链、大数据、云计算、人工智能等新一代信息技术，深化合同管理、案件管理、合规管理等重点领域信息化、数字化建设，将法律审核嵌入重大决策、重要业务管理流程，实现法律合规风险在线识别、分析、评估、防控，推动法务管理从信息化向数字化升级。

问：请介绍国资委下一步的工作安排？

答：下一步，国务院国资委将加大力度，推动中央企业认真落实《意见》各项要求，充分发挥法治建设领导机构作用，把法治工作纳入中央企业“十四五”发展规划和年度计划统筹谋划、同步推进。指导企业制定“十四五”法治建设实施方案，明确目标任务，细化工作措施，完善考评制度，将法治建设成效纳入对子企业考核体系。指导企业全面开展对标，努力提升依法合规经营管理水平。加强对《意见》贯彻落实的督促指导，组织开展企业间互学互鉴，加强交流。同时，指导各省级国资委参照《意见》，积极推进所出资企业法治建设。

企业境外经营合规管理指引

（2018年12月26日　发改外资〔2018〕1916号）

第一章　总　　则

第一条　目的及依据

为更好服务企业开展境外经营业务，推动企业持续加强合规管理，根据国家有关法律法规和政策规定，参考GB/T35770－2017《合规管理体系指南》及有关国际合规规则，制定本指引。

第二条　适用范围

本指引适用于开展对外贸易、境外投资、对外承包工程等“走出去”相关业务的中国境内企业及其境外子公司、分公司、代表机构等境外分支机构（以下简称“企业”）。

法律法规对企业合规管理另有专门规定的，从其规定。行业监管部门对企业境外经营合规管理另有专门规定的，有关行业企业应当遵守其规定。

第三条　基本概念

本指引所称合规，是指企业及其员工的经营管理行为符合有关法律法规、国际条约、监管规定、行业准则、商业惯例、道德规范和企业依法制定的章程及规章制度等要求。

第四条　合规管理框架

企业应以倡导合规经营价值观为导向，明确合规管理工作内容，健全合规管理架构，制定合规管理制度，完善合规运行机制，加强合规风险识别、评估与处置，开展合规评审与改进，培育合规文化，形成重视合规经营的企业氛围。

第五条　合规管理原则

（一）独立性原则。企业合规管理应从制度设计、机构设置、岗位安排以及汇报路径等方面保证独立性。合规管理机构及人员承担的其他职责不应与合规职责产生利益冲突。

（二）适用性原则。企业合规管理应从经营范围、组织结构和业务规模等实际出发，兼顾成本与效率，强化合规管理制度的可操作性，提高合规管理的有效性。同时，企业应随着内外部环境的变化持续调整和改进合规管理体系。

（三）全面性原则。企业合规管理应覆盖所有境外业务领域、部门和员工，贯穿决策、执行、监督、反馈等各个环节，体现于决策机制、内部控制、业务流程等各个方面。

第二章　合规管理要求

第六条　对外贸易中的合规要求

企业开展对外货物和服务贸易，应确保经营活动全流程、全方位合规，全面掌握关于贸易管制、质量安全与技术标准、知识产权保护等方面的具体要求，关注业务所涉国家（地区）开展的贸易救济调查，包括反倾销、反补贴、保障措施调查等。

第七条　境外投资中的合规要求

企业开展境外投资，应确保经营活动全流程、全方位合规，全面掌握关于市场准入、贸易管制、国家安全审查、行业监管、外汇管理、反垄断、反洗钱、反恐怖融资等方面的具体要求。

第八条　对外承包工程中的合规要求

企业开展对外承包工程，应确保经营活动全流程、全方位合规，全面掌握关于投标管理、合同管理、项目履约、劳工权利保护、环境保护、连带风险管理、债务管理、捐赠与赞助、反腐败、反贿赂等方面的具体要求。

第九条　境外日常经营中的合规要求

企业开展境外日常经营，应确保经营活动全流程、全方位合规，全面掌握关于劳工权利保护、环境保护、数据和隐私保护、知识产权保护、反腐败、反贿赂、反垄断、反洗钱、反恐怖融资、贸易管制、财务税收等方面的具体要求。

第三章　合规管理架构

第十条　合规治理结构

企业可结合发展需要建立权责清晰的合规治理结构，在决策、管理、执行三个层级上划分相应的合规管理责任。

（一）企业的决策层应以保证企业合规经营为目的，通过原则性顶层设计，解决合规管理工作中的权力配置问题。

（二）企业的高级管理层应分配充足的资源建立、制定、实施、评价、维护和改进合规管理体系。

（三）企业的各执行部门及境外分支机构应及时识别归口管理领域的合规要求，改进合规管理措施，执行合规管理制度和程序，收集合规风险信息，落实相关工作要求。

第十一条　合规管理机构

企业可根据业务性质、地域范围、监管要求等设置相应的合规管理机构。合规管理机构一般由合规委员会、合规负责人和合规管理部门组成。尚不具备条件设立专门合规管理机构的企业，可由相关部门（如法律事务部门、风险防控部门等）履行合规管理职责，同时明确合规负责人。

（一）合规委员会

企业可结合实际设立合规委员会，作为企业合规管理体系的最高负责机构。合规委员会一般应履行以下合规职责：

1. 确认合规管理战略，明确合规管理目标。

2. 建立和完善企业合规管理体系，审批合规管理制度、程序和重大合规风险管理方案。

3. 听取合规管理工作汇报，指导、监督、评价合规管理工作。

（二）合规负责人

企业可结合实际任命专职的首席合规官，也可由法律事务负责人或风险防控负责人等担任合规负责人。首席合规官或合规负责人是企业合规管理工作具体实施的负责人和日常监督者，不应分管与合规管理相冲突的部门。首席合规官或合规负责人一般应履行以下合规职责：

1. 贯彻执行企业决策层对合规管理工作的各项要求，全面负责企业的合规管理工作。

2. 协调合规管理与企业各项业务之间的关系，监督合规管理执行情况，及时解决合规管理中出现的重大问题。

3. 领导合规管理部门，加强合规管理队伍建设，做好人员选聘培养，监督合规管理部门认真有效地开展工作。

（三）合规管理部门

企业可结合实际设置专职的合规管理部门，或者由具有合规管理职能的相关部门承担合规管理职责。合规管理部门一般应履行以下合规职责：

1. 持续关注我国及业务所涉国家（地区）法律法规、监管要求和国际规则的最新发展，及时提供合规建议。

2. 制定企业的合规管理制度和年度合规管理计划，并推动其贯彻落实。

3. 审查评价企业规章制度和业务流程的合规性，组织、协调和监督各业务部门对规章制度和业务流程进行梳理和修订。

4. 组织或协助业务部门、人事部门开展合规培训，并向员工提供合规咨询。

5. 积极主动识别和评估与企业境外经营相关的合规风险，并监管与供应商、代理商、分销商、咨询顾问和承包商等第三方（以下简称“第三方”）相关的合规风险。为新产品和新业务的开发提供必要的合规性审查和测试，识别和评估新业务的拓展、新客户关系的建立以及客户关系发生重大变化等所产生的合规风险，并制定应对措施。

6. 实施充分且具有代表性的合规风险评估和测试，查找规章制度和业务流程存在的缺陷，并进行相应的调查。对已发生的合规风险或合规测试发现的合规缺陷，应提出整改意见并监督有关部门进行整改。

7. 针对合规举报信息制定调查方案并开展调查。

8. 推动将合规责任纳入岗位职责和员工绩效管理流程。建立合规绩效指标，监控和衡量合规绩效，识别改进需求。

9. 建立合规报告和记录的台账，制定合规资料管理流程。

10. 建立并保持与境内外监管机构日常的工作联系，跟踪和评估监管意见和监管要求的落实情况。

第十二条　合规管理协调

（一）合规管理部门与业务部门分工协作

合规管理需要合规管理部门和业务部门密切配合。境外经营相关业务部门应主动进行日常合规管理工作，识别业务范围内的合规要求，制定并落实业务管理制度和风险防范措施，组织或配合合规管理部门进行合规审查和风险评估，组织或监督违规调查及整改工作。

（二）合规管理部门与其他监督部门分工协作

合规管理部门与其他具有合规管理职能的监督部门（如审计部门、监察部门等）应建立明确的合作和信息交流机制，加强协调配合，形成管理合力。企业应根据风险防控需要以及各监督部门的职责分工划分合规管理职责，确保各业务系统合规运营。

（三）企业与外部监管机构沟通协调

企业应积极与境内外监管机构建立沟通渠道，了解监管机构期望的合规流程，制定符合监管机构要求的合规制度，降低在报告义务和行政处罚等方面的风险。

（四）企业与第三方沟通协调

企业与第三方合作时，应做好相关的国别风险研究和项目尽职调查，深入了解第三方合规管理情况。企业应当向重要的第三方传达自身的合规要求和对对方的合规要求，并在商务合同中明确约定。

第四章　合规管理制度

第十三条　合规行为准则

合规行为准则是最重要、最基本的合规制度，是其他合规制度的基础和依据，适用于所有境外经营相关部门和员工，以及代表企业从事境外经营活动的第三方。合规行为准则应规定境外经营活动中必须遵守的基本原则和标准，包括但不限于企业核心价值观、合规目标、合规的内涵、行为准则的适用范围和地位、企业及员工适用的合规行事标准、违规的应对方式和后果等。

第十四条　合规管理办法

企业应在合规行为准则的基础上，针对特定主题或特定风险领域制定具体的合规管理办法，包括但不限于礼品及招待、赞助及捐赠、利益冲突管理、举报管理和内部调查、人力资源管理、税务管理、商业伙伴合规管理等内容。

企业还应针对特定行业或地区的合规要求，结合企业自身的特点和发展需要，制定相应的合规风险管理办法。例如金融业及有关行业的反洗钱及反恐怖融资政策，银行、通信、医疗等行业的数据和隐私保护政策等。

第十五条　合规操作流程

企业可结合境外经营实际，就合规行为准则和管理办法制定相应的合规操作流程，进一步细化标准和要求。也可将具体的标准和要求融入到现有的业务流程当中，便于员工理解和落实，确保各项经营行为合规。

第五章　合规管理运行机制

第十六条　合规培训

企业应将合规培训纳入员工培训计划，培训内容需随企业内外部环境变化进行动态调整。境外经营相关部门和境外分支机构的所有员工，均应接受合规培训，了解并掌握企业的合规管理制度和风险防控要求。决策层和高级管理层应带头接受合规培训，高风险领域、关键岗位员工应接受有针对性的专题合规培训。合规培训应做好记录留存。

第十七条　合规汇报

合规负责人和合规管理部门应享有通畅的合规汇报渠道。

合规管理部门应当定期向决策层和高级管理层汇报合规管理情况。汇报内容一般包括但不限于合规风险评估情况，合规培训的组织情况和效果评估，发现的违规行为以及处理情况，违规行为可能给组织带来的合规风险，已识别的合规漏洞或缺陷，建议采取的纠正措施，合规管理工作的整体评价和分析等。

如发生性质严重或可能给企业带来重大合规风险的违规行为，合规负责人或合规管理部门应当及时向决策层和高级管理层汇报，提出风险警示，并采取纠正措施。

第十八条　合规考核

合规考核应全面覆盖企业的各项管理工作。合规考核结果应作为企业绩效考核的重要依据，与评优评先、职务任免、职务晋升以及薪酬待遇等挂钩。

境外经营相关部门和境外分支机构可以制定单独的合规绩效考核机制，也可将合规考核标准融入到总体的绩效管理体系中。考核内容包括但不限于按时参加合规培训，严格执行合规管理制度，积极支持和配合合规管理机构工作，及时汇报合规风险等。

第十九条　合规咨询与审核

境外经营相关部门和境外分支机构及其员工在履职过程中遇到合规风险事项，应及时主动寻求合规咨询或审核支持。

企业应针对高合规风险领域规定强制合规咨询范围。在涉及重点领域或重要业务环节时，业务部门应主动咨询合规管理部门意见。合规管理部门应在合理时间内答复或启动合规审核流程。

对于复杂或专业性强且存在重大合规风险的事项，合规管理部门应按照制度规定听取法律顾问、公司律师意见，或委托专业机构召开论证会后再形成审核意见。

第二十条　合规信息举报与调查

企业应根据自身特点和实际情况建立和完善合规信

息举报体系。员工、客户和第三方均有权进行举报和投诉，企业应充分保护举报人。

合规管理部门或其他受理举报的监督部门应针对举报信息制定调查方案并开展调查。形成调查结论以后，企业应按照相关管理制度对违规行为进行处理。

第二十一条　合规问责

企业应建立全面有效的合规问责制度，明晰合规责任范围，细化违规惩处标准，严格认定和追究违规行为责任。

第六章　合规风险识别、评估与处置

第二十二条　合规风险

合规风险，是指企业或其员工因违规行为遭受法律制裁、监管处罚、重大财产损失或声誉损失以及其他负面影响的可能性。

第二十三条　合规风险识别

企业应当建立必要的制度和流程，识别新的和变更的合规要求。企业可围绕关键岗位或者核心业务流程，通过合规咨询、审核、考核和违规查处等内部途径识别合规风险，也可通过外部法律顾问咨询、持续跟踪监管机构有关信息、参加行业组织研讨等方式获悉外部监管要求的变化，识别合规风险。

企业境外分支机构可通过聘请法律顾问、梳理行业合规案例等方式动态了解掌握业务所涉国家（地区）政治经济和法律环境的变化，及时采取应对措施，有效识别各类合规风险。

第二十四条　合规风险评估

企业可通过分析违规或可能造成违规的原因、来源、发生的可能性、后果的严重性等进行合规风险评估。

企业可根据企业的规模、目标、市场环境及风险状况确定合规风险评估的标准和合规风险管理的优先级。

企业进行合规风险评估后应形成评估报告，供决策层、高级管理层和业务部门等使用。评估报告内容包括风险评估实施概况、合规风险基本评价、原因机制、可能的损失、处置建议、应对措施等。

第二十五条　合规风险处置

企业应建立健全合规风险应对机制，对识别评估的各类合规风险采取恰当的控制和处置措施。发生重大合规风险时，企业合规管理机构和其他相关部门应协同配合，依法及时采取补救措施，最大程度降低损失。必要时，应及时报告有关监管机构。

第七章　合规评审与改进

第二十六条　合规审计

企业合规管理职能应与内部审计职能分离。企业审计部门应对企业合规管理的执行情况、合规管理体系的适当性和有效性等进行独立审计。审计部门应将合规审计结果告知合规管理部门，合规管理部门也可根据合规风险的识别和评估情况向审计部门提出开展审计工作的建议。

第二十七条　合规管理体系评价

企业应定期对合规管理体系进行系统全面的评价，发现和纠正合规管理贯彻执行中存在的问题，促进合规体系的不断完善。合规管理体系评价可由企业合规管理相关部门组织开展或委托外部专业机构开展。

企业在开展效果评价时，应考虑企业面临的合规要求变化情况，不断调整合规管理目标，更新合规风险管理措施，以满足内外部合规管理要求。

第二十八条　持续改进

企业应根据合规审计和体系评价情况，进入合规风险再识别和合规制度再制定的持续改进阶段，保障合规管理体系全环节的稳健运行。

企业应积极配合监管机构的监督检查，并根据监管要求及时改进合规管理体系，提高合规管理水平。

第八章　合规文化建设

第二十九条　合规文化培育

企业应将合规文化作为企业文化建设的重要内容。企业决策层和高级管理层应确立企业合规理念，注重身体力行。企业应践行依法合规、诚信经营的价值观，不断增强员工的合规意识和行为自觉，营造依规办事、按章操作的文化氛围。

第三十条　合规文化推广

企业应将合规作为企业经营理念和社会责任的重要内容，并将合规文化传递至利益相关方。企业应树立积极正面的合规形象，促进行业合规文化发展，营造和谐健康的境外经营环境。

国家发展改革委有关负责人就《企业境外经营合规管理指引》答记者问[①]

（2018年12月29日）

日前，国家发展改革委、外交部、商务部、人民银行、国资委、外汇局、全国工商联印发了《企业境外经营合规管理指引》（以下简称《合规指引》）。为了解《合规指引》有关情况，针对社会各界关注的问题，记者采访了国家发展改革委有关负责人。

问：请介绍一下《合规指引》出台的背景。

答：合规是企业“走出去”行稳致远的前提，合规管理能力是企业国际竞争力的重要方面。习近平总书记在推进“一带一路”建设工作5周年座谈会上强调，要规范企业投资经营行为，合法合规经营，注意保护环境，履行社会责任，成为共建“一带一路”的形象大使。

近年来，我国企业遵循市场导向、商业原则、国际

① 来源于：国务院新闻办公室官网，http://www.scio.gov.cn/xwFbh/gbwxwfbh/xwfbh/fzggw/Document/1644750/1644750.htm，最后访问时间2022年11月8日。

惯例开展对外经济合作，坚持依法合规经营，积极履行社会责任，既促进了企业自身国际化发展，也推动了我国和有关国家互利共赢、共同发展，树立了中国企业良好形象。但是，也有少数企业合规意识不强，合规管理相对薄弱。

为推动企业增强境外经营合规管理意识，提升境外经营合规管理水平，国家发展改革委、外交部、商务部、人民银行、国资委、外汇局、全国工商联在深入调研、广泛征求意见的基础上，制定了《企业境外经营合规管理指引》，作为一项公共服务，供“走出去”企业参考。

问：请介绍一下《合规指引》的主要内容和特点。

答：《合规指引》包括总则，合规管理要求，合规管理架构，合规管理制度，合规管理运行机制，合规风险识别、评估与处置，合规评审与改进，合规文化建设等八部分，总共30条。

《合规指引》主要有三个特点。一是基础性。《合规指引》是为企业境外经营合规管理提供的基础性指导。国际经营环境复杂多变，企业合规管理的基础和条件也不尽相同。有关方面可在《合规指引》的基础上，针对特定领域制定更具体的指引。企业可对照《合规指引》，结合自身实际加强境外经营相关合规制度建设，不断提高合规管理水平。二是针对性。《合规指引》以企业境外经营面临的“合哪些规”“怎么合规”等实际问题为导向，相应提供了可操作的具体指引。三是系统性。《合规指引》指导企业统筹兼顾做好境外经营合规管理各项工作。比如，注重“软硬结合”，倡导企业在完善合规管理刚性制度的同时，积极培育和推广合规文化；注重“上下贯通”，倡导企业在决策、管理和执行三个层级上均明确合规责任，决策层应充分发挥表率作用；注重“内外兼顾”，倡导企业在合规管理中实时追踪外部合规要求变化，并定期评估和改进企业内部管理流程，防范合规风险。

问：请问企业开展境外经营过程中，通常需要合哪些规？

答：《合规指引》提出，合规是指企业及其员工的经营管理行为符合有关法律法规、国际条约、监管规定、行业准则、商业惯例、道德规范和企业依法制定的章程及规章制度等要求。《合规指引》在强调境外经营活动全流程、全方位合规的同时，重点针对对外贸易、境外投资、对外承包工程和境外日常经营等四类主要活动，明确了具体的合规要求。

企业开展对外货物和服务贸易，应全面掌握关于贸易管制、质量安全与技术标准、知识产权保护等方面的具体要求，关注业务所涉国家（地区）开展的贸易救济调查，包括反倾销、反补贴、保障措施调查等。

企业开展境外投资，应全面掌握关于市场准入、贸易管制、国家安全审查、行业监管、外汇管理、反垄断、反洗钱、反恐怖融资等方面的具体要求。

企业开展对外承包工程，应全面掌握关于投标管理、合同管理、项目履约、劳工管理、环境保护、连带风险管理、债务管理、捐赠与赞助、反腐败、反贿赂等方面的具体要求。

企业开展境外日常经营，应全面掌握关于劳工权利保护、环境保护、数据和隐私保护、知识产权保护、反腐败、反贿赂、反垄断、反洗钱、反恐怖融资、贸易管制、财务税收等方面的具体要求。

问：请问企业开展境外经营过程中，通常需要怎样做好合规？

答：《合规指引》明确了企业境外经营合规管理的基本内容和关键环节。企业可以对照《合规指引》，从自身经营范围、组织结构和业务规模等实际出发，加强境外经营合规管理。

一是全面识别合规要求。企业应系统全面地识别合规要求，清楚合规要求对于企业经营活动、产品和服务的影响，确保经营活动全流程、全方位合规。

二是健全合规管理架构。企业可结合发展需要，明晰内部各层级的合规管理责任，并根据业务性质、地域范围、监管要求等设置相应的合规管理机构。

三是制定合规管理制度。企业可从合规行为准则、合规管理办法、合规操作流程三个层次，建立健全合规管理制度，作为合规管理的指引和依据。

四是完善合规运行机制。企业应完善合规培训、汇报、考核、咨询、调查、问责等运行机制，将制度规定贯彻落实于工作实践中。

五是防范应对合规风险。企业应通过合规咨询、违规调查等内部途径或外部咨询等方式，有效识别各类合规风险，并依法采取恰当的控制和处置措施。

六是持续改进合规管理体系。企业应持续跟踪监管政策变化，定期进行合规审计和管理体系评价，根据内外部环境变化动态调整管理制度和运行机制，保障合规管理体系稳健运行。

七是重视合规文化建设。企业应将合规文化作为企业文化建设的重要内容，树立积极正面的合规形象，促进行业合规文化发展，营造和谐健康的内外部合规环境。

问：为推动企业加强境外经营合规管理，下一步有哪些工作考虑？

答：企业是合规管理的主体。为推动企业加强境外经营合规管理，国家发展改革委将会同有关部门和单位，着力做好四个方面工作。

一是开展合规管理培训。结合《合规指引》和典型案例，开展合规经营专题培训，帮助企业提高合规管理能力。

二是强化公共信息服务。充分发挥“一带一路”官网、“走出去”公共服务平台作用，为企业提供法律法规、国际条约、经贸规则、规范指引、典型案例等合规管理相关信息。

三是优化合规经营环境。对外商签产能与投资合作协议，加强双多边产能与投资合作机制建设，协同有关部门对外商签和更新投资协定、自贸协定、避免双重征税协定等，为“走出去”企业合规经营创造良好的外部环境。

四是完善违规惩戒机制。加强对外经济合作领域信用体系建设，对违法违规企业和相关责任人实施联合惩戒，提高违规成本，规范市场秩序。

企业境外反垄断合规指引

（2021 年 11 月 15 日　国市监反垄发〔2021〕72 号）

第一章　总　　则

第一条　目的和依据

为了鼓励企业培育公平竞争的合规文化，引导企业建立和加强境外反垄断合规管理制度，增强企业境外经营反垄断合规管理意识，提升境外经营反垄断合规管理水平，防范境外反垄断法律风险，保障企业持续健康发展，根据工作实际，制定本指引。

第二条　反垄断合规的重要意义

反垄断法是市场经济国家调控经济的重要政策工具，制定并实施反垄断法是世界上大多数国家或者地区（以下称司法辖区）保护市场公平竞争、维护市场竞争秩序的普遍做法。不同司法辖区对反垄断法的表述有所不同，例如“反垄断法”、“竞争法”、“反托拉斯法”、“公平交易法”等，本指引以下统称反垄断法。

企业境外经营应当坚持诚信守法、公平竞争。企业违反反垄断法可能面临高额罚款、罚金、损害赔偿诉讼和其他法律责任，企业相关负责人也可能面临罚款、罚金甚至刑事责任等严重后果。加强境外反垄断合规建设，可以帮助企业识别、评估和管控各类反垄断法律风险。

第三条　适用范围

本指引适用于在境外从事经营业务的中国企业以及在境内从事经营业务但可能对境外市场产生影响的中国企业，包括从事进出口贸易、境外投资、并购、知识产权转让或者许可、招投标等涉及境外的经营活动。

多数司法辖区反垄断法规定域外管辖制度，对在本司法辖区以外发生但对本司法辖区内市场产生排除、限制竞争影响的垄断行为，同样适用其反垄断法。

第二章　境外反垄断合规管理制度

第四条　建立境外反垄断合规管理制度

企业可以根据业务规模、业务涉及的主要司法辖区、所处行业特性及市场状况、业务经营面临的法律风险等制定境外反垄断合规制度，或者将境外反垄断合规要求嵌入现有整体合规制度中。

部分司法辖区对企业建立健全反垄断合规体系提出了具体指引，企业可以以此为基础制定相应的反垄断合规制度。企业建立并有效实施良好的合规制度在部分司法辖区可以作为减轻反垄断处罚责任的依据。

第五条　境外反垄断合规管理机构

鼓励企业尤其是大型企业设置境外反垄断合规管理部门或者岗位，或者依托现有合规管理制度开展境外反垄断合规管理专项工作。

反垄断合规管理部门和合规管理人员可以按照国务院反垄断委员会发布的《经营者反垄断合规指南》履行相应职责。

企业可以对境外反垄断合规管理制度进行定期评估，该评估可以由反垄断合规管理部门实施或者委托外部专业机构协助实施。

第六条　境外反垄断合规管理职责

境外反垄断合规管理职责主要包括以下方面：

（一）持续关注企业业务所涉司法辖区反垄断立法、

执法及司法的发展动态，及时为决策层、高级管理层和业务部门提供反垄断合规建议；

（二）根据所涉司法辖区要求，制定并更新企业反垄断合规政策，明确企业内部反垄断合规要求和流程，督促各部门贯彻落实，确保合规要求融入各项业务领域；

（三）审核、评估企业竞争行为和业务经营的合规性，及时制止、纠正不合规的经营行为，并制定针对潜在不合规行为的应对措施；

（四）组织或者协助业务、人事等部门开展境外反垄断合规培训，并向业务部门和员工提供境外反垄断合规咨询；

（五）建立境外反垄断合规报告制度，组织开展企业内部反垄断合规检查，对发现的合规风险向管理层提出处理建议；

（六）妥善应对反垄断合规风险事件，就潜在或者已发生的反垄断调查或者诉讼，组织制定应对和整改措施；

（七）其他与企业境外反垄断合规有关的工作。

第七条　境外反垄断合规承诺机制

鼓励企业建立境外反垄断合规承诺机制。企业决策人员、在境外从事经营的高级管理人员和业务人员等可以作出反垄断合规承诺。

建立反垄断合规承诺机制，可以提高相关人员对反垄断法律风险的认识和重视程度，确保其对企业履行合规承诺负责。通常情况下，企业决策人员和相关高级管理人员对反垄断合规的承诺和参与是提升合规制度有效性的关键。

第三章　境外反垄断合规风险重点

第八条　反垄断涉及的主要行为

各司法辖区反垄断法调整的行为类型类似，主要规制垄断协议、滥用市场支配地位和具有或者可能具有排除、限制竞争影响的经营者集中。各司法辖区对于相关行为的定义、具体类型和评估方法不尽相同，本章对此作简要阐释，具体合规要求应以各司法辖区反垄断法相关规定为准。

同时，企业应当根据相关司法辖区的情况，关注本章可能未涉及的特殊规制情形，例如有的司法辖区规定禁止滥用相对优势地位、禁止在竞争者中兼任董事等安排，规制行政性垄断行为等。

第九条 垄断协议

垄断协议一般是指企业间订立的排除、限制竞争的协议或者采取的协同行为，也被称为“卡特尔”、“限制竞争协议”、“不正当交易限制”等，主要包括固定价格、限制产量或分割市场、联合抵制交易等横向垄断协议以及转售价格维持、限定销售区域和客户或者排他性安排等纵向垄断协议。部分司法辖区反垄断法也禁止交换价格、成本、市场计划等竞争性敏感信息，某些情况下被动接收竞争性敏感信息不能成为免于处罚的理由。横向垄断协议，尤其是与价格相关的横向垄断协议，通常被视为非常严重的限制竞争行为，各司法辖区均对此严格规制。多数司法辖区也对纵向垄断协议予以规制，例如转售价格维持（RPM）可能具有较大的违法风险。

垄断协议的形式并不限于企业之间签署的书面协议，还包括口头协议、协同行为等行为。垄断协议的评估因素较为复杂，企业可以根据各司法辖区的具体规定、指南、司法判例及执法实践进行评估和判断。比如，有的司法辖区对垄断协议的评估可能适用本身违法或者合理原则，有的司法辖区可能会考虑其是否构成目的违法或者需要进行效果分析。适用本身违法或者目的违法的行为通常推定为本质上存在损害、限制竞争性质，而适用合理原则与效果分析时，会对相关行为促进和损害竞争效果进行综合分析。部分司法辖区对垄断协议行为设有行业豁免、集体豁免以及安全港制度，企业在分析和评估时可以参照有关规定。

此外，大多数司法辖区均规定协会不得组织企业从事垄断协议行为，企业也不会因协会组织的垄断协议而免于处罚。

第十条　滥用市场支配地位

市场支配地位一般是指企业能够控制某个相关市场，而在该市场内不再受到有效竞争约束的地位。一般来说，判断是否具有市场支配地位需要综合考虑业务规模、市场份额和其他相关因素，比如来自竞争者的竞争约束、客户的谈判能力、市场进入壁垒等。通常情况下，除非有相反证据，较低的市场份额不会被认定为具有市场支配地位。

企业具有市场支配地位本身并不违法，只有滥用市场支配地位才构成违法。滥用市场支配地位是指具有市场支配地位的企业没有正当理由，凭借该地位实施排除、限制竞争的行为，一般包括销售或采购活动中的不公平高价或者低价、低于成本价销售、附加不合理或者不公平的交易条款和条件、独家或者限定交易、拒绝交易、搭售、歧视性待遇等行为。企业在判断是否存在滥用市场支配地位时，可以根据有关司法辖区的规定，提出可能存在的正当理由及相关证据。

第十一条　经营者集中

经营者集中一般是指企业合并、收购、合营等行为，有的司法辖区称之为并购控制。经营者集中本身并不违法，但对于具有或可能具有排除、限制竞争效果的，可能被禁止或者附加限制性条件批准。

不同司法辖区判断是否构成集中、是否应当申报的标准不同。有的司法辖区主要考察经营者控制权的持久变动，通过交易取得对其他经营者的单独或者共同控制即构成集中，同时依据营业额设定申报标准；有的司法辖区设置交易规模、交易方资产额、营业额等多元指标判断是否达到申报标准；有的司法辖区考察集中是否会或者可能会对本辖区产生实质性限制竞争效果，主要以市场份额作为是否申报或者鼓励申报的初步判断标准。此外，设立合营企业是否构成经营者集中在不同司法辖区的标准也存在差异，需要根据相关规定具体分析。

多数司法辖区要求符合规定标准的集中必须在实施前向反垄断执法机构申报，否则不得实施；有的司法辖区根据集中类型、企业规模和交易规模确定了不同的申报时点；有的司法辖区采取自愿申报制度；有的司法辖区要求企业不晚于集中实施后的一定期限内申报；有的司法辖区可以在一定情况下调查未达到申报标准的交易。对于采取强制事前申报的司法辖区，未依法申报或者未经批准实施的经营者集中，通常构成违法行为并可能产生严重的法律后果，比如罚款、暂停交易、恢复原状等；采取自愿申报或者事后申报的司法辖区，比如交易对竞争产生不利影响，反垄断执法机构可以要求企业暂停交易、恢复原状、附加限制性条件等。

第十二条　境外反垄断调查方式

多数司法辖区反垄断执法机构都拥有强力而广泛的调查权。一般来说，反垄断执法机构可根据举报、投诉、违法公司的宽大申请或者依职权开展调查。

调查手段包括收集有关信息、复制文件资料、询问当事人及其他关系人（比如竞争对手和客户）、现场调查、采取强制措施等。部分司法辖区还可以开展“黎明突袭”，即在不事先通知企业的情况下，突然对与实施涉嫌垄断行为相关或者与调查相关的必要场所进行现场搜查。在黎明突袭期间，企业不得拒绝持有搜查证、搜查授权或者决定的调查人员进入。调查人员可以检查搜查证、搜查授权或者决定范围内的一切物品，可以查阅、复制文件，根据检查需要可以暂时查封有关场所，询问员工等。此外，在有的司法辖区，反垄断执法机构可以与边境管理部门合作，扣留和调查入境的被调查企业员工。

第十三条　配合境外反垄断调查

各司法辖区对于配合反垄断调查和诉讼以及证据保存均有相关规定，一般要求相关方不得拒绝提供有关材料或信息，提供虚假或者误导性信息、隐匿或者销毁证据，开展其他阻挠调查和诉讼程序并带来不利后果的行为，对于不配合调查的行为规定了相应的法律责任。有的司法辖区规定，提供错误或者误导性信息等情形可面临最高为集团上一财年全球总营业额1%的罚款，还可以要求每日缴纳最高为集团上一财年全球日均营业额5%的滞纳金；如果最终判定存在违法行为，则拒绝合作可能成为加重罚款的因素。有的司法辖区规定，拒绝配合调查可能被判藐视法庭或者妨碍司法公正，并处以罚金，情节严重的甚至可能被判处刑事责任，比如通过向调查人员提供重大不实陈述的方式故意阻碍调查等情形。通常情况下，企业对反垄断调查的配合程度是执法机构作出处罚以及宽大处理决定时的重要考量因素之一。

企业可以根据需要，由法务部门、外部律师、信息技术部门事先制定应对现场检查的方案和配合调查的计划。在面临反垄断调查和诉讼时，企业可以制定员工出行指南，确保员工在出行期间发生海关盘问、搜查等突发情况时能够遵守企业合规政策，同时保护其合法权利。

第十四条　企业在境外反垄断调查中的权利

多数司法辖区对反垄断执法机构开展调查的程序等作出明确要求，以保障被调查企业的合法权利。反垄断执法机构开展调查时应当遵循法定程序并出具相关证明文件，比如执法机构的身份证明或者法院批准的搜查令等。被调查的企业依法享有陈述、说明和申辩的权利，反垄断执法机构对调查过程中获取的信息应当依法予以保密。

在境外反垄断调查中，企业可以依照相关司法辖区的规定维护自身合法权益，比如就有关事项进行陈述和申辩，要求调查人员出示证件，向执法机构询问企业享有的合法权利，在保密的基础上查阅执法机构的部分调查文件；聘请律师到场，在有的司法辖区，被调查对象有权在律师到达前保持缄默。部分司法辖区对受律师客户特权保护的文件有除外规定，企业在提交文件时可以对相关文件主张律师客户特权，防止执法人员拿走他们无权调阅的特权资料。有的司法辖区规定，应当听取被调查企业或行业协会的意见，并使其享有就异议事项提出答辩的机会。无论是法律或者事实情况，如果被调查对象没有机会表达自己的观点，就不能作为案件裁决的依据。

第十五条　境外反垄断诉讼

企业在境外也可能面临反垄断诉讼。反垄断诉讼既可以由执法机构提起，也可以由民事主体提起。比如，在有的司法辖区，执法机构可以向法院提起刑事诉讼和民事诉讼；直接购买者、间接购买者也可以向法院提起诉讼，这些诉讼也有可能以集团诉讼的方式提起。在有的司法辖区，反垄断诉讼包括对反垄断执法机构决定的上诉，以及受损害主体提起的损害赔偿诉讼、停止垄断行为的禁令申请或者以合同包含违反竞争法律的限制性条款为由对该合同提起的合同无效之诉。

不同司法辖区的反垄断诉讼涉及程序复杂、耗时较长；有的司法辖区可能涉及范围极为宽泛的证据开示。企业在境外反垄断诉讼中一旦败诉，将面临巨额罚款或者赔偿、责令改变商业模式甚至承担刑事责任等严重不利后果。

第十六条　应对境外反垄断风险

企业可以建立对境外反垄断法律风险的应对和损害减轻机制。当发生重大境外反垄断法律风险时，可以立刻通知法务人员、反垄断合规管理人员、相关业务部门负责人开展内部联合调查，发现并及时终止不合规行为，制定内部应对流程以及诉讼或者辩护方案。

部分司法辖区设有豁免申请制度，在符合一定条件的情况下，企业可以针对可能存在损害竞争效果但也有一定效率提升、消费者福利提升或公平利益提升的相关行为，向反垄断执法机构事前提出豁免申请。获得批准后，企业从事相关行为将不会被反垄断执法机构调查或者被认定为违法。企业可以根据所在司法辖区的实际情况评估如何运用该豁免申请，提前防范反垄断法律风险。

企业可以聘请外部律师、法律或者经济学专家、其他专业机构协助企业应对反垄断法律风险，争取内部调查的结果在可适用的情况下可以受到律师客户特权的保护。

第十七条　可能适用的补救措施

出现境外反垄断法律风险时或者境外反垄断法律风险发生后，企业可以根据相关司法辖区的规定以及实际情况采取相应措施，包括运用相关司法辖区反垄断法中的宽大制度、承诺制度、和解程序等，最大程度降低风险和负面影响。

宽大制度，一般是指反垄断执法机构对于主动报告垄断协议行为并提供重要证据的企业，减轻或者免除处罚的制度。比如，有的司法辖区，宽大制度可能使申请企业减免罚款并豁免刑事责任；有的司法辖区，第一个申请宽大的企业可能被免除全部罚款，后续申请企业可能被免除部分罚款。申请适用宽大制度通常要求企业承认参与相关垄断协议，可能在后续民事诉讼中成为对企业的不利证据，同时要求企业承担更高的配合调查义务。

承诺制度，一般是指企业在反垄断调查过程中，主动承诺停止或者放弃被指控的垄断行为，并采取具体措施消除对竞争的不利影响，反垄断执法机构经评估后作出中止调查、接受承诺的决定。对于企业而言，承诺决定不会认定企业存在违法行为，也不会处以罚款；但企业后续如果未遵守承诺，可能面临重启调查和罚款的不利后果。

和解制度，一般是指企业在反垄断调查过程中与执法机构或者私人原告以和解的方式快速结案。有的司法辖区，涉案企业需主动承认其参与垄断协议的违法行为，以获得最多10%的额外罚款减免。有的司法辖区，和解包括在民事案件中与执法机构或者私人原告达成民事和解协议，或者在刑事案件中与执法机构达成刑事认罪协议。民事和解通常包括有约束力的同意调解书，其中包括纠正被诉损害竞争行为的承诺。执法机构也可能会要求被调查方退还通过损害竞争行为获得的非法所得。同意调解书同时要求企业对遵守承诺情况进行定期报告。不遵守同意调解书，企业可能被处以罚款，并且重新调查。在刑事程序中，企业可以和执法机构达成认罪协议，达到减轻罚款、更快结案的效果；企业可以综合考虑可能的罚款减免、效率、诉讼成本、确定性、胜诉可能性、对后续民事诉讼的影响等因素决定是否达成认罪协议。

第十八条　反垄断法律责任

垄断行为可能导致相关企业和个人被追究行政责任、民事责任和刑事责任。

行政责任主要包括被处以禁止令、罚款、拆分企业等。禁止令通常禁止继续实施垄断行为，也包括要求采取整改措施、定期报告、建立和实施有效的合规制度等。多数司法辖区对垄断行为规定大额罚款，有的司法辖区规定最高可以对企业处以集团上一年度全球总营业额10%的罚款。

民事责任主要有确认垄断协议无效和损害赔偿两种。有的司法辖区规定应当充分赔偿因垄断行为造成的损失，包括实际损失和利润损失，加上从损害发生之日起至支付赔偿金期间的利息；有的司法辖区规定企业最高承担三倍损害赔偿责任以及相关诉讼费用。

部分司法辖区还规定刑事责任，垄断行为涉及的高级管理人员、直接责任人等个人可能面临罚金甚至监禁，对公司违法者的罚金高达1亿美元，个人刑事罚金高达100万美元，最高监禁期为10年。如果违法所得或者受害者经济损失超过1亿美元，公司的最高罚金可以是违法所得或者经济损失的两倍。

有的司法辖区规定，如果母公司对子公司能够施加“决定性影响”，境外子公司违反反垄断法，母公司可能承担连带责任。同时，计算相关罚款的基础调整为整个集团营业额。

除法律责任外，企业受到反垄断调查或者诉讼还可能产生其他重大不利影响，对企业境外经营活动造成极大风险。反垄断执法机构的调查或者反垄断诉讼可能耗费公司大量的时间，产生高额法律费用，分散对核心业务活动的关注，影响企业正常经营。如果调查或者诉讼产生不利后果，企业财务状况和声誉会受到极大损害。

第四章　境外反垄断合规风险管理

第十九条　境外反垄断风险识别

企业可以根据境外业务规模、所处行业特点、市场情况、相关司法辖区反垄断法律法规以及执法环境等因素识别企业面临的主要反垄断风险。

（一）可能与垄断协议有关的风险。大多数司法辖区禁止企业与其他企业达成和实施垄断协议以及交换竞争性敏感信息。企业在境外开展业务时应当高度关注以下行为可能产生与垄断协议有关的风险：一是与竞争者接触相关的风险。比如，企业员工与竞争者员工之间在行业协会、会议以及其他场合的接触；竞争企业之间频繁的人员流动；通过同一个供应商或者客户交换敏感信息等。二是与竞争者之间合同、股权或其他合作相关的风险。比如，与竞争者达成合伙或者合作协议等可能排除、限制竞争的。三是在日常商业行为中与某些类型的协议或行为相关的风险。比如，与客户或供应商签订包含排他性条款的协议；对客户转售价格的限制等。

（二）可能与滥用市场支配地位有关的风险。企业应当对从事经营活动的市场、主要竞争者和自身市场力量做出评估和判断，并以此为基础评估和规范业务经营活动。当企业在某一市场中具有较高市场份额时，应当注意其市场行为的商业目的是否为限制竞争、行为是否对竞争造成不利影响，避免出现滥用市场支配地位的风险。

（三）可能与经营者集中有关的风险。大多数司法辖区设有集中申报制度，企业在全球范围内开展合并、收购、设立合营企业等交易时，同一项交易（包括在中国境内发生的交易）可能需要在多个司法辖区进行申报。企业在开展相关交易前，应当全面了解各相关司法辖区的申报要求，充分利用境外反垄断执法机构的事前商谈机制，评估申报义务并依法及时申报。企业收购境外目标公司还应当特别注意目标公司是否涉及反垄断法律责任或者正在接受反垄断调查，评估该法律责任在收购后是否可能被附加至母公司或者买方。

第二十条　境外反垄断风险评估

企业可以根据实际情况，建立境外反垄断法律风险评估程序和标准，定期分析和评估境外反垄断法律风险的来源、发生的可能性以及后果的严重性等，明确风险等级，并按照不同风险等级设计和实施相应的风险防控制度。评估可以由企业反垄断合规管理部门组织实施或者委托外部专业机构协助实施。

鼓励企业对以下情形开展专项评估：（一）对业务收购、公司合并、新设合营企业等事项作出投资决策之前；（二）实施重大营销计划、签订重大供销协议之前；（三）受到境外反垄断调查或者诉讼之后。

第二十一条　企业员工风险评级

企业根据员工面临境外反垄断法律风险的不同程度开展风险评级，进行更有效的风险防控。对高级管理人员，业务部门的管理人员，经常与同行竞争者交往的人员，销售、市场及采购部门的人员，知晓企业商业计划、价格等敏感信息的人员，曾在具有竞争关系的企业工作并知晓敏感信息的人员，负责企业并购项目的人员等；企业可以优先进行风险管理，采取措施强化其反垄断合规意识。对其他人员，企业可以根据风险管理的优先级采取反垄断风险管理的适当措施。

第二十二条　境外反垄断合规报告

企业可以建立境外反垄断合规报告机制。反垄断合规管理部门可以定期向企业决策层和高级管理层汇报境外反垄断合规管理情况。当发生重大境外反垄断风险时，反垄断合规管理机构应当及时向企业决策层和高级管理层汇报，组织内部调查，提出风险评估意见和风险应对措施；同时，企业可以通过境外企业和对外投资联络服务平台等渠道向商务部、市场监管总局等政府部门和驻外使领馆报告。

第二十三条　境外反垄断合规咨询

企业可以建立反垄断合规咨询机制。由于境外反垄断合规的高度复杂性，鼓励企业及员工尽早向反垄断合规管理部门咨询经营中遇到境外反垄断合规问题。企业反垄断合规管理部门可根据需要聘请外部律师或专家协助开展合规咨询，也可在相关司法辖区法律法规允许的情况下，在开展相关行为前向有关反垄断执法机构进行合规咨询。

第二十四条　境外反垄断合规审核

企业可以建立境外反垄断合规审核机制。反垄断合规管理部门可以对企业在境外实施的战略性决定、商业合同、交易计划、经销协议模板、销售渠道管理政策等进行反垄断合规审核。反垄断合规管理部门可以根据需要聘请外部律师协助评估反垄断法律风险，提出审核意见。

第二十五条　境外反垄断合规培训

企业可以对境外管理人员和员工进行定期反垄断合规培训。反垄断合规培训可以包括相关司法辖区反垄断法律法规、反垄断法律风险、可能导致反垄断法律风险的行为、日常合规行为准则、反垄断调查和诉讼的配合、反垄断宽大制度、承诺制度、和解制度、企业的反垄断合规政策和体系等相关内容。

企业可以定期审阅、更新反垄断合规培训内容；也可以通过员工行为准则、核查清单、反垄断合规手册等方式向员工提供书面指导。

第二十六条　其他防范反垄断风险的具体措施

除本章第十九条至第二十五条规定之外，企业还可以采取以下措施，防范境外反垄断风险。

（一）在加入行业协会之前，对行业协会目标和运营情况进行尽职调查，特别是会籍条款是否可能用来排除限制竞争，该协会是否有反垄断合规制度等。保存并更新所参加的行业协会活动及相关员工的清单。

（二）在参加行业协会组织的或者有竞争者参加的会议前了解议题，根据需要可以安排反垄断法律顾问出席会议和进行反垄断合规提醒；参加行业协会会议活动时认真审阅会议议程和会议纪要。

（三）在与竞争者进行交流之前应当明确范围，避免讨论竞争敏感性话题；记录与竞争者之间的对话或者其他形式的沟通，及时向上级或者反垄断合规管理部门报告。

（四）对与竞争者共同建立的合营企业和其他类型的合作，可以根据需要设立信息防火墙，避免通过合营企业或者其他类型的合作达成或者实施垄断协议。

（五）如果企业的部分产品或者服务在相关司法辖区可能具有较高的市场份额，可以对定价、营销、采购等部门进行专项培训，对可能存在风险的行为进行事前评估，及时防范潜在风险。

第五章　附　　则

第二十七条　指引的效力

本指引仅对企业境外反垄断合规作出一般性指引，

供企业参考。指引中关于境外反垄断法律法规的阐释多为原则性、概括性说明，建议在具体适用时查询相关司法辖区反垄断法律法规的最新版本。企业应当结合各司法辖区关于合规制度以及经营行为是否违反反垄断法等方面的具体要求，有针对性地建设反垄断合规体系和开展合规工作。

本指引未涉及事项，可以参照国务院反垄断委员会发布的《经营者反垄断合规指南》。

中央企业重大经营风险事件报告工作规则

（2021年12月13日　国资发监督规〔2021〕103号）

第一条　为规范中央企业重大经营风险事件报告工作，建立健全重大经营风险管控机制，及时采取应对措施，有效防范和化解重大经营风险，根据《关于印发〈关于加强中央企业内部控制体系建设与监督工作的实施意见〉的通知》（国资发监督规〔2019〕101号），制定本规则。

第二条 本规则所称中央企业，是指国务院国有资产监督管理委员会（以下简称国资委）代表国务院履行出资人职责的国家出资企业（以下简称企业）。

第三条 本规则所称重大经营风险事件，是指企业在生产经营管理活动中发生的，已造成或可能造成重大资产损失或严重不良影响的各类生产经营管理风险事件。

第四条 企业是重大经营风险事件报告工作的责任主体，负责建立重大经营风险事件报告工作制度和运行机制，明确责任分工、畅通报告渠道。企业主要负责人应当对重大经营风险事件报告的真实性、及时性负责。

第五条 国资委对企业重大经营风险事件报告及处置工作实施监督管理，督促指导企业建立重大经营风险事件报告责任体系，做好重大经营风险事件的研判报送、应对处置、跟踪监测、警示通报及问责整改等工作，对于涉及违规经营投资的风险事件，按有关规定开展责任追究。

第六条 企业发生重大经营风险事件后应当快速反应、及时报告，客观准确反映风险事件情况，确保国资委及企业集团能够及时研判、有效应对、稳妥处置，并举一反三做好风险预警通报工作。

第七条 企业生产经营管理过程中，有下列风险情形之一的，应当确定为重大经营风险事件并及时报告：

（一）可能对企业资产、负债、权益和经营成果产生重大影响，影响金额占企业总资产或者净资产或者净利润10%以上，或者预计损失金额超过5000万元。

（二）可能导致企业生产经营条件和市场环境发生特别重大变化，影响企业可持续发展。

（三）因涉嫌严重违法违规被司法机关或者省级以上监管机构立案调查，或者受到重大刑事处罚、行政处罚。

（四）受到其他国家、地区或者国际组织机构管制、制裁等，对企业或者国家形象产生重大负面影响。

（五）受到国内外媒体报道，造成重大负面舆情影响。

（六）其他情形。

第八条 重大经营风险事件报告按照事件发生的不同阶段，分为首报、续报和终报等三种方式。

第九条 首报应当在事件发生后2个工作日内向国资委报告，报告内容包括：事件发生的时间、地点、现状以及可能造成的损失或影响，向企业董事会及监管部门报告情况，以及采取的紧急应对措施等情况。对于特别紧急的重大经营风险事件，应当在第一时间内以适当便捷的方式报告国资委。

第十条 续报应当在事件发生后 5 个工作日内向国资委报告，报告内容包括：事发单位基本情况，事件起因和性质，基本过程、发展趋势判断、风险应对处置方案、面临问题和困难及建议等情况。

对于需要长期应对处置或整改落实的，应当纳入重大经营风险事件月度或季度监测台账，跟踪监测事件处置进度，并定期报告重大经营风险事件处置进展情况。

第十一条 终报应当在事件处置或整改工作结束后 10 个工作日内向国资委报告，报告内容包括：事件基本情况、党委（党组）或董事会审议情况、已采取的措施及结果、涉及的金额及造成的损失及影响、存在的主要问题和困难及原因分析、问题整改情况等。涉及违规违纪违法问题的应当一并报告问责情况。

重大经营风险事件报告，应当由企业主要负责人签字并加盖企业公章后报送国资委。

第十二条 国资委根据重大经营风险事件报告质量评估情况，及时提出处理意见并反馈企业。对于重大经营风险事件报告存在质量问题的，要求企业及时进行修改或重新编制报送。

第十三条 企业在重大经营风险事件报告及处置阶段，应当视情向所属企业及时预警提示或通报重大风险事件情况，做到重大风险早发现、早预警、早处置，并认真总结经验教训，不断完善重大经营风险事件报告及应对处置工作。

第十四条 国资委对企业报送的重大经营风险事件进行初步评估，按有关职能和工作分工，由相关厅局督促指导企业做好重大经营风险事件应对工作，跟踪处置情况，加强重大经营风险管控和防范。对具有典型性、普遍性的重大经营风险事件，深入分析原因、研究管理措施，视情及时向企业预警提示或通报。

第十五条 存在以下情形之一的，国资委将印发提示函、约谈或通报，情形严重的依规追究责任：

（一）严重迟报、漏报、瞒报和谎报的。

（二）对重大经营风险事件报告工作敷衍应付，导致发生重大资产损失或严重不良后果的。

（三）重大经营风险事件应对处置不及时、措施不得力，造成重大资产损失或严重不良后果的。

（四）需要追究责任的其他情形。

第十六条 企业重大经营风险事件报告工作应当严格落实国家保密管理有关规定和要求。

第十七条 企业安全生产、节能减排、环境保护、维稳事件等相关风险事件报告工作不适用本规则。

第十八条 本规则自印发之日起施行。《关于加强重大经营风险事件报告工作有关事项的通知》（国资厅发监督〔2020〕17 号）同时废止。

国资委关于加强中央企业内部控制体系建设与监督工作的实施意见

（2019 年 10 月 19 日 国资发监督规〔2019〕101 号）

为深入贯彻习近平新时代中国特色社会主义思想和党的十九大精神，认真落实党中央、国务院关于防范化解重大风险和推动高质量发展的决策部署，充分发挥内部控制（以下简称内控）体系对中央企业强基固本作用，进一步提升中央企业防范化解重大风险能力，加快培育具有全球竞争力的世界一流企业，根据《中共中央 国务院关于深化国有企业改革的指导意见》、《国务院关于印发改革国有资本授权经营体制方案的通知》、《国务院办公厅关于加强和改进企业国有资产监督防止国有资产流失的意见》，制定本实施意见。

一、建立健全内控体系，进一步提升管控效能

（一）优化内控体系。建立健全以风险管理为导向、合规管理监督为重点，严格、规范、全面、有效的内控体系。进一步树立和强化管理制度化、制度流程化、流程信息化的内控理念，通过“强监管、严问责”和加强信息化管理，严格落实各项规章制度，将风险管理和合规管理要求嵌入业务流程，促使企业依法合规开展各项经营活动，实现“强内控、防风险、促合规”的管控目标，形成全面、全员、全过程、全体系的风险防控机制，切实全面提升内控体系有效性，加快实现高质量发展。

（二）强化集团管控。进一步完善企业内部管控体制机制，中央企业主要领导人员是内控体系监管工作第一责任人，负责组织领导建立健全覆盖各业务领域、部门、岗位，涵盖各级子企业全面有效的内控体系。中央企业应明确专门职能部门或机构统筹内控体系工作职责；落实各业务部门内控体系有效运行责任；企业审计部门要加强内控体系监督检查工作，准确揭示风险隐患和内控缺陷，进一步发挥查错纠弊作用，促进企业不断优化内控体系。

（三）完善管理制度。全面梳理内控、风险和合规管理相关制度，及时将法律法规等外部监管要求转化为企业内部规章制度，持续完善企业内部管理制度体系。在具体业务制度的制定、审核和修订中嵌入统一的内控体系管控要求，明确重要业务领域和关键环节的控制要求和风险应对措施。将违规经营投资责任追究内容纳入企业内部管理制度中，强化制度执行刚性约束。

（四）健全监督评价体系。统筹推进内控、风险和合规管理的监督评价工作，将风险、合规管理制度建设及实施情况纳入内控体系监督评价范畴，制定定性与定量相结合的内控缺陷认定标准、风险评估标准和合规评价标准，不断规范监督评价工作程序、标准和方式方法。

二、强化内控体系执行，提高重大风险防控能力

（五）加强重点领域日常管控。聚焦关键业务、改革重点领域、国有资本运营重要环节以及境外国有资产监管，定期梳理分析相关内控体系执行情况，认真查找制度缺失或流程缺陷，及时研究制定改进措施，确保体系完整、全面控制、执行有效。要在投资并购、改革改制重组等重大经营事项决策前开展专项风险评估，并将风险评估报告（含风险应对措施和处置预案）作为重大经营事项决策的必备支撑材料，对超出企业风险承受能力或风险应对措施不到位的决策事项不得组织实施。

（六）加强重要岗位授权管理和权力制衡。不断深化内控体系管控与各项业务工作的有机结合，以保障各项经营业务规范有序开展。按照不相容职务分离控制、授权审批控制等内控体系管控要求，严格规范重要岗位和关键人员在授权、审批、执行、报告等方面的权责，实现可行性研究与决策审批、决策审批与执行、执行与监督检查等岗位职责的分离。不断优化完善管理要求，重点强化采购、销售、投资管理、资金管理和工程项目、产权（资产）交易流转等业务领域各岗位的职责权限和审批程序，形成相互衔接、相互制衡、相互监督的内控体系工作机制。

（七）健全重大风险防控机制。积极采取措施强化企业防范化解重大风险全过程管控，加强经济运行动态、大宗商品价格以及资本市场指标变化监测，提高对经营环境变化、发展趋势的预判能力，同时结合内控体系监督评价工作中发现的经营管理缺陷和问题，综合评估企业内外部风险水平，有针对性地制定风险应对方案，并根据原有风险的变化情况及应对方案的执行效果，有效做好企业间风险隔离，防止风险由“点”扩“面”，避免发生系统性、颠覆性重大经营风险。

三、加强信息化管控，强化内控体系刚性约束

（八）提升内控体系信息化水平。各中央企业要结合国资监管信息化建设要求，加强内控信息化建设力度，进一步提升集团管控能力。内控体系建设部门要与业务部门、审计部门、信息化建设部门协同配合，推动企业“三重一大”、投资和项目管理、财务和资产、物资采购、全面风险管理、人力资源等集团管控信息系统的集成应用，逐步实现内控体系与业务信息系统互联互通、有机融合。要进一步梳理和规范业务系统的审批流程及各层级管理人员权限设置，将内控体系管控措施嵌入各类业务信息系统，确保自动识别并终止超越权限、逾越程序和审核材料不健全等行为，促使各项经营管理决策和执行活动可控制、可追溯、可检查，有效减少人为违规操纵因素。集团管控能力和信息化基础较好的企业要逐步探索利用大数据、云计算、人工智能等技术，实现内控体系实时监测、自动预警、监督评价等在线监管功能，进一步提升信息化和智能化水平。

四、加大企业监督评价力度，促进内控体系持续优化

（九）全面实施企业自评。督促所属企业每年以规范流程、消除盲区、有效运行为重点，对内控体系的有效性进行全面自评，客观、真实、准确揭示经营管理中存在的内控缺陷、风险和合规问题，形成自评报告，并经董事会或类似决策机构批准后按规定报送上级单位。

（十）加强集团监督评价。要在子企业全面自评的基础上，制定年度监督评价方案，围绕重点业务、关键环节和重要岗位，组织对所属企业内控体系有效性进行监督评价，确保每3年覆盖全部子企业。要将海外资产纳入监督评价范围，重点对海外项目的重大决策、重大项目安排、大额资金运作以及境外子企业公司治理等进行监督评价。

（十一）强化外部审计监督。要根据监督评价工作结果，结合自身实际情况，充分发挥外部审计的专业性和独立性，委托外部审计机构对部分子企业内控体系有效性开展专项审计，并出具内控体系审计报告。内控体系监管不到位、风险事件和合规问题频发的中央企业，必须聘请具有相应资质的社会中介机构进行审计评价，切实提升内控体系管控水平。

（十二）充分运用监督评价结果。要加大督促整改工作力度，指导所属企业明确整改责任部门、责任人和完成时限，对整改效果进行检查评价，按照内控体系一体化工作要求编制内控体系年度工作报告并及时报国资委，同时抄送企业纪委（纪检监察组）、组织人事部门等。指导所属企业建立健全与内控体系监督评价结果挂钩的考核机制，对内控制度不健全、内控体系执行不力、瞒报漏报谎报自评结果、整改落实不到位的单位或个人，应给予考核扣分、薪酬扣减或岗位调整等处理。

五、加强出资人监督，全面提升内控体系有效性

（十三）建立出资人监督检查工作机制。加强对中央企业国有资产监管政策制度执行情况的综合检查工作，建立内控体系定期抽查评价工作制度，每年组织专门力量对中央企业经营管理重要领域和关键环节开展内控体系有效性抽查评价，发现和堵塞管理漏洞，完善相关政策制度，并加大监督检查工作结果在各项国有资产监管及干部管理工作中的运用力度。

（十四）充分发挥企业内部监督力量。通过完善公司治理，健全相关制度，整合企业内部监督力量，发挥企业董事会或委派董事决策、审核和监督职责，有效利用企业监事会、内部审计、企业内部巡视巡察等监督检查工作成果，以及出资人监管和外部审计、纪检监察、巡视反馈问题情况，不断完善企业内控体系建设。

（十五）强化整改落实工作。进一步强化对企业重大风险隐患和内控缺陷整改工作跟踪检查力度，将企业整改落实情况纳入每年内控体系抽查评价范围，完善对中央企业提示函和通报工作制度，对整改不力的印发提示函和通报，进一步落实整改责任，避免出现重复整改、形式整改等问题。

（十六）加大责任追究力度。严格按照《中央企业违规经营投资责任追究实施办法（试行）》（国资委令第37号）等有关规定，及时发现并移交违规违纪违法经营投资问题线索，强化监督警示震慑作用。对中央企业存在重大风险隐患、内控缺陷和合规管理等问题失察，或虽发现但没有及时报告、处理，造成重大资产损失或其他严重不良后果的，要严肃追究企业集团的管控责任；对各级子企业未按规定履行内控体系建设职责、未执行或执行不力，以及瞒报、漏报、谎报或迟报重大风险及内控缺陷事件的，坚决追责问责，层层落实内控体系监督责任，有效防止国有资产流失。

关于加强中央企业资金内部控制管理有关事项的通知

（2021年3月2日　国资发监督〔2021〕19号）

各中央企业：

为贯彻党中央、国务院关于防范化解重大风险决策部署，落实国企改革三年行动要求，加强中央企业资金内部控制（以下简称内控）管理，进一步提升防范重大资金损失风险能力，根据《关于印发〈关于加强中央企业内部控制体系建设与监督工作的实施意见〉的通知》（国资发监督规〔2019〕101号）等规定，现就有关事项通知如下：

一、建立健全资金内控管理体制机制

近年来，一些中央企业集中出现资金管理体系不健全、制度执行不到位、支付管理不规范、信息化建设滞后等问题，个别基层单位甚至发生重大违纪违法案件，暴露出资金内控管理严重缺失。各中央企业要高度重视资金内控管理工作，以提升资金内控有效性为目标，以强化资金内控监督为抓手，以健全资金内控制度体系为保障，落实内控部门的资金内控监管责任、工作职责与权限，明确监管工作程序、标准和方式方法，构建事前有规范、事中有控制、事后有评价的工作机制，形成内控部门与业务、财务（资金）、审计等部门运转顺畅、有效监督、相互制衡的工作体系。

二、切实加强资金内控制度建设

各中央企业内控部门要在推动完善财务资金制度的基础上，结合企业行业特点、业务模式和经营规模，抓紧建立资金内控监管制度，明确资金内控监管工作原则和任务、职责权限和控制程序，细化资金内控在资金支出、审批联签、收支结算、银行账户、网银支付、票据管理、不相容岗位设置、上岗资质、定期轮岗、后续教育等关键环节的控制触发条件和控制标准、缺陷认定标准，确保内控要求嵌入到资金活动全流程。根据国家有关部门及国资委关于资金管理相关政策制度变化，以及新设立企业（项目部、分支机构）、新开办业务、资金结算方式更新等情况，及时督促、提示业务部门和财务（资金）部门制定或修订资金业务管理制度，并对资金业务制度修订情况进行检查复核，为有效防范重大资金风险提供制度保障。

三、持续强化资金内控关键环节监管

各中央企业内控部门要建立资金内控关键要素管理台账，对企业资金账户、核心岗位、上岗人员、审批权限、银行印鉴及网银U盾责任人等关键要素进行限时备案管理。持续跟踪监测预警资金内控要素异动情况，对资金内控关键要素失控、重要岗位权力制衡缺失、大额资金拨付异常等风险第一时间启动紧急应对控制措施。严格银行账户和网银监管，定期或不定期对特殊银行账户开户审批、银行印鉴及网银U盾分设管理、银行账户和网银交接程序及密码定期更换等情况进行评估，确保账户和网银安全可控。加强大额资金支付监管，从资金支付额度、支付频次、支付依据等方面研究设置控制参数，对于短期内向同一账户多次或单笔支付大额资金、预算外支出、超出预付信用敞口限额支付预付款等异常情形，通过线上信息系统推送或线下报送（未建立财务资金信息系统企业）等方式及时预警风险，纠正违规问题，消除资金风险隐患。按照不相容岗位分离、定期轮岗、人岗相适原则，对人员调动、分工调整等情形，内控部门应当出具复核意见；定期开展各级企业资金岗位任职情况巡检巡评，对资金结算中心等重点单位进行重点检查，对不符合内控要求的，应当限期整改。

四、加快推进资金内控信息化建设

各中央企业内控部门要深度参与信息化建设顶层设计，通过完善财务资金信息系统权责设置，落实对财务资金风险监督预警职责，有效发挥信息化管控的刚性约束和监督制衡作用。优化完善现有财务资金信息系统功能，将控制触发条件和控制标准、缺陷认定标准等内控要求嵌入信息系统，科学设置异常预警条件，强化资金全流程预警监控，促进资金管理活动可控制、可追溯、可检查，有效减少人为违规操控因素。尚未建立财务资金信息系统或未将相关内控要求嵌入信息系统的中央企业，要抓紧推进有关工作，并于2022年底前完成集团总部及所属二级子企业、三级及以下重要子企业财务资金信息系统内控功能建设或优化工作，实现对财务资金信息全面有效监控。加大新兴技术运用及风险防控，督促财务（资金）部门扩大中央企业银（财）企直连系统覆盖范围，对因客户指定账户等特定原因不能实现银（财）企直连的账户，研究制定替代内控措施和应急预案；定期抽查第三方支付账户监管、余额归集及对账管理情况，严控资金支付风险。

五、有效开展境外资金风险管控

各中央企业内控部门要结合所属境外单位所在国家（地区）法律法规和本企业内控管理要求，建立健全境外资金内控监管体系。完善境外资金内控监管制度，明确境外大额资金审核支付、银行账户管理、财务主管人员委派、同一境外单位任职时限、资金关键岗位设置等方面要求，细化资金内控预警触发条件，促进境外资金合规管理。加强境外资金风险防范，督促境外单位及时搜集所在国家（地区）政治、经济、社会、安全、舆情等国别风险信息，对发生外汇管制、汇率大幅波动、通货膨胀率快速攀升等情况，及时做好重大资金风险应急处置工作。加大对境外单位大额资金监督力度，对大额资金的决策程序、资金调度、资金收付渠道、资金支付联签及银行账户变动、境外项目佣金管理等情况建立备案跟踪内控机制，对出现异常情况的，及时采取应对措施，保障境外资金安全。

六、认真做好资金内控体系监督评价工作

中央企业内控工作要坚持以评促建、以评促改，规范评价方法，提升评价质量，促进资金内控体系持续优化。每年对资金内控体系有效性开展全方位、全覆盖自

评工作，深入揭示风险问题，堵塞管理漏洞，建立风险管控长效机制。对新兴业务（开展三年内）、高风险业务以及风险事件频发领域至少每半年开展1次内控自评，评价重点包括资金管理制度建设、重要岗位权力制衡、大额资金拨付程序、网银U盾管理等内容。有效推进“上对下”资金内控体系监督评价工作，将资金管理制度健全性、内控体系执行有效性、关键岗位制衡性、信息系统刚性约束等作为监督评价重要内容，查找内控缺陷和风险隐患，确保集团对全部子企业每三年至少评价1次。加大资金内控体系监督评价结果在干部管理、考核分配等工作中的运用力度，强化问题整改工作，明确整改责任部门、责任人和完成时限，加强整改工作跟踪检查力度，持续完善资金内控体系。对因资金内控缺失、未执行资金内控制度等造成资产损失的中央企业，严肃开展责任追究工作。

各中央企业要认真落实本通知要求，结合实际，研究制定本企业资金内控监管制度，于2021年7月30日前报送国资委综合监督局。

各地方国资委可参照制定所监管企业资金内控管理相关制度规定。

中央企业违规经营投资责任追究实施办法（试行）

（2018 年 7 月 13 日国务院国有资产监督管理委员会令第 37 号　自 2018 年 8 月 30 日起施行）

第一章　总　　则

第一条　为加强和规范中央企业违规经营投资责任追究工作，进一步完善国有资产监督管理制度，落实国有资产保值增值责任，有效防止国有资产流失，根据《中华人民共和国公司法》、《中华人民共和国企业国有资产法》、《企业国有资产监督管理暂行条例》和《国务院办公厅关于建立国有企业违规经营投资责任追究制度的意见》等法律法规和文件，制定本办法。

第二条　本办法所称中央企业是指国务院国有资产监督管理委员会（以下简称国资委）代表国务院履行出资人职责的国家出资企业。

第三条　本办法所称违规经营投资责任追究（以下

简称责任追究）是指中央企业经营管理有关人员违反规定，未履行或未正确履行职责，在经营投资中造成国有资产损失或其他严重不良后果，经调查核实和责任认定，对相关责任人进行处理的工作。

前款所称规定，包括国家法律法规、国有资产监管规章制度和企业内部管理规定等。前款所称未履行职责，是指未在规定期限内或正当合理期限内行使职权、承担责任，一般包括不作为、拒绝履行职责、拖延履行职责等；未正确履行职责，是指未按规定以及岗位职责要求，不适当或不完全行使职权、承担责任，一般包括未按程序行使职权、超越职权、滥用职权等。

第四条 责任追究工作应当遵循以下原则：

（一）坚持依法依规问责。以国家法律法规为准绳，按照国有资产监管规章制度和企业内部管理规定等，对违反规定、未履行或未正确履行职责造成国有资产损失或其他严重不良后果的企业经营管理有关人员，严肃追究责任，实行重大决策终身问责。

（二）坚持客观公正定责。贯彻落实“三个区分开来”重要要求，结合企业实际情况，调查核实违规行为的事实、性质及其造成的损失和影响，既考虑量的标准也考虑质的不同，认定相关人员责任，保护企业经营管理有关人员干事创业的积极性，恰当公正地处理相关责任人。

（三）坚持分级分层追责。国资委和中央企业原则上按照国有资本出资关系和干部管理权限，界定责任追究工作职责，分级组织开展责任追究工作，分别对企业不同层级经营管理人员进行追究处理，形成分级分层、有效衔接、上下贯通的责任追究工作体系。

（四）坚持惩治教育和制度建设相结合。在对违规经营投资相关责任人严肃问责的同时，加大典型案例总结和通报力度，加强警示教育，发挥震慑作用，推动中央企业不断完善规章制度，堵塞经营管理漏洞，提高经营管理水平，实现国有资产保值增值。

第五条　在责任追究工作过程中，发现企业经营管理有关人员违纪或职务违法的问题和线索，应当移送相应的纪检监察机构查处；涉嫌犯罪的，应当移送国家监察机关或司法机关查处。

第二章　责任追究范围

第六条　中央企业经营管理有关人员违反规定，未履行或未正确履行职责致使发生本办法第七条至第十七条所列情形，造成国有资产损失或其他严重不良后果的，应当追究相应责任。

第七条 集团管控方面的责任追究情形：

（一）违反规定程序或超越权限决定、批准和组织实施重大经营投资事项，或决定、批准和组织实施的重大经营投资事项违反党和国家方针政策、决策部署以及国家有关规定。

（二）对国家有关集团管控的规定未执行或执行不力，致使发生重大资产损失对生产经营、财务状况产生重大影响。

（三）对集团重大风险隐患、内控缺陷等问题失察，或虽发现但没有及时报告、处理，造成重大资产损失或其他严重不良后果。

（四）所属子企业发生重大违规违纪违法问题，造成重大资产损失且对集团生产经营、财务状况产生重大影响，或造成其他严重不良后果。

（五）对国家有关监管机构就经营投资有关重大问题提出的整改工作要求，拒绝整改、拖延整改等。

第八条 风险管理方面的责任追究情形：

（一）未按规定履行内控及风险管理制度建设职责，导致内控及风险管理制度缺失，内控流程存在重大缺陷。

（二）内控及风险管理制度未执行或执行不力，对经营投资重大风险未能及时分析、识别、评估、预警、应对和报告。

（三）未按规定对企业规章制度、经济合同和重要决策等进行法律审核。

（四）未执行国有资产监管有关规定，过度负债导致债务危机，危及企业持续经营。

（五）恶意逃废金融债务。

（六）瞒报、漏报、谎报或迟报重大风险及风险损失事件，指使编制虚假财务报告，企业账实严重不符。

第九条 购销管理方面的责任追究情形：

（一）未按规定订立、履行合同，未履行或未正确履行职责致使合同标的价格明显不公允。

（二）未正确履行合同，或无正当理由放弃应得合同权益。

（三）违反规定开展融资性贸易业务或“空转”“走单”等虚假贸易业务。

（四）违反规定利用关联交易输送利益。

（五）未按规定进行招标或未执行招标结果。

（六）违反规定提供赊销信用、资质、担保或预付款项，利用业务预付或物资交易等方式变相融资或投资。

（七）违反规定开展商品期货、期权等衍生业务。

（八）未按规定对应收款项及时追索或采取有效保全措施。

第十条 工程承包建设方面的责任追究情形：

（一）未按规定对合同标的进行调查论证或风险分析。

（二）未按规定履行决策和审批程序，或未经授权和超越授权投标。

（三）违反规定，无合理商业理由以低于成本的报价中标。

（四）未按规定履行决策和审批程序，擅自签订或变更合同。

（五）未按规定程序对合同约定进行严格审查，存在重大疏漏。

（六）工程以及与工程建设有关的货物、服务未按规定招标或规避招标。

（七）违反规定分包等。

（八）违反合同约定超计价、超进度付款。

第十一条 资金管理方面的责任追究情形：

（一）违反决策和审批程序或超越权限筹集和使用资金。

（二）违反规定以个人名义留存资金、收支结算、开立银行账户等。

（三）设立“小金库”。

（四）违反规定集资、发行股票或债券、捐赠、担保、委托理财、拆借资金或开立信用证、办理银行票据等。

（五）虚列支出套取资金。

（六）违反规定超发、滥发职工薪酬福利。

（七）因财务内控缺失或未按照财务内控制度执行，发生资金挪用、侵占、盗取、欺诈等。

第十二条 转让产权、上市公司股权、资产等方面的责任追究情形：

（一）未按规定履行决策和审批程序或超越授权范围转让。

（二）财务审计和资产评估违反相关规定。

（三）隐匿应当纳入审计、评估范围的资产，组织提供和披露虚假信息，授意、指使中介机构出具虚假财务审计、资产评估鉴证结果及法律意见书等。

（四）未按相关规定执行回避制度。

（五）违反相关规定和公开公平交易原则，低价转让企业产权、上市公司股权和资产等。

（六）未按规定进场交易。

第十三条 固定资产投资方面的责任追究情形：

（一）未按规定进行可行性研究或风险分析。

（二）项目概算未按规定进行审查，严重偏离实际。

（三）未按规定履行决策和审批程序擅自投资。

（四）购建项目未按规定招标，干预、规避或操纵招标。

（五）外部环境和项目本身情况发生重大变化，未按规定及时调整投资方案并采取止损措施。

（六）擅自变更工程设计、建设内容和追加投资等。

（七）项目管理混乱，致使建设严重拖期、成本明显高于同类项目。

（八）违反规定开展列入负面清单的投资项目。

第十四条 投资并购方面的责任追究情形：

（一）未按规定开展尽职调查，或尽职调查未进行风险分析等，存在重大疏漏。

（二）财务审计、资产评估或估值违反相关规定。

（三）投资并购过程中授意、指使中介机构或有关单位出具虚假报告。

（四）未按规定履行决策和审批程序，决策未充分考虑重大风险因素，未制定风险防范预案。

（五）违反规定以各种形式为其他合资合作方提供垫资，或通过高溢价并购等手段向关联方输送利益。

（六）投资合同、协议及标的企业公司章程等法律文件中存在有损国有权益的条款，致使对标的企业管理失控。

（七）违反合同约定提前支付并购价款。

（八）投资并购后未按有关工作方案开展整合，致使对标的企业管理失控。

（九）投资参股后未行使相应股东权利，发生重大变化未及时采取止损措施。

（十）违反规定开展列入负面清单的投资项目。

第十五条 改组改制方面的责任追究情形：

（一）未按规定履行决策和审批程序。

（二）未按规定组织开展清产核资、财务审计和资产评估。

（三）故意转移、隐匿国有资产或向中介机构提供虚假信息，授意、指使中介机构出具虚假清产核资、财务审计与资产评估等鉴证结果。

（四）将国有资产以明显不公允低价折股、出售或无偿分给其他单位或个人。

（五）在发展混合所有制经济、实施员工持股计划、破产重整或清算等改组改制过程中，违反规定，导致发生变相套取、私分国有资产。

（六）未按规定收取国有资产转让价款。

（七）改制后的公司章程等法律文件中存在有损国有权益的条款。

第十六条 境外经营投资方面的责任追究情形：

（一）未按规定建立企业境外投资管理相关制度，导致境外投资管控缺失。

（二）开展列入负面清单禁止类的境外投资项目。

（三）违反规定从事非主业投资或开展列入负面清单特别监管类的境外投资项目。

（四）未按规定进行风险评估并采取有效风险防控措施对外投资或承揽境外项目。

（五）违反规定采取不当经营行为，以及不顾成本和代价进行恶性竞争。

（六）违反本章其他有关规定或存在国家明令禁止的其他境外经营投资行为的。

第十七条 其他违反规定，未履行或未正确履行职责造成国有资产损失或其他严重不良后果的责任追究情形。

第三章 资产损失认定

第十八条 对中央企业违规经营投资造成的资产损失，在调查核实的基础上，依据有关规定认定资产损失金额，以及对企业、国家和社会等造成的影响。

第十九条 资产损失包括直接损失和间接损失。直接损失是与相关人员行为有直接因果关系的损失金额及影响；间接损失是由相关人员行为引发或导致的，除直接损失外、能够确认计量的其他损失金额及影响。

第二十条 中央企业违规经营投资资产损失500万元以下为一般资产损失，500万元以上5000万元以下为较大资产损失，5000万元以上为重大资产损失。涉及违纪违法和犯罪行为查处的损失标准，遵照相关党内法规和国家法律法规的规定执行。

前款所称的“以上”包括本数，所称的“以下”不包括本数。

第二十一条 资产损失金额及影响，可根据司法、行政机关等依法出具的书面文件，具有相应资质的会计师事务所、资产评估机构、律师事务所、专业技术鉴定机构等专业机构出具的专项审计、评估或鉴证报告，以及企业内部证明材料等，进行综合研判认定。

第二十二条 相关违规经营投资虽尚未形成事实资产损失，但确有证据证明资产损失在可预见未来将发生，且能可靠计量资产损失金额的，经中介机构评估可以认定为或有损失，计入资产损失。

第四章 责任认定

第二十三条 中央企业经营管理有关人员任职期间违反规定，未履行或未正确履行职责造成国有资产损失或其他严重不良后果的，应当追究其相应责任。违规经营投资责任根据工作职责划分为直接责任、主管责任和领导责任。

第二十四条 直接责任是指相关人员在其工作职责范围内，违反规定，未履行或未正确履行职责，对造成的资产损失或其他严重不良后果起决定性直接作用时应当承担的责任。

企业负责人存在以下情形的，应当承担直接责任：

（一）本人或与他人共同违反国家法律法规、国有资产监管规章制度和企业内部管理规定。

（二）授意、指使、强令、纵容、包庇下属人员违反国家法律法规、国有资产监管规章制度和企业内部管理规定。

（三）未经规定程序或超越权限，直接决定、批准、组织实施重大经济事项。

（四）主持相关会议讨论或以其他方式研究时，在多数人不同意的情况下，直接决定、批准、组织实施重大经济事项。

（五）将按有关法律法规制度应作为第一责任人（总负责）的事项、签订的有关目标责任事项或应当履行的其他重要职责，授权（委托）其他领导人员决策且决策不当或决策失误等。

（六）其他应当承担直接责任的行为。

第二十五条 主管责任是指相关人员在其直接主管（分管）工作职责范围内，违反规定，未履行或未正确履行职责，对造成的资产损失或其他严重不良后果应当承担的责任。

第二十六条 领导责任是指企业主要负责人在其工作职责范围内，违反规定，未履行或未正确履行职责，对造成的资产损失或其他严重不良后果应当承担的责任。

第二十七条 中央企业所属子企业违规经营投资致使发生本条第二款、第三款所列情形的，上级企业经营管理有关人员应当承担相应的责任。

上一级企业有关人员应当承担相应责任的情形包括：

（一）发生重大资产损失且对企业生产经营、财务状况产生重大影响的。

（二）多次发生较大、重大资产损失，或造成其他严重不良后果的。

除上一级企业有关人员外，更高层级企业有关人员也应当承担相应责任的情形包括：

（一）发生违规违纪违法问题，造成资产损失金额巨大且危及企业生存发展的。

（二）在一定时期内多家所属子企业连续集中发生重大资产损失，或造成其他严重不良后果的。

第二十八条 中央企业违反规定瞒报、漏报或谎报重大资产损失的，对企业主要负责人和分管负责人比照领导责任和主管责任进行责任认定。

第二十九条 中央企业未按规定和有关工作职责要求组织开展责任追究工作的，对企业负责人及有关人员比照领导责任、主管责任和直接责任进行责任认定。

第三十条 中央企业有关经营决策机构以集体决策形式作出违规经营投资的决策或实施其他违规经营投资的行为，造成资产损失或其他严重不良后果的，应当承担集体责任，有关成员也应当承担相应责任。

第五章 责任追究处理

第三十一条 对相关责任人的处理方式包括组织处理、扣减薪酬、禁入限制、纪律处分、移送国家监察机关或司法机关等，可以单独使用，也可以合并使用。

（一）组织处理。包括批评教育、责令书面检查、通报批评、诫勉、停职、调离工作岗位、降职、改任非领导职务、责令辞职、免职等。

（二）扣减薪酬。扣减和追索绩效年薪或任期激励收入，终止或收回其他中长期激励收益，取消参加中长期激励资格等。

（三）禁入限制。五年直至终身不得担任国有企业董事、监事、高级管理人员。

（四）纪律处分。由相应的纪检监察机构查处。

（五）移送国家监察机关或司法机关处理。依据国家有关法律规定，移送国家监察机关或司法机关查处。

第三十二条 中央企业发生资产损失，经过查证核实和责任认定后，除依据有关规定移送纪检监察机构或司法机关处理外，应当按以下方式处理：

（一）发生一般资产损失的，对直接责任人和主管责任人给予批评教育、责令书面检查、通报批评、诫勉等处理，可以扣减和追索责任认定年度50%以下的绩效年薪。

（二）发生较大资产损失的，对直接责任人和主管责任人给予通报批评、诫勉、停职、调离工作岗位、降职等处理，同时按照以下标准扣减薪酬：扣减和追索责任认定年度50%－100%的绩效年薪、扣减和追索责任认定年度（含）前三年50%－100%的任期激励收入并延期支付绩效年薪，终止尚未行使的其他中长期激励权益、上缴责任认定年度及前一年度的全部中长期激励收益、五年内不得参加企业新的中长期激励。

对领导责任人给予通报批评、诫勉、停职、调离工作岗位等处理，同时按照以下标准扣减薪酬：扣减和追索责任认定年度30%－70%的绩效年薪、扣减和追索责任认定年度（含）前三年30%－70%的任期激励收入并延期支付绩效年薪，终止尚未行使的其他中长期激励权益、三年内不得参加企业新的中长期激励。

（三）发生重大资产损失的，对直接责任人和主管责任人给予降职、改任非领导职务、责令辞职、免职和禁入限制等处理，同时按照以下标准扣减薪酬：扣减和追索责任认定年度100%的绩效年薪、扣减和追索责任认定年度（含）前三年100%的任期激励收入并延期支付绩效年薪，终止尚未行使的其他中长期激励权益、上缴责任认定年度（含）前三年的全部中长期激励收益、不得参加企业新的中长期激励。

对领导责任人给予调离工作岗位、降职、改任非领导职务、责令辞职、免职和禁入限制等处理，同时按照以下标准扣减薪酬：扣减和追索责任认定年度70% -100%的绩效年薪、扣减和追索责任认定年度（含）前三年70% -100%的任期激励收入并延期支付绩效年薪，终止尚未行使的其他中长期激励权益、上缴责任认定年度（含）前三年的全部中长期激励收益、五年内不得参加企业新的中长期激励。

第三十三条 中央企业所属子企业发生资产损失，按照本办法应当追究中央企业有关人员责任时，对相关责任人给予通报批评、诫勉、停职、调离工作岗位、降职、改任非领导职务、责令辞职、免职和禁入限制等处理，同时按照以下标准扣减薪酬：扣减和追索责任认定年度30% -100%的绩效年薪、扣减和追索责任认定年度（含）前三年30% -100%的任期激励收入并延期支付绩效年薪，终止尚未行使的其他中长期激励权益、上缴责任认定年度（含）前三年的全部中长期激励收益、三至五年内不得参加企业新的中长期激励。

第三十四条 对承担集体责任的中央企业有关经营决策机构，给予批评教育、责令书面检查、通报批评等处理；对造成资产损失金额巨大且危及企业生存发展的，或造成其他特别严重不良后果的，按照规定程序予以改组。

第三十五条 责任认定年度是指责任追究处理年度。有关责任人在责任追究处理年度无任职或任职不满全年的，按照最近一个完整任职年度执行；若无完整任职年度的，参照处理前实际任职月度（不超过12个月）执行。

第三十六条 对同一事件、同一责任人的薪酬扣减和追索，按照党纪处分、政务处分、责任追究等扣减薪酬处理的最高标准执行，但不合并使用。

第三十七条 相关责任人受到诫勉处理的，六个月内不得提拔、重用；受到调离工作岗位、改任非领导职务处理的，一年内不得提拔；受到降职处理的，两年内不得提拔；受到责令辞职、免职处理的，一年内不安排职务，两年内不得担任高于原任职务层级的职务；同时受到纪律处分的，按照影响期长的规定执行。

第三十八条 中央企业经营管理有关人员违规经营投资未造成资产损失，但造成其他严重不良后果的，经过查证核实和责任认定后，对相关责任人参照本办法予以处理。

第三十九条 有下列情形之一的，应当对相关责任人从重或加重处理：

（一）资产损失频繁发生、金额巨大、后果严重的。

（二）屡禁不止、顶风违规、影响恶劣的。

（三）强迫、唆使他人违规造成资产损失或其他严重不良后果的。

（四）未及时采取措施或措施不力导致资产损失或其他严重不良后果扩大的。

（五）瞒报、漏报或谎报资产损失的。

（六）拒不配合或干扰、抵制责任追究工作的。

（七）其他应当从重或加重处理的。

第四十条 对中央企业经营管理有关人员在企业改革发展中所出现的失误，不属于有令不行、有禁不止、不当谋利、主观故意、独断专行等的，根据有关规定和程序予以容错。有下列情形之一的，可以对违规经营投资相关责任人从轻或减轻处理：

（一）情节轻微的。

（二）以促进企业改革发展稳定或履行企业经济责任、政治责任、社会责任为目标，且个人没有谋取私利的。

（三）党和国家方针政策、党章党规党纪、国家法律法规、地方性法规和规章等没有明确限制或禁止的。

（四）处置突发事件或紧急情况下，个人或少数人决策，事后及时履行报告程序并得到追认，且不存在故意或重大过失的。

（五）及时采取有效措施减少、挽回资产损失并消除不良影响的。

（六）主动反映资产损失情况，积极配合责任追究工作的，或主动检举其他造成资产损失相关人员，查证属实的。

（七）其他可以从轻或减轻处理的。

第四十一条 对于违规经营投资有关责任人应当给予批评教育、责令书面检查、通报批评或诫勉处理，但是具有本办法第四十条规定的情形之一的，可以免除处理。

第四十二条 对违规经营投资有关责任人减轻或免除处理，须由作出处理决定的上一级企业或国资委批准。

第四十三条 相关责任人已调任、离职或退休的，应当按照本办法给予相应处理。

第四十四条 相关责任人在责任认定年度已不在本

企业领取绩效年薪的，按离职前一年度全部绩效年薪及前三年任期激励收入总和计算，参照本办法有关规定追索扣回其薪酬。

第四十五条 对违反规定，未履行或未正确履行职责造成国有资产损失或其他严重不良后果的中央企业董事、监事以及其他有关人员，依照国家法律法规、有关规章制度和本办法等对其进行相应处理。

第六章 责任追究工作职责

第四十六条 国资委和中央企业原则上按照国有资本出资关系和干部管理权限，组织开展责任追究工作。

第四十七条 国资委在责任追究工作中的主要职责：

（一）研究制定中央企业责任追究有关制度。

（二）组织开展中央企业发生的重大资产损失或产生严重不良后果的较大资产损失，以及涉及中央企业负责人的责任追究工作。

（三）认为有必要直接组织开展的中央企业及其所属子企业责任追究工作。

（四）对中央企业存在的共性问题进行专项核查。

（五）对需要中央企业整改的问题，督促企业落实有关整改工作要求。

（六）指导、监督和检查中央企业责任追究相关工作。

（七）其他有关责任追究工作。

第四十八条 国资委内设专门责任追究机构，受理有关方面按规定程序移交的中央企业及其所属子企业违规经营投资的有关问题和线索，初步核实后进行分类处置，并采取督办、联合核查、专项核查等方式组织开展有关核查工作，认定相关人员责任，研究提出处理的意见建议，督促企业整改落实。

第四十九条 中央企业在责任追究工作中的主要职责：

（一）研究制定本企业责任追究有关制度。

（二）组织开展本级企业发生的一般或较大资产损失，二级子企业发生的重大资产损失或产生严重不良后果的较大资产损失，以及涉及二级子企业负责人的责任追究工作。

（三）认为有必要直接组织开展的所属子企业责任追究工作。

（四）指导、监督和检查所属子企业责任追究相关工作。

（五）按照国资委要求组织开展有关责任追究工作。

（六）其他有关责任追究工作。

第五十条 中央企业应当明确相应的职能部门或机构，负责组织开展责任追究工作，并做好与企业纪检监察机构的协同配合。

第五十一条 中央企业应当建立责任追究工作报告制度，对较大和重大违规经营投资的问题和线索，及时向国资委书面报告，并按照有关工作要求定期报送责任追究工作开展情况。

第五十二条 中央企业未按规定和有关工作职责要求组织开展责任追究工作的，国资委依据相关规定，对有关中央企业负责人进行责任追究。

第五十三条 国资委和中央企业有关人员，对企业违规经营投资等重大违规违纪违法问题，存在应当发现而未发现或发现后敷衍不追、隐匿不报、查处不力等失职渎职行为的，严格依纪依规追究纪律责任；涉嫌犯罪的，移送国家监察机关或司法机关查处。

第七章　责任追究工作程序

第五十四条　开展中央企业责任追究工作一般应当遵循受理、初步核实、分类处置、核查、处理和整改等程序。

第五十五条　受理有关方面按规定程序移交的违规经营投资问题和线索，并进行有关证据、材料的收集、整理和分析工作。

第五十六条　国资委专门责任追究机构受理下列企业违规经营投资的问题和线索：

（一）国有资产监督管理工作中发现的。

（二）审计、巡视、纪检监察以及其他有关部门移交的。

（三）中央企业报告的。

（四）其他有关违规经营投资的问题和线索。

第五十七条　对受理的违规经营投资问题和线索，及相关证据、材料进行必要的初步核实工作。

第五十八条　初步核实的主要工作内容包括：

（一）资产损失及其他严重不良后果的情况。

（二）违规违纪违法的情况。

（三）是否属于责任追究范围。

（四）有关方面的处理建议和要求等。

第五十九条 初步核实的工作一般应于30个工作日内完成，根据工作需要可以适当延长。

第六十条 根据初步核实情况，对确有违规违纪违法事实的，按照规定的职责权限和程序进行分类处置。

第六十一条 分类处置的主要工作内容包括：

（一）属于国资委责任追究职责范围的，由国资委专门责任追究机构组织实施核查工作。

（二）属于中央企业责任追究职责范围的，移交和督促相关中央企业进行责任追究。

（三）涉及中管干部的违规经营投资问题线索，报经中央纪委国家监委同意后，按要求开展有关核查工作。

（四）属于其他有关部门责任追究职责范围的，移送有关部门。

（五）涉嫌违纪或职务违法的问题和线索，移送纪检监察机构。

（六）涉嫌犯罪的问题和线索，移送国家监察机关或司法机关。

第六十二条 国资委对违规经营投资事项及时组织开展核查工作，核实责任追究情形，确定资产损失程度，查清资产损失原因，认定相关人员责任等。

第六十三条 结合中央企业减少或挽回资产损失工作进展情况，可以适时启动责任追究工作。

第六十四条 核查工作可以采取以下工作措施核查取证：

（一）与被核查事项有关的人员谈话，形成核查谈话记录，并要求有关人员作出书面说明。

（二）查阅、复制被核查企业的有关文件、会议纪要（记录）、资料和账簿、原始凭证等相关材料。

（三）实地核查企业实物资产等。

（四）委托具有相应资质的专业机构对有关问题进行审计、评估或鉴证等。

（五）其他必要的工作措施。

第六十五条 在核查期间，对相关责任人未支付或兑现的绩效年薪、任期激励收入、中长期激励收益等均应暂停支付或兑现；对有可能影响核查工作顺利开展的相关责任人，可视情况采取停职、调离工作岗位、免职等措施。

第六十六条 在重大违规经营投资事项核查工作中，对确有工作需要的，负责核查的部门可请纪检监察机构提供必要支持。

第六十七条 核查工作一般应于6个月内完成，根据工作需要可以适当延长。

第六十八条 核查工作结束后，一般应当听取企业和相关责任人关于核查工作结果的意见，形成资产损失情况核查报告和责任认定报告。

第六十九条 国资委根据核查工作结果，按照干部管理权限和相关程序对相关责任人追究处理，形成处理决定，送达有关企业及被处理人，并对有关企业提出整改要求。

第七十条 被处理人对处理决定有异议的，可以在处理决定送达之日起15个工作日内，提出书面申诉，并提供相关证明材料。申诉期间不停止原处理决定的执行。

第七十一条 国资委或中央企业作出处理决定的，被处理人向作出该处理决定的单位申诉；中央企业所属子企业作出处理决定的，向上一级企业申诉。

第七十二条 国资委和企业应当自受理申诉之日起30个工作日内复核，作出维持、撤销或变更原处理决定的复核决定，并以适当形式告知申诉人及其所在企业。

第七十三条 中央企业应当按照整改要求，认真总结吸取教训，制定和落实整改措施，优化业务流程，完善内控体系，堵塞经营管理漏洞，建立健全防范经营投资风险的长效机制。

第七十四条 中央企业应在收到处理决定之日起60个工作日内，向国资委报送整改报告及相关材料。

第七十五条 国资委和中央企业应当按照国家有关信息公开规定，逐步向社会公开违规经营投资核查处理情况和有关整改情况等，接受社会监督。

第七十六条 积极运用信息化手段开展责任追究工作，推进相关数据信息的报送、归集、共享和综合利用，逐步建立违规经营投资损失和责任追究工作信息报送系统、中央企业禁入限制人员信息查询系统等，加大信息化手段在发现问题线索、专项核查、责任追究等方面的运用力度。

第八章　附　　则

第七十七条 中央企业应根据本办法，结合本企业实际情况，细化责任追究的范围、资产损失程度划分标准等，研究制定责任追究相关制度规定，并报国资委备案。

第七十八条 各地区国有资产监督管理机构可以参照本办法，结合实际情况制定本地区责任追究相关制度规定。

第七十九条 国有参股企业责任追究工作，可参照本办法向国有参股企业股东会提请开展责任追究工作。

第八十条 对发生生产安全、环境污染责任事故和不稳定事件的，按照国家有关规定另行处理。

第八十一条 本办法由国资委负责解释。

第八十二条 本办法自2018年8月30日起施行。《中央企业资产损失责任追究暂行办法》（国资委令第20号）同时废止。

国资监管责任约谈工作规则

（2021年2月20日　国资发监责规〔2021〕14号）

第一条 为健全管资本为主的国有资产监管体制，规范开展中央企业责任约谈工作，指导督促中央企业加强国有资产监管，加大整改追责问责力度，有效防范化解重大风险，促进企业高质量发展，推动做强做优做大国有资本和国有企业，依据《中华人民共和国公司法》《中华人民共和国企业国有资产法》《企业国有资产监督管理暂行条例》《中央企业违规经营投资责任追究实施办法（试行）》等法律法规和有关规定，制定本规则。

第二条 本规则所称责任约谈，是指针对中央企业存在的重大问题、资产损失或风险隐患以及其他造成或可能造成严重不良后果的重大事项等，国资委依法依规对企业有关人员进行告诫谈话，提出监管意见建议、责令整改追责的监管措施。

第三条 国资委在国资监管工作中发现中央企业存在下列情形之一的，可以开展责任约谈：

（一）贯彻落实习近平总书记重要指示批示和党中央、国务院决策部署存在问题的；

（二）违反党章和党内法规以及国资委党委规范性文件的；

（三）违反国家法律法规和国有资产监管规章、规范性文件及政策规定的；

（四）规划投资、财务管控、经济运行、产权管理、改革重组、国企混改、公司治理、业绩考核、薪酬分配、资本运营、科技创新、依法经营、合规管理、内部控制、风险管控、内部审计、监督追责、网络安全、选人用人、巡视巡察和党的建设等方面存在突出问题的；

（五）存在重大风险隐患或发生可能造成严重不良后果的重大事项的；

（六）发生重大资产损失及损失风险，因减少或挽回资产损失等工作需要，暂未启动责任追究程序的；

（七）未按规定执行重大事项请示报告制度，或瞒报漏报谎报迟报重大资产损失及损失风险的；

（八）对出资人监管、审计、纪检监察、巡视监督、督查等工作以及国资监管提示函、通报中提出的整改要求，拒绝整改、拖延整改、整改不力或弄虚作假的；

（九）在国际化经营、国际交流合作、外事管理等工作中有严重不当行为的；

（十）其他需要责任约谈的事项。

第四条　出现第三条所列责任约谈情形的，国资委相关厅局根据职责启动责任约谈工作，拟制《责任约谈通知书》，报经国资委分管负责同志审签同意后，以国资委名义印发被约谈中央企业，根据需要抄送国资委责任追究机构、有关纪检监察机构、组织人事部门、巡视机构等。

《责任约谈通知书》实行统一编号管理，内容主要包括约谈事由、时间、地点、参加人员和需要提交的材料及提交时限等。

第五条 责任约谈由国资委相关厅局负责人主持，必要时可请国资委分管负责同志主持。根据工作需要，可请中央纪委国家监委驻国资委纪检监察组以及国资委有关厅局共同参加责任约谈，在责任约谈前，就有关责任约谈内容和意见要求等进行沟通协商。

第六条 责任约谈形式分为个别约谈和集体约谈。多家中央企业存在同类问题或约谈事项涉及多家中央企业的，可以开展集体约谈。

第七条 责任约谈对象为中央企业有关负责人及相关责任人。根据需要，国资委可指定中央企业及所属子企业相关人员参加约谈。

第八条 责任约谈包括以下内容：

（一）说明约谈事由和目的，指出企业存在的问题，提示相关人员的责任风险，提出监管要求和整改意见。

（二）听取被约谈人员对相关问题的陈述，主要包括有关问题基本情况，造成的资产损失、损失风险或影响，问题原因分析，已采取整改或责任追究措施，下一步工作计划等情况。

（三）对被约谈人员进行必要的询问。

（四）其他需要约谈的内容。

第九条 国资委相关厅局应当做好责任约谈记录，约谈结束后形成约谈纪要，可以根据工作需要印送被约谈中央企业。约谈纪要内容主要包括：约谈时间、地点，约谈主持及参加人员，约谈事由、被约谈人陈述情况、国资监管意见要求等。

第十条 有关中央企业收到《责任约谈通知书》后，应当以书面或电话形式确认通知事项，按要求安排有关人员准时参加约谈并提交相关书面陈述材料。

第十一条 有关中央企业应当按照责任约谈意见要求，研究制定工作方案，明确落实措施、责任主体和时间安排。工作方案于责任约谈后 10 个工作日内报送国资委。

第十二条 有关中央企业应当认真组织落实责任约谈意见要求和工作方案，主动采取措施，制止纠正违规行为，减少或挽回资产损失，降低损失风险，消除不良影响。

第十三条 有关中央企业对于责任约谈涉及违反党规党纪、违规经营投资造成资产损失或其他严重不良后果的，应当依据有关规定对相关责任人严肃追责问责。

第十四条 有关中央企业应当针对责任约谈中提出的问题风险，在本企业开展同类问题风险排查，举一反三，堵塞管理漏洞，有效防范类似问题发生。

第十五条 有关中央企业应当及时向国资委报告约谈事项整改工作进展情况。约谈意见要求落实完成后，应当将相关工作开展情况、采取措施、落实成效及责任追究情况等形成专项工作报告，正式报送国资委。

第十六条 国资委对有关中央企业整改落实工作进行指导督促和评估，推动中央企业提升管理水平。

第十七条 国资委将责任约谈反映中央企业存在的重大问题风险、整改措施及成效、责任追究情况等，作为被约谈中央企业负责人年度经营业绩考核、企业领导班子和领导人员综合考核评价等重要参考。

第十八条 国资委对被约谈中央企业拒绝整改、拖延整改、整改不力或弄虚作假的，按照有关规定，严肃追究责任。对涉嫌违纪或职务违法的，移送有关纪检监察机构。

责任约谈整改落实情况将作为认定违规经营投资损失及责任，以及作出从重、加重或从轻、减轻责任处理意见建议的重要参考。

第十九条 国资委责任追究机构将定期汇总分析责任约谈反映中央企业存在的重大问题风险以及责任追究情况，对典型性、普遍性问题，组织开展共性问题专项核查，督促指导中央企业健全管控机制和责任追究工作体系。

第二十条 国资委相关厅局应当按照“谁组织、谁负责”的原则，将《责任约谈通知书》、约谈纪要、企业报送的有关材料等立卷归档。涉及违规经营投资问题和线索的有关材料，移送国资委责任追究机构按照有关业务档案进行管理。

第二十一条 责任约谈工作应该严格遵守保密制度规定，《责任约谈通知书》、约谈纪要等有关材料按照有关规定进行定密和管理。

第二十二条 对生产安全事故、环境污染事件的约谈工作，按照有关规定执行。

第二十三条 本规则自印发之日起施行。

密级★保密期限

责任约谈通知书

（样式）

监管约谈函〔20××〕××号

×××集团有限公司：

根据《国资监管责任约谈工作规则》有关规定，定于××××年××月××日××时，在国资委×××（地点），由×××（约谈单位）×××（约谈主持人及职务）就×××（约谈事由）事项与你公司进行责任约谈。请你公司主要负责人/分管负责人/相关部门负责人/有关子企业负责人/相关责任人等（被约谈对象）按时参加。

请于××××年××月××日将责任约谈事项有关说明材料报送国资委（纸质件加盖单位公章，同时附电子版）。

联系人：×××局××× 联系电话：×××

国资委

年　　月　　日

抄送：×××

密级★保密期限

责任约谈纪要

（样式）

约谈时间：××××年××月××日上（下）午××：××。

约谈地点：国资委×××

约谈主持人：×××（姓名及职务）

约谈单位及人员：×××局×××、×××（姓名及职务）

共同约谈单位及人员：×××局×××、×××（姓名及职务）

被约谈企业及人员：×××集团有限公司×××（姓名及职务）

记录人：×××

约谈事由：×××等问题

约谈要求：

一、被约谈人员陈述情况

二、有关监管意见要求

（一）……。

（二）……。

……

三、其他事项

中华人民共和国企业国有资产法

（2008 年 10 月 28 日第十一届全国人民代表大会常务委员会第五次会议通过　2008 年 10 月 28 日中华人民共和国主席令第 5 号公布　自 2009 年 5 月 1 日起施行）

第一章　总　　则

第一条　为了维护国家基本经济制度，巩固和发展国有经济，加强对国有资产的保护，发挥国有经济在国民经济中的主导作用，促进社会主义市场经济发展，制定本法。

第二条　本法所称企业国有资产（以下称国有资产），是指国家对企业各种形式的出资所形成的权益。

第三条 国有资产属于国家所有即全民所有。国务院代表国家行使国有资产所有权。

第四条 国务院和地方人民政府依照法律、行政法规的规定，分别代表国家对国家出资企业履行出资人职责，享有出资人权益。

国务院确定的关系国民经济命脉和国家安全的大型国家出资企业，重要基础设施和重要自然资源等领域的国家出资企业，由国务院代表国家履行出资人职责。其他的国家出资企业，由地方人民政府代表国家履行出资人职责。

第五条 本法所称国家出资企业，是指国家出资的国有独资企业、国有独资公司，以及国有资本控股公司、国有资本参股公司。

第六条 国务院和地方人民政府应当按照政企分开、社会公共管理职能与国有资产出资人职能分开、不干预企业依法自主经营的原则，依法履行出资人职责。

第七条 国家采取措施，推动国有资本向关系国民经济命脉和国家安全的重要行业和关键领域集中，优化国有经济布局和结构，推进国有企业的改革和发展，提高国有经济的整体素质，增强国有经济的控制力、影响力。

第八条 国家建立健全与社会主义市场经济发展要求相适应的国有资产管理与监督体制，建立健全国有资产保值增值考核和责任追究制度，落实国有资产保值增值责任。

第九条 国家建立健全国有资产基础管理制度。具体办法按照国务院的规定制定。

第十条 国有资产受法律保护，任何单位和个人不得侵害。

第二章 履行出资人职责的机构

第十一条 国务院国有资产监督管理机构和地方人民政府按照国务院的规定设立的国有资产监督管理机构，根据本级人民政府的授权，代表本级人民政府对国家出资企业履行出资人职责。

国务院和地方人民政府根据需要，可以授权其他部门、机构代表本级人民政府对国家出资企业履行出资人职责。

代表本级人民政府履行出资人职责的机构、部门，以下统称履行出资人职责的机构。

第十二条 履行出资人职责的机构代表本级人民政府对国家出资企业依法享有资产收益、参与重大决策和选择管理者等出资人权利。

履行出资人职责的机构依照法律、行政法规的规定，制定或者参与制定国家出资企业的章程。

履行出资人职责的机构对法律、行政法规和本级人民政府规定须经本级人民政府批准的履行出资人职责的重大事项，应当报请本级人民政府批准。

第十三条 履行出资人职责的机构委派的股东代表参加国有资本控股公司、国有资本参股公司召开的股东会会议、股东大会会议，应当按照委派机构的指示提出提案、发表意见、行使表决权，并将其履行职责的情况和结果及时报告委派机构。

第十四条 履行出资人职责的机构应当依照法律、行政法规以及企业章程履行出资人职责，保障出资人权益，防止国有资产损失。

履行出资人职责的机构应当维护企业作为市场主体依法享有的权利，除依法履行出资人职责外，不得干预企业经营活动。

第十五条 履行出资人职责的机构对本级人民政府

负责，向本级人民政府报告履行出资人职责的情况，接受本级人民政府的监督和考核，对国有资产的保值增值负责。

履行出资人职责的机构应当按照国家有关规定，定期向本级人民政府报告有关国有资产总量、结构、变动、收益等汇总分析的情况。

第三章　国家出资企业

第十六条　国家出资企业对其动产、不动产和其他财产依照法律、行政法规以及企业章程享有占有、使用、收益和处分的权利。

国家出资企业依法享有的经营自主权和其他合法权益受法律保护。

第十七条　国家出资企业从事经营活动，应当遵守法律、行政法规，加强经营管理，提高经济效益，接受人民政府及其有关部门、机构依法实施的管理和监督，接受社会公众的监督，承担社会责任，对出资人负责。

国家出资企业应当依法建立和完善法人治理结构，建立健全内部监督管理和风险控制制度。

第十八条 国家出资企业应当依照法律、行政法规和国务院财政部门的规定，建立健全财务、会计制度，设置会计账簿，进行会计核算，依照法律、行政法规以及企业章程的规定向出资人提供真实、完整的财务、会计信息。

国家出资企业应当依照法律、行政法规以及企业章程的规定，向出资人分配利润。

第十九条 国有独资公司、国有资本控股公司和国有资本参股公司依照《中华人民共和国公司法》的规定设立监事会。国有独资企业由履行出资人职责的机构按照国务院的规定委派监事组成监事会。

国家出资企业的监事会依照法律、行政法规以及企业章程的规定，对董事、高级管理人员执行职务的行为进行监督，对企业财务进行监督检查。

第二十条 国家出资企业依照法律规定，通过职工代表大会或者其他形式，实行民主管理。

第二十一条 国家出资企业对其所出资企业依法享有资产收益、参与重大决策和选择管理者等出资人权利。

国家出资企业对其所出资企业，应当依照法律、行政法规的规定，通过制定或者参与制定所出资企业的章程，建立权责明确、有效制衡的企业内部监督管理和风险控制制度，维护其出资人权益。

第四章　国家出资企业管理者的选择与考核

第二十二条　履行出资人职责的机构依照法律、行政法规以及企业章程的规定，任免或者建议任免国家出资企业的下列人员：

（一）任免国有独资企业的经理、副经理、财务负责人和其他高级管理人员；

（二）任免国有独资公司的董事长、副董事长、董事、监事会主席和监事；

（三）向国有资本控股公司、国有资本参股公司的股东会、股东大会提出董事、监事人选。

国家出资企业中应当由职工代表出任的董事、监事，依照有关法律、行政法规的规定由职工民主选举产生。

第二十三条　履行出资人职责的机构任命或者建议任命的董事、监事、高级管理人员，应当具备下列条件：

（一）有良好的品行；

（二）有符合职位要求的专业知识和工作能力；

（三）有能够正常履行职责的身体条件；

（四）法律、行政法规规定的其他条件。

董事、监事、高级管理人员在任职期间出现不符合前款规定情形或者出现《中华人民共和国公司法》规定的不得担任公司董事、监事、高级管理人员情形的，履行出资人职责的机构应当依法予以免职或者提出免职建议。

第二十四条 履行出资人职责的机构对拟任命或者建议任命的董事、监事、高级管理人员的人选，应当按照规定的条件和程序进行考察。考察合格的，按照规定的权限和程序任命或者建议任命。

第二十五条 未经履行出资人职责的机构同意，国有独资企业、国有独资公司的董事、高级管理人员不得在其他企业兼职。未经股东会、股东大会同意，国有资本控股公司、国有资本参股公司的董事、高级管理人员不得在经营同类业务的其他企业兼职。

未经履行出资人职责的机构同意，国有独资公司的董事长不得兼任经理。未经股东会、股东大会同意，国有资本控股公司的董事长不得兼任经理。

董事、高级管理人员不得兼任监事。

第二十六条 国家出资企业的董事、监事、高级管理人员，应当遵守法律、行政法规以及企业章程，对企业负有忠实义务和勤勉义务，不得利用职权收受贿赂或者取得其他非法收入和不当利益，不得侵占、挪用企业资产，不得超越职权或者违反程序决定企业重大事项，不得有其他侵害国有资产出资人权益的行为。

第二十七条 国家建立国家出资企业管理者经营业绩考核制度。履行出资人职责的机构应当对其任命的企业管理者进行年度和任期考核，并依据考核结果决定对企业管理者的奖惩。

履行出资人职责的机构应当按照国家有关规定，确定其任命的国家出资企业管理者的薪酬标准。

第二十八条 国有独资企业、国有独资公司和国有资本控股公司的主要负责人，应当接受依法进行的任期经济责任审计。

第二十九条 本法第二十二条第一款第一项、第二项规定的企业管理者，国务院和地方人民政府规定由本级人民政府任免的，依照其规定。履行出资人职责的机构依照本章规定对上述企业管理者进行考核、奖惩并确定其薪酬标准。

第五章　关系国有资产出资人权益的重大事项

第一节　一般规定

第三十条　国家出资企业合并、分立、改制、上市，增加或者减少注册资本，发行债券，进行重大投资，为他人提供大额担保，转让重大财产，进行大额捐赠，分配利润，以及解散、申请破产等重大事项，应当遵守法律、行政法规以及企业章程的规定，不得损害出资人和债权人的权益。

第三十一条　国有独资企业、国有独资公司合并、分立，增加或者减少注册资本，发行债券，分配利润，以及解散、申请破产，由履行出资人职责的机构决定。

第三十二条　国有独资企业、国有独资公司有本法第三十条所列事项的，除依照本法第三十一条和有关法律、行政法规以及企业章程的规定，由履行出资人职责的机构决定的以外，国有独资企业由企业负责人集体讨论决定，国有独资公司由董事会决定。

第三十三条　国有资本控股公司、国有资本参股公司有本法第三十条所列事项的，依照法律、行政法规以及公司章程的规定，由公司股东会、股东大会或者董事会决定。由股东会、股东大会决定的，履行出资人职责的机构委派的股东代表应当依照本法第十三条的规定行使权利。

第三十四条 重要的国有独资企业、国有独资公司、国有资本控股公司的合并、分立、解散、申请破产以及法律、行政法规和本级人民政府规定应当由履行出资人职责的机构报经本级人民政府批准的重大事项，履行出资人职责的机构在作出决定或者向其委派参加国有资本控股公司股东会会议、股东大会会议的股东代表作出指示前，应当报请本级人民政府批准。

本法所称的重要的国有独资企业、国有独资公司和国有资本控股公司，按照国务院的规定确定。

第三十五条 国家出资企业发行债券、投资等事项，有关法律、行政法规规定应当报经人民政府或者人民政府有关部门、机构批准、核准或者备案的，依照其规定。

第三十六条 国家出资企业投资应当符合国家产业政策，并按照国家规定进行可行性研究；与他人交易应当公平、有偿，取得合理对价。

第三十七条 国家出资企业的合并、分立、改制、解散、申请破产等重大事项，应当听取企业工会的意见，并通过职工代表大会或者其他形式听取职工的意见和建议。

第三十八条 国有独资企业、国有独资公司、国有资本控股公司对其所出资企业的重大事项参照本章规定履行出资人职责。具体办法由国务院规定。

第二节 企业改制

第三十九条 本法所称企业改制是指：

（一）国有独资企业改为国有独资公司；

（二）国有独资企业、国有独资公司改为国有资本控股公司或者非国有资本控股公司；

（三）国有资本控股公司改为非国有资本控股公司。

第四十条 企业改制应当依照法定程序，由履行出资人职责的机构决定或者由公司股东会、股东大会决定。

重要的国有独资企业、国有独资公司、国有资本控股公司的改制，履行出资人职责的机构在作出决定或者向其委派参加国有资本控股公司股东会会议、股东大会会议的股东代表作出指示前，应当将改制方案报请本级人民政府批准。

第四十一条 企业改制应当制定改制方案，载明改制后的企业组织形式、企业资产和债权债务处理方案、股权变动方案、改制的操作程序、资产评估和财务审计等中介机构的选聘等事项。

企业改制涉及重新安置企业职工的，还应当制定职工安置方案，并经职工代表大会或者职工大会审议通过。

第四十二条　企业改制应当按照规定进行清产核资、财务审计、资产评估，准确界定和核实资产，客观、公正地确定资产的价值。

企业改制涉及以企业的实物、知识产权、土地使用权等非货币财产折算为国有资本出资或者股份的，应当按照规定对折价财产进行评估，以评估确认价格作为确定国有资本出资额或者股份数额的依据。不得将财产低价折股或者有其他损害出资人权益的行为。

第三节　与关联方的交易

第四十三条　国家出资企业的关联方不得利用与国家出资企业之间的交易，谋取不当利益，损害国家出资企业利益。

本法所称关联方，是指本企业的董事、监事、高级管理人员及其近亲属，以及这些人员所有或者实际控制的企业。

第四十四条 国有独资企业、国有独资公司、国有资本控股公司不得无偿向关联方提供资金、商品、服务或者其他资产，不得以不公平的价格与关联方进行交易。

第四十五条 未经履行出资人职责的机构同意，国有独资企业、国有独资公司不得有下列行为：

（一）与关联方订立财产转让、借款的协议；

（二）为关联方提供担保；

（三）与关联方共同出资设立企业，或者向董事、监事、高级管理人员或者其近亲属所有或者实际控制的企业投资。

第四十六条 国有资本控股公司、国有资本参股公司与关联方的交易，依照《中华人民共和国公司法》和有关行政法规以及公司章程的规定，由公司股东会、股东大会或者董事会决定。由公司股东会、股东大会决定的，履行出资人职责的机构委派的股东代表，应当依照本法第十三条的规定行使权利。

公司董事会对公司与关联方的交易作出决议时，该交易涉及的董事不得行使表决权，也不得代理其他董事行使表决权。

第四节　资 产 评 估

第四十七条　国有独资企业、国有独资公司和国有资本控股公司合并、分立、改制，转让重大财产，以非货币财产对外投资，清算或者有法律、行政法规以及企业章程规定应当进行资产评估的其他情形的，应当按照规定对有关资产进行评估。

第四十八条　国有独资企业、国有独资公司和国有资本控股公司应当委托依法设立的符合条件的资产评估机构进行资产评估；涉及应当报经履行出资人职责的机构决定的事项的，应当将委托资产评估机构的情况向履行出资人职责的机构报告。

第四十九条　国有独资企业、国有独资公司、国有资本控股公司及其董事、监事、高级管理人员应当向资产评估机构如实提供有关情况和资料，不得与资产评估机构串通评估作价。

第五十条　资产评估机构及其工作人员受托评估有关资产，应当遵守法律、行政法规以及评估执业准则，独立、客观、公正地对受托评估的资产进行评估。资产评估机构应当对其出具的评估报告负责。

第五节　国有资产转让

第五十一条　本法所称国有资产转让，是指依法将国家对企业的出资所形成的权益转移给其他单位或者个人的行为；按照国家规定无偿划转国有资产的除外。

第五十二条　国有资产转让应当有利于国有经济布局和结构的战略性调整，防止国有资产损失，不得损害交易各方的合法权益。

第五十三条　国有资产转让由履行出资人职责的机构决定。履行出资人职责的机构决定转让全部国有资产的，或者转让部分国有资产致使国家对该企业不再具有控股地位的，应当报请本级人民政府批准。

第五十四条　国有资产转让应当遵循等价有偿和公开、公平、公正的原则。

除按照国家规定可以直接协议转让的以外，国有资产转让应当在依法设立的产权交易场所公开进行。转让方应当如实披露有关信息，征集受让方；征集产生的受让方为两个以上的，转让应当采用公开竞价的交易方式。

转让上市交易的股份依照《中华人民共和国证券法》的规定进行。

第五十五条 国有资产转让应当以依法评估的、经履行出资人职责的机构认可或者由履行出资人职责的机构报经本级人民政府核准的价格为依据，合理确定最低转让价格。

第五十六条 法律、行政法规或者国务院国有资产监督管理机构规定可以向本企业的董事、监事、高级管理人员或者其近亲属，或者这些人员所有或者实际控制的企业转让的国有资产，在转让时，上述人员或者企业参与受让的，应当与其他受让参与者平等竞买；转让方应当按照国家有关规定，如实披露有关信息；相关的董事、监事和高级管理人员不得参与转让方案的制定和组织实施的各项工作。

第五十七条 国有资产向境外投资者转让的，应当遵守国家有关规定，不得危害国家安全和社会公共利益。

第六章 国有资本经营预算

第五十八条 国家建立健全国有资本经营预算制度，对取得的国有资本收入及其支出实行预算管理。

第五十九条 国家取得的下列国有资本收入，以及下列收入的支出，应当编制国有资本经营预算：

（一）从国家出资企业分得的利润；

（二）国有资产转让收入；

（三）从国家出资企业取得的清算收入；

（四）其他国有资本收入。

第六十条 国有资本经营预算按年度单独编制，纳入本级人民政府预算，报本级人民代表大会批准。

国有资本经营预算支出按照当年预算收入规模安排，不列赤字。

第六十一条 国务院和有关地方人民政府财政部门负责国有资本经营预算草案的编制工作，履行出资人职责的机构向财政部门提出由其履行出资人职责的国有资本经营预算建议草案。

第六十二条 国有资本经营预算管理的具体办法和实施步骤，由国务院规定，报全国人民代表大会常务委员会备案。

第七章 国有资产监督

第六十三条 各级人民代表大会常务委员会通过听

取和审议本级人民政府履行出资人职责的情况和国有资产监督管理情况的专项工作报告，组织对本法实施情况的执法检查等，依法行使监督职权。

第六十四条 国务院和地方人民政府应当对其授权履行出资人职责的机构履行职责的情况进行监督。

第六十五条 国务院和地方人民政府审计机关依照《中华人民共和国审计法》的规定，对国有资本经营预算的执行情况和属于审计监督对象的国家出资企业进行审计监督。

第六十六条 国务院和地方人民政府应当依法向社会公布国有资产状况和国有资产监督管理工作情况，接受社会公众的监督。

任何单位和个人有权对造成国有资产损失的行为进行检举和控告。

第六十七条 履行出资人职责的机构根据需要，可以委托会计师事务所对国有独资企业、国有独资公司的年度财务会计报告进行审计，或者通过国有资本控股公司的股东会、股东大会决议，由国有资本控股公司聘请会计师事务所对公司的年度财务会计报告进行审计，维护出资人权益。

第八章 法律责任

第六十八条 履行出资人职责的机构有下列行为之一的，对其直接负责的主管人员和其他直接责任人员依法给予处分：

（一）不按照法定的任职条件，任命或者建议任命国家出资企业管理者的；

（二）侵占、截留、挪用国家出资企业的资金或者应当上缴的国有资本收入的；

（三）违反法定的权限、程序，决定国家出资企业重大事项，造成国有资产损失的；

（四）有其他不依法履行出资人职责的行为，造成国有资产损失的。

第六十九条 履行出资人职责的机构的工作人员玩忽职守、滥用职权、徇私舞弊，尚不构成犯罪的，依法给予处分。

第七十条 履行出资人职责的机构委派的股东代表未按照委派机构的指示履行职责，造成国有资产损失的，依法承担赔偿责任；属于国家工作人员的，并依法给予处分。

第七十一条 国家出资企业的董事、监事、高级管理人员有下列行为之一，造成国有资产损失的，依法承担赔偿责任；属于国家工作人员的，并依法给予处分：

（一）利用职权收受贿赂或者取得其他非法收入和不当利益的；

（二）侵占、挪用企业资产的；

（三）在企业改制、财产转让等过程中，违反法律、行政法规和公平交易规则，将企业财产低价转让、低价折股的；

（四）违反本法规定与本企业进行交易的；

（五）不如实向资产评估机构、会计师事务所提供有关情况和资料，或者与资产评估机构、会计师事务所串通出具虚假资产评估报告、审计报告的；

（六）违反法律、行政法规和企业章程规定的决策程序，决定企业重大事项的；

（七）有其他违反法律、行政法规和企业章程执行职务行为的。

国家出资企业的董事、监事、高级管理人员因前款所列行为取得的收入，依法予以追缴或者归国家出资企业所有。

履行出资人职责的机构任命或者建议任命的董事、监事、高级管理人员有本条第一款所列行为之一，造成国有资产重大损失的，由履行出资人职责的机构依法予以免职或者提出免职建议。

第七十二条 在涉及关联方交易、国有资产转让等交易活动中，当事人恶意串通，损害国有资产权益的，该交易行为无效。

第七十三条 国有独资企业、国有独资公司、国有资本控股公司的董事、监事、高级管理人员违反本法规定，造成国有资产重大损失，被免职的，自免职之日起五年内不得担任国有独资企业、国有独资公司、国有资本控股公司的董事、监事、高级管理人员；造成国有资产特别重大损失，或者因贪污、贿赂、侵占财产、挪用财产或者破坏社会主义市场经济秩序被判处刑罚的，终身不得担任国有独资企业、国有独资公司、国有资本控股公司的董事、监事、高级管理人员。

第七十四条 接受委托对国家出资企业进行资产评估、财务审计的资产评估机构、会计师事务所违反法律、行政法规的规定和执业准则，出具虚假的资产评估报告或者审计报告的，依照有关法律、行政法规的规定追究法律责任。

第七十五条 违反本法规定，构成犯罪的，依法追究刑事责任。

第九章 附 则

第七十六条 金融企业国有资产的管理与监督，法律、行政法规另有规定的，依照其规定。

第七十七条 本法自2009年5月1日起施行。

企业知识产权合规标准指引（试行）

（2021年12月 中国信通院与浦东检察院联合发布）

第一章 总 则

第一条 【制定依据】为加强企业的知识产权合规工作管理，有效防范和化解知识产权合规风险，引导企业依法合规经营、健康发展，根据《关于建立涉案企业合规第三方监督评估机制的指导意见（试行）》，参照《企业知识产权管理规范》，结合企业合规改革试点工作经验，制定本指引。

第二条 【制定目的】企业知识产权合规风险管理的目标是实现对知识产权合规风险的有效识别和管理，确保公司管理和各项经营活动的合法合规，推动企业全面加强知识产权合规管理，提升依法合规经营管理水平，保障企业持续健康发展。

第三条 【合规风险】本指引所指的知识产权合规风险，是指企业及其员工因知识产权不合规行为，引发法律责任，造成刑事追责、经济或声誉损失以及其他负面影响。涉知识产权的法律风险包括但不限于：

（一）专利权法律风险：1. 专利许可权滥用风险、专利申请权争议风险、被侵犯专利的风险、被提起专利侵权诉讼的风险、专利转让纠纷风险等；2. 未能有效开发和实施专利的风险、管理不善导致专利失效的风险等。

（二）商标权法律风险：1. 商标申请风险，商标未注册或被他人抢先注册、申请类别不全、重点类别保护力度不够、申请的标识不全面；2. 商标使用风险，申请地域不全、未对目标市场全面布局、对商品或服务类别越权使用或许可他人使用、侵犯他人在先权利、商标使用不规范使用等。

（三）著作权法律风险：1. 职务作品、委外创作、版权商的权属确定风险；2. 作品素材侵权风险；3. 互联网信息网络传播权侵权；4. 许可使用和转让中的法律风险等。

（四）商业秘密风险：1. 被他人盗窃、以间谍或黑客手段窃取；2. 内部员工被收买；3. 对外宣传、合作过程中泄露；4. 员工离职泄密等。

第四条　【合规原则】企业知识产权合规体系建设应当坚持独立性、有效性、全面性、动态性和可查性原则：

（一）独立性原则：合规职能部门的运行不受任何不当的干扰和压力；合规职能部门应严格依照法律法规及企业相关制度规定等对企业和员工行为进行客观评价和处理；承担合规管理职责的人员应独立履行职责，不受其他部门和人员的干涉。

（二）有效性原则：合规管理制度应有效嵌入到经营业务的具体环节当中，与法律风险防范、审计监察、内控及风险管理等工作相统筹、相衔接，并建立全员合规责任制，明确管理人员和各岗位员工的合规责任并督促有效落实，确保合规管理闭环。

（三）全面性原则：企业知识产权合规管理的基础性和关键领域包括专利、商业秘密、商标、著作权；合规工作应覆盖业务涉及的研发、生产、销售、对外合作、投资推广、招投标及采购等各个环节，贯穿决策、执行、监督全流程，并确保所有与知识产权相关的业务、部门和人员均已纳入合规工作体系。

（四）动态性原则：合规工作应与企业经营范围、组织结构和业务规模相适应；合规工作应根据企业内外部环境的变化适时进行调整和完善；企业经营管理中存在的合规风险问题，要能够得到及时反馈、纠正和改进。

（五）可查证原则：合规工作应有明确的流程规范作依据，确保企业合规管理有迹可循、有证可查。

第五条　【合规体系】知识产权合规体系的建立应当涵盖组织体系、制度体系、运行体系、风险识别处置体系等。

第二章　合规管理组织体系

第六条　【合规职责】企业可根据自身行业性质、

经营规模等合理选择和设置知识产权合规部门或合规人员，组织、协调和监督合规管理工作，在直接负责各项合规管理工作的同时为其他部门提供合规管理支持，并确保其对涉及重大合规风险事项的一票否决权。其具体工作职责主要包括：

（一）研究起草合规管理计划、制定合规管理制度，组织制订合规管理战略规划及合规管理年度报告；

（二）持续关注法律法规等规则变化，组织开展合规风险识别与预警；

（三）参与企业重大决策并提出合规建议和意见，参与企业重大事项合规审查和风险应对；

（四）参与业务部门对重要商业伙伴的合规尽调和定期评价；

（五）指导各部门合规工作落地，并提供合规咨询，组织合规认证；

（六）组织开展合规检查与考核，对制度和流程进行合规性评价，督促违规整改和持续改进；

（七）推动合规责任纳入岗位职责和员工绩效管理；

（八）建立合规绩效考核指标，监控和衡量合规绩效；

（九）建立合规举报管理体系，受理合规管理职责范围内的举报，组织或参与对举报事件的调查，并提出处理建议；

（十）组织或协助业务部门、人力资源部门开展合规培训；

（十一）其他适合由合规职能部门承担的合规管理职责。

第七条　【组织保障】企业董事会、监事会、高级管理人员应当履行必要的合规管理职责，对知识产权合规计划制定与执行给予支持，确保合规部门（人员）行使职权的独立，保障资源充足。

第八条　【内部配合】企业各部门在职权范围内配合落实合规管理的日常工作，可在本部门设置合规联络员，进行合规风险信息收集和报送，配合合规部门就相关问题调查并及时整改。

第三章　合规管理制度体系

第九条　【合规审查】企业应建立健全规范化的知识产权事务管理和决策流程，将知识产权合规审查作为规章制度制定、重大事项决策、重要合同签订、重大项目运营等经营管理行为的必经程序，及时对不合规的内容提出修改建议，未经合规审查不得实施。

第十条　【合规监察】企业应定期对知识产权合规体系进行合规监察，由合规管理部门人员落实实施，并形成合规监察报告。监察内容主要包括对知识产权合规体系运行有效性的评价和对知识产权合规绩效进行评价，以确保知识产权合规目标的实现。

第十一条　【合规举报】企业鼓励对潜在或实际存在的违反知识产权合规方针或合规义务的行为进行举报。企业应拓宽合规绩效反馈来源，为相关人员设立举报机制、求助热线、情况反馈、建议箱等，为供应商、承包商等第三方设立投诉处理系统，重点搜集有关企业不合规情况、合规疑问及对合规有效性和合规绩效评价等反馈内容。

第十二条　【绩效评价】企业通过设立科学的知识产权合规绩效考核评价指标，科学评价各部门合规工作绩效及合规工作贡献，把知识产权合规绩效考核评价纳入对各部门及相关负责人的年度综合考核，将员工的合规履职情况作为员工考核、提拔、评先选优等工作的重要依据。

绩效评价重点围绕合规风险特征相关的指标，包括不限于各项合规制度落实的主动性和有效性、部门人员被有效培训的比例、相关监管机构介入的频率、因不合规问题产生的被处罚、赔偿、商誉受损等负面影响、潜在的不合规风险、合规相关信息的记录保存情况等。

第十三条　【不合规调查】企业应建立不合规的调查制度，坚持公平、公正的调查原则，及时、彻底地调查对本企业及员工或有关第三方不当行为的任何指控或怀疑。调查企业的应对性文件、采取的一切纪律或补救措施，以及在吸取经验教训后对知识产权合规管理体系的修订。查明不当行为的根源、知识产权合规管理体系的漏洞和责任缺失的原因，包括管理者、最高管理层和治理机构的行为、职责。对查明的原因进行审慎分析，分析应考虑企业人员的数量、水平，以及不合规的程度、普遍性、严重性、持续时间和频率等因素。

第十四条　【文件信息化管理】企业应建立文件信息化管理制度，确保对企业管理中形成的相关知识产权的重要过程予以记录、标识、贮存、保护、检索、保存和处置；对行政决定、司法判决、律师函等外来文件进行有效管理，确保其来源与取得时间的准确性。外来文件和记录文件应当完整，明确保管方式和保存期限。文件管理体系的载体，不限于纸质文件，也包括电子文件。

第十五条　【资源配置】企业可以根据自身情况，设立知识产权经常性预算科目，保障知识产权合规管理工作的正常进行，经费项目科包括：用于知识产权申请、注册、登记、维护、检索、分析、评估、诉讼和培训等费用；用于知识产权合规管理机构的运行费用；用于知识产权合规管理体系建立、运行、维护和更新的费用；用于知识产权激励的费用。有条件的企业可设立知识产权风险准备金。

第十六条　【保密管理】企业应建立保密管理制度，明确涉密人员，设定保密登记和接触权限，对容易造成企业知识产权秘密流失的设备，规范其使用人员、目的、方式和流通；明确涉密信息范围，规定保密等级、期限和传递、保存及销毁的要求；明确涉密区域，规定客户及参访人员活动范围等。

第十七条　【合规文化】企业应建立对技术人员、知识产权管理人员、全体员工分层级合规培训制度。从增强知识产权保护意识、知识产权价值观、营造崇尚创新尊重知识产权的氛围、重视知识产权宣传教育等方式进行知识产权文化的建设；结合知识产权管理制度建设和人才建设，构建有利于调动企业员工知识产权工作积极性的激励机制，树立尊重和保护知识产权的企业形象。

第四章　合规管理运行体系

第十八条　【获取合规】企业应及时申请注册登记各类知识产权，明确有关专利申请、集成电路布图设计登记、商标注册、著作权登记、商业秘密保护等知识产权获取及其后续维护或主动放弃的管理措施和工作程序。

第十九条　【维护合规】企业应明晰处置和运营知识产权管理规定，明确职务发明成果的界定条件以及委托或合作开发成果知识产权归属的处置原则，明确有关专利权、商标权、著作权等知识产权转让、许可、投资、质押的管理措施和工作程序。

第二十条　【运用合规】企业应注重生产经营环节知识产权管理，明确在原材料及设备采购（包括软件等）、技术和产品开发、技术转让（许可）与合作、委托加工、产品销售、广告宣传或展销、招投标、进出口贸易、企业合资及并购和上市等环节中所可能涉及的各类知识产权事务的管理措施和工作程序：

（一）企业采购活动中的知识产权管理。企业应收集相关知识产权信息，必要时应要求供方提供权属证明；做好供方信息、进货渠道、进价策略等信息资料的管理和保密工作；在采购合同中应明确知识产权权属、许可使用范围、侵权责任承担等内容。

（二）企业生产活动中的知识产权管理。注意发现有知识产权价值的创新成果，及时采取相应的知识产权保护措施；对于生产过程中不宜对外公开的操作规程、各种报表和试验记录、检验检测记录等，应建立相应的保密制度，采取相应的保密措施；承揽委托加工、来料加工、贴牌生产等加工业务时，注意规避对外加工业务中的知识产权风险，明确双方知识产权权利义务、保密责任。

（三）企业研发活动中的知识产权管理。建立研发活动的知识产权跟踪检索分析与监控制度；明确对研发成果的知识产权归属管理；加强对研发活动的档案和保密管理，建立技术研发档案、记录管理制度，确保研发活动具有可追溯性；加强对研发成果申请专利的挖掘与质量的管控。

（四）企业营销活动的知识产权管理。对产品即将投放的市场进行同类产品知识产权状况的调查分析，防止遭遇知识产权侵权指控；正确使用注册商标或专利号等知识产权标志，对消费者和有关市场主体进行必要提醒；建立产品销售市场监控机制，多渠道地监控同类产品的市场情况；对发现侵权的，应当进行重点信息收集，必要情况时进行公证。

第二十一条　【上市审查】企业上市前，应对已有的无形资产的法律状态、存续年限、法律风险等进行整体的评估与规划；对上市公司准备使用的无形资产的权属和法律状态以及招股说明书中的相关内容进行审查；完整地披露知识产权获取、丧失、转让等信息。

第二十二条　【涉外业务】企业应积极开展涉外业务中的知识产权布局；对拟引进的技术或者产品的相关知识产权状况进行调查分析，并对侵权风险进行综合评估；签订技术或产品引进合同、输出合同（包括代理合同）应明确技术或产品引进的许可方式和范围、后续改进成果的归属和分享、权利维护、双方的保密责任和义务、引进技术或产品发生知识产权侵权时供方应承担的法律责任等内容。

第五章　合规风险识别处置体系

第二十三条　【识别与预警】企业应通过完善合规风险信息收集机制，全面系统梳理企业经营活动中可能存在的合规风险，建立合规风险台账，对风险源、风险类别、风险形成因素、可能发生的后果及发生的概率等展开系统分析，对有典型意义、普遍存在的以及可能造成严重后果的风险应及时发布预警。

第二十四条　【风险检查】企业应由合规管理部门人员牵头，负责组织、协调企业各项合规检查工作，可抽调相关部门人员共同组成检查组，根据企业业务情况定期开展合规风险检查。

针对检查发现的合规风险，合规检查组应提出整改建议，各部门提出具体解决方案，解决方案经合规检查组确认后，由合规管理机构督促各部门积极落实整改方案。

第二十五条　【风险分级】企业可对所识别的知识产权合规风险分为三类：重大知识产权风险、中等知识产权风险、一般知识产权风险。

（一）重大知识产权风险包括：法律、规则、准则以及地方法治环境的重大变化对经营活动产生的知识产权风险；监管机构出具的各类处罚决定、监管意见、风险提示等情况；向监管机构报送证明性材料、专项汇报材料、监管意见落实整改情况、各类合规材料等相关情况；业务开展过程中存在的违反法律、规则和准则的重大知识产权风险信息；各类制度文件中存在的不符合法律、规则和准则要求的情况；因知识产权合规问题导致企业被诉的情况；其他应被确定为重要合规风险的事项。

（二）中等知识产权风险包括：企业经营活动中新出现的知识产权风险或原有风险的变化；既定合规风险应对方案执行情况及执行效果发生变化，不能全部达到原来目标；对企业经营可能存在一定影响，但影响较小或未来造成直接损失较小；其他可以被认定为中等合规风险的事项。

（三）除上述重要知识产权风险、中等知识产权风险外，企业对推动知识产权合规管理、提升依法合规经营管理水平、保障公司持续健康发展影响较小，需要通过加强管理等方式进行完善的事项，作为一般知识产权风险事项进行管理。

第二十六条　【风险应对】企业应根据不同的合规风险类型制定和选择知识产权风险应对方案，应对方案应包括总体方案和专项方案。对重大风险事项，企业合规管理部门和各部门应共同研究出台具体整改方案，明确整改主体、具体责任人、整改时间节点等具体要求，合规管理部门以月为时间节点统计整改完成情况，并及时向企业决策层领导汇报。

第二十七条　【问责机制】企业根据自身情况制定合规风险问责，对知识产权合规绩效目标、绩效奖金和其他激励措施进行定期评审，以验证是否有适当的措施来防止不合规行为；对违反企业知识产权合规义务、目标、制度和要求的人员，进行适当的纪律处分，必要时追究相关责任。

第六章　第三方监督评估体系

第二十八条　【设计评估】合规管理体系设计的有效性评估和审查标准主要有：

（一）违规风险的识别和评估：1. 是否定期组织合规管理部门（人员），对可能面临的知识产权合规风险进行全面评估，重点识别在知识产权研发、采购、生产、营销等生产经营各阶段的风险；2. 是否根据风险识别和评估确定的合规管理重点问题，发展与可能面临的知识产权合规风险相匹配的风险控制和处理能力；3. 是否定期更新企业风险评估制度，及时识别和评估原有风险的新变化及新产生的风险。

（二）政策和程序安排：1. 是否根据企业的合规风险、业务范围、规模等，制定知识产权合规管理相关制度，对各个环节进行规范化管理；2. 是否明确相关制度的执行标准，明确责任主体和责任内容；3. 是否对知识产权合规获取、维护、运用等重点环节建立合规管理运行机制，防控可能产生的风险。

（三）培训和沟通安排：1. 是否建立合规培训制度，定期组织开展有针对性的知识产权合规学习培训，确保员工充分认识到知识产权合规重要性、掌握岗位知识产权专业技能，通过培训提升各层级的知识产权业务能力；2. 是否建立知识产权及其合规管理的内部及外部沟通渠道，并将知识产权合规文化、合规目标及合规业务纳入沟通内容，确保及时收集和反馈相关信息。

（四）举报和调查机制：1. 是否建立知识产权合规举

报及调查管理办法，是否对重点风险岗位人员建立专门检查制度；2. 是否以公开方式设置举报途径，是否确保所有人员了解举报程序并能够流畅使用相关举报程序；3. 是否建立不合规调查程序，确保及时、彻底地调查不合规行为及其原因。

（五）执行和保障机构：1. 是否设立知识产权合规管理部门及合规人员，作为企业合规管理牵头部门，组织、协调和监督管理工作；2. 是否明确企业审计、监察、内控、质量、安全及各业务部门在各自职权范围内配合落实知识产权合规管理的日常工作；3. 是否在确定企业知识产权合规相关人员时，要求具备相应的专业资质、良好的业务素质及职业操守。

（六）第三方监管机制：1. 是否定期对知识产权合规体系进行合规监察并形成合规监察报告，重点评价知识产权合规体系运行的有效性，以确保知识产权合规目标的实现；2. 是否在必要时聘请第三方机构，对企业知识产权合规体系及合规风险管理有效性进行评估，并出具评估报告。

第二十九条　【执行评估】合规管理体系执行的有效性评估和审查标准主要有：

（一）资源配置：1. 企业是否为知识产权合规管理配套相关基础设施，将遵守企业知识产权合规业务、制度及要求作为人员的雇佣条件，配置相应人员；2. 是否设立知识产权经常性预算科目，包括用于知识产权申请、注册、登记、维持、分析、评估、诉讼、培训、管理体系运行、维护及更新等费用，保障知识产权合规管理工作正常进行。

（二）职责权限：1. 是否明确知识产权合规管理部门及合规人员的岗位职责；2. 是否明确企业董事会、监事会、高级管理人员应当履行的必要合规管理职责；3. 是否明确企业各部门配合落实知识产权合规管理的日常工作的职责及沟通程序。

（三）合规意识：1. 企业管理层及责任人员是否具有知识产权合规意识，是否熟悉知识产权领域的法律法规，是否将知识产权合规工作列入公司管理、考核重点专项工作；2. 企业员工是否具备知识产权合规基本意识，是否了解并遵守企业知识产权合规业务、制度及要求。

（四）合规管理能力：1. 企业知识产权合规管理相关制度是否能够有效运行，知识产权合规重点环节的合规管理运行机制根是否运行流畅；2. 是否制定知识产权合同管理制度，严格对合同有关知识产权约定进行审查，包括明确知识产权归属、保密业务、侵权风险预案等；3. 是否加强对第三方合作企业的合规审查及风险防控，包括审查第三方资质、是否存在知识产权瑕疵、要求提供不侵犯知识产权承诺等。

（五）奖惩机制：1. 是否建立科学的知识产权合规绩效考评指标，围绕合规风险特征相关指标对员工进行考核；2. 是否建立并实施相关激励流程，调动员工进行知识产权创新及合规管理的积极性；3. 是否对违反企业知识产权合规义务、目标、制度和要求的相关人员进行必要的处分。

（六）文件化信息管理：是否将知识产权合规管理过程中的各项要素创建为文件化信息，建立知识产权信息数据库，并有效维护和及时更新。

第三十条　【质效评估】合规管理体系效果的有效性评估和审查标准主要有：

（一）合规文化：1. 是否将经营活动各环节相关的知识产权风险管理要求通过流程、制度、合同以及培训、会议等沟通方式向企业员工进行宣传、推广，将知识产权风险管理理念及企业合规价值观根植于经营活动中，营造企业知识产权合规文化；2. 是否构建有利于调动员工积极性的激励机制，树立尊重和保护知识产权的企业形象。

（二）合规目标：1. 企业所有的知识产权经营活动是否满足合规目标、符合合规要求；2. 实现企业合规目标的资源配置是否完善，是否有明确的时间安排及细化流程；3. 是否定期监督、检查、记录、评估合规目标的进度并进行及时更新调整。

（三）可持续发展能力：1. 是否根据知识产权相关法律规范的调整，及时调整企业的知识产权合规管理体系，确保其保持最新状态，适应企业的知识产权合规目标；2. 是否定期开展知识产权风险内部监察，针对发现的合规风险，及时提出具体解决方案并积极落实整改。

（四）违规事件及其处理：1. 发现违规事件时，企业是否及时采取措施控制并纠正，分析违规事件产生的原因；2. 是否针对违规事件反映的管理问题及时进行改进和弥补管理漏洞，包括改进业务流程、重新培训员工、加强预警机制等；3. 是否向内部和外部通报违规事件相关情况，保留文件化信息。

图书在版编目（CIP）数据

中央企业合规管理办法理解与适用指南／郭华等编著．—北京：中国法制出版社，2022.11（2023.5 重印）
ISBN 978－7－5216－3063－3

Ⅰ.①中…　Ⅱ.①郭…　Ⅲ.①国有企业－企业法－法律解释－中国－指南②国有企业－企业法－法律使用－中国－指南　Ⅳ.①D922.291.915－62

中国版本图书馆 CIP 数据核字（2022）第 202511 号

责任编辑：赵　燕　　　　封面设计：杨泽江

中央企业合规管理办法理解与适用指南
ZHONGYANG QIYE HEGUI GUANLI BANFA LIJIE YU SHIYONG ZHINAN

编著/郭华　等
经销/新华书店
印刷/三河市紫恒印装有限公司
开本/880 毫米×1230 毫米　32 开　　　　印张／13.875　字数／191 千
版次/2022 年 11 月第 1 版　　　　2023 年 5 月第 2 次印刷

中国法制出版社出版
书号 ISBN 978－7－5216－3063－3　　　　定价：55.00 元

北京市西城区西便门西里甲 16 号西便门办公区
邮政编码：100053　　　　传真：010－63141600
网址：http：//www.zgfzs.com　　　　**编辑部电话：010－63141669**
市场营销部电话：010－63141612　　　　**印务部电话：010－63141606**

（如有印装质量问题，请与本社印务部联系。）